<쓰이는 영문법>
영어의 물음표에
느낌표로 답하다

★ English Rules! ❶ 영어의 규칙 ❷ 영어 진짜 좋아!

be동사를 알면, 영어가 제대로 보인다!
be동사는 '~이다'가 아니에요.
be 동사 모르면 영어를 공식으로 배워요ㅜㅜ

학창시절 영어 시간에 이렇게 집중을 해본 적이 있었을까?
머릿속에서 전구가 반짝 하고 켜지는 게 느껴집니다.
| 보타리 |

셀리샘 문법을 보고 졸업 후
40년 만에 영어의 개념이 정리됩니다!
| James |

언어학을 공부한 분 답습니다. **두 번 보았습니다.**
지금까지 이런 문법은 없었습니다!
| 권석 |

그동안 뭘 배운 것인지… 그러니 영어가 맨날 제자리ㅠㅠ
이렇게 좋은 문법을 알려주셔서 너무너무 감사합니다!
| 천사표 |

진짜 속이 뻥 뚫리는 기분! **공부가 하고 싶어지는**
이런 기분은 제 평생 처음입니다!!
| nami |

콘텐츠 정말 좋고, 영어의 엑기스가 다 녹아 있네요.
이해가 쉽고 문법 포인트와 작문연습까지 한 방에 해결됩니다!
| Herb |

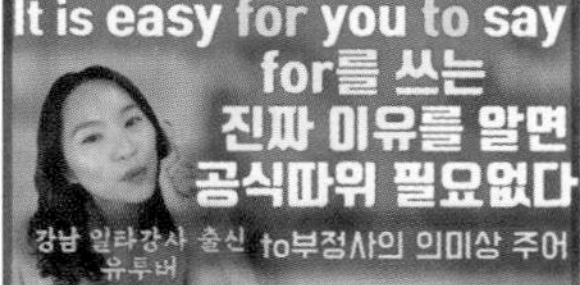

쓰이는 영문법

2

쓰이는 영문법 2

Why is English like that? 2

초판 1쇄 발행 · 2023년 5월 30일
초판 3쇄 발행 · 2024년 1월 20일

지은이 · 김수영
감수인 · Thomas Selley
발행인 · 이종원
발행처 · (주)도서출판 길벗
브랜드 · 길벗이지톡
출판사 등록일 · 1990년 12월 24일
주소 · 서울시 마포구 월드컵로 10길 56(서교동)
대표 전화 · 02)332-0931 | **팩스** · 02)323-0586
홈페이지 · www.gilbut.co.kr | **이메일** · eztok@gilbut.co.kr

기획 및 책임 편집 · 임명진(jinny4u@gilbut.co.kr) | **디자인** · 강은경 | **제작** · 이준호, 손일순, 이진혁
마케팅 · 이수미, 장봉석, 최소영 | **영업관리** · 김명자, 심선숙 | **독자지원** · 윤정아

편집진행 및 교정교열 · 강윤혜 | **전산편집** · 이현해 | **일러스트** · 최정을
녹음 및 편집 · 와이알미디어 | **CTP 출력 및 인쇄** · 예림인쇄 | **제본** · 예림바인딩

ISBN 979-11-407-0396-8 04740 (길벗 도서번호 301163)
979-11-407-0394-4 (세트)

정가 21,000원

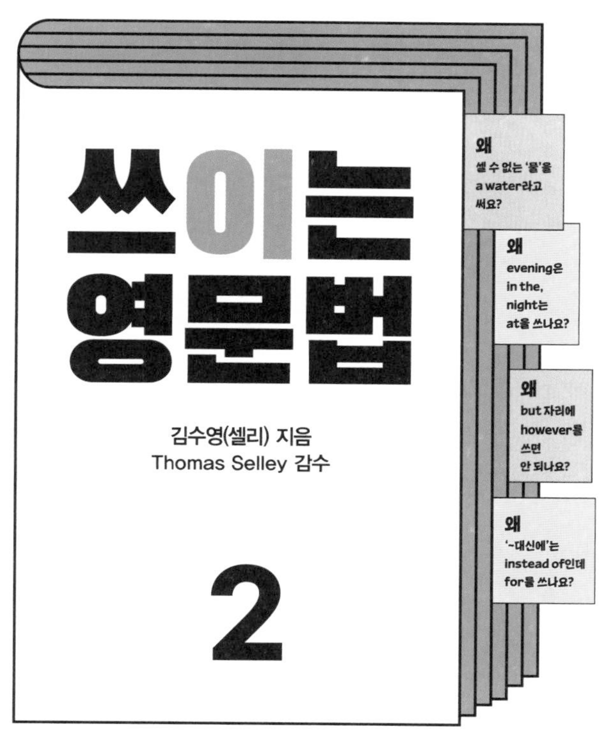

쓰이는
영문법
김수영(셀리) 지음
Thomas Selley 감수
2
왜
셀 수 없는 '물'을
a water라고
써요?
왜
evening은
in the,
night는
at을 쓰나요?
왜
but 자리에
however를
쓰면
안 되나요?
왜
'~대신에'는
instead of인데
for를 쓰나요?

길벗
이지:톡

20만 영어 실수 빅데이터에서 탄생한 실생활에 바로 쓰(이)는 영문법

"선생님을 중학교 때 만났더라면 제 영어는 완전히 달라졌을 거예요!" 강남에서 10년 이상 성인 대상으로 영어강의를 하면서 학생분들께 가장 많이 들었던, 아직도 제 마음속에 생생하게 살아있는 말입니다. 20대 취업준비생부터 60~70대 학구파 어르신들까지 "아~ 이제야 확실히 이해했어요!", "어두운 방에 불이 확 들어온 느낌이에요!"라고 외칠 때 영어 교육인으로서 무한한 감사와 긍지를 느꼈습니다. 그리고 배운 내용을 확실히 이해했을 때 그분들의 '반짝이는 눈빛', 그것이 이 책의 집필을 결심하게 만든 결정적 동기입니다.

성인의 영어학습은 이해를 바탕으로 해야 완성됩니다. 시험 문법이 아니라 실제로 영어회화와 영작을 할 때 쓰는 '실용 영문법'을 가르치면서 깨달은 사실입니다. 아이들의 뇌는 스펀지와 같아서 단순 노출과 반복을 통해서도 쑥쑥 흡수할 수 있습니다. 하지만 성인들은 What?(무엇)을 넘어서 Why?(왜)가 해결되어야만 완전한 지식으로 흡수합니다. 단순히 문법공식을 아는 것을 넘어 '왜 여기에 이 문법규칙을 적용해야 하는가?'를 알고 이해해야만 제대로 써먹을 수 있게 됩니다.

"현재완료가 뭐예요?"가 아니라 "여기서 왜 갑자기 현재완료를 쓰는 거예요?"라는 질문, "지각동사가 뭐예요?"가 아니라 "지각동사에는 왜 동사원형을 쓰나요?"라는 질문, "여기서 전치사는 뭐를 써요?"가 아니라 "왜 to 대신에 for를 써야 하나요?"라는 질문에 답하는 영문법이 필요합니다. 하지만 이 Why에 대한 질문에 속 시원한 해답을 제시하는 교재가 없었기에 저 역시 무척 답답했습니다. 그렇다고 학생들에게 '그냥 외워두라'는 무책임한 답을 하고 싶진 않았습니다.

영어 학습자들의 수많은 궁금증에 스스로도 납득할 만한 합리적 설명을 도출하기 위해서 영어의 원리를 '직접' 분석 연구하고 정리하기로 결심했습니다.

다행히 저에게는 이런 도전을 해볼 만한 '특별한' 배경이 있었습니다.

첫째, 저는 누구보다 풍부한 영어 실수 경험을 자랑(?)합니다. 저 역시 학창 시절 국내에서 영어를 배웠기에 저의 '토종 한국영어'를 듣고 원어민이 고개를 갸우뚱할 때 당혹감을 느꼈던 순간이 정말 많았습니다. 아직도 떠올리면 자동 이불킥을 하게 되는 화려한 영어 실수 흑역사들, 그동안 제가 배운 영어가 잘못된 지식이었거나 실전에 도움이 되지 않았음을 깨닫고 좌절했던 경험들이 생생합니다. 그래서 한국인의 영어에서 취약한 부분이 무엇인지, 한국인에게 진짜 필요한 영문법이 무엇인지 잘 알고 있다고 자부합니다.

둘째, 제 곁에는 정확한 네이티브 영어를 알려주는 훌륭한 영어선생님이 있습니다. 바로 미국 대학원에서 영어교육 TESL(Teaching English as a Second Language)을 전공하다가 만난 저의 든든한 지원군인 미국인 남편 Thomas Selley입니다. 20여 년 영어교사와 출판사 에디터로 경력을 쌓아온 언어 전문가인 Tom에게 직접 수업의 모든 컨텐츠의 감수를 받을 수 있었기에, 상황별로 미묘하게 달라지는 영어 문장 구조를 구분하고 자연스러운 원어민의 영어 표현방식을 체득할 수 있게 되었습니다.

지금이야 남편과 영어로 소통하는 데 큰 어려움이 없지만, 한국에서 태어나고 자란 저와 뼛속까지 미국인인 남편 Tom은 그동안 우리말과 영어의 언어적 차이, 한국과 미국의 문화적 차이로 인해 크고 작은 오해와 갈등을 겪기도 했습니다. 다행히 둘 다 영어교육 전공자였기에 갈등에서 끝나지 않고 언어적·문화적 관점에서 이해할 수 있었습니다. 그래서 원어민들이 영어를 왜 그렇게 사용하는지, 어떻게 그 의미를 받아들이는지, 왜 원어민과 우리의 표현방식이 다를 수밖에 없는지를 함께 분석 정리했습니다.

셋째, 저에게는 많은 분들의 도움으로 모은 '영어 실수 빅데이터'가 있었습니다. 영작문 수업을 진행하면서 학생들의 작문 숙제를 검토하는 과정에서 매일 100~200건의 영어 오류를 피드백한 경험이 있습니다. 그리고 영어를 가르치는 직업이다 보니 수업시간, 이메일, SNS로 수많은 영어 관련 질문을 받곤 합니다. 마치 수술 경험이 많은 베테랑 의사처럼 저 역시 20만 건 이상의 영어 실수와 질문을 접하면서 성인 영어 학습자들이 취약한 부분, 그들에게 진짜 쓸모 있고 필요한 영어가 무엇인지 알게 되었습니다.

이렇게 지난 15년간 온 힘을 기울여 '영어를 말하고 쓸 때 진짜 쓰이는 영문법'을 모았습니다. 그리고 이를 최대한 쉽고 자세하게 정리했습니다. 그 결과 "가능성이 낮은 것은 시제를 낮춰서 표현합니다," "be동사는 '~이다'가 아닙니다," "영어에는 5가지 원리가 있습니다" 등 저만의 방식으로 설명할 수 있게 되었습니다. 저에게 배운 학생들이 원어민에게 "어디서 영어를 배웠냐?"는 칭찬의 질문을 받았다고 뿌듯해할 때마다, 원어민 선생님의 소개로 제 수업을 찾아온 학생들을 볼 때마다 더 많은 분께 알려드리고 싶다는 사명감을 느꼈습니다.

그래서 유튜브의 '유'자도 모르던 제가 유튜브 채널 〈쓰는 영어〉를 개설하여 강의를 시작했고, 어느덧 15년간 영어를 가르치며 만났던 학생들보다 훨씬 많은 분을 랜선 학생으로 만나게 되었습니다. 그리고 댓글이라는 소통의 장을 통해 '반짝이는 그 눈빛들'을 다시 볼 수 있게 되었습니다.

영어를 배우고 가르치면서 깨달은 한 가지가 있습니다. '이해를 통한 학습은 배움의 기쁨도 함께 선사한다'는 것입니다. 이해가 되면 재미있고 재미있으면 포기하지 않게 되고 포기하지 않으니까 영어의 성장도 빠르게 이룰 수 있죠. 그동안 학원에서 유튜브에서 여러분들과 경험했던 그 성장과 희열을 이 책을 통해 더 많은 분들과 함께 나누고 싶습니다. 그동안 문법책 도대체 언제 나오냐는 학생들과 구독자들의 문의를 받으면서 너무나 죄송스럽고 안타까웠습니다. 하지만 오래 준비한 만큼 더 완벽을 기했고 그 어떤 강의보다 한층 더 깊이 있는 내용을 선보일 수 있게 되어 오히려 다행이라는 생각도 듭니다.

문법은 무조건 외우는 게 아닙니다. 영어의 원리를 이해하게 되면 내가 원하는 메시지를 정확하고 효율적으로 전달할 수 있게 되고, 원어민의 사고까지도 이해하는 일석이조의 영어공부가 가능합니다. 이 책이 여러분의 영어공부에 충직한 길잡이가 되었으면 좋겠습니다.

끝으로 책의 내용이 독자분들께 효율적으로 전달될 수 있도록 최선을 다해 편집해주신 임명진 에디터와 길벗 출판사분들께 감사드리고, 늘 언제나 뜨겁게 응원해주시는 부모님과 15여 년 한결같이 옆에서 최고의 조력자가 되어준 남편 Tom, 그리고 개구쟁이 Dashiell과 지우에게 사랑한다는 말을 전하고 싶습니다.

셀리 김수영

The Grammar for You!

Grammar is the chemistry of English. It describes how words, phrases, and punctuation marks work in specific ways to communicate the thoughts in peoples' heads. Like actual chemistry, grammar is not something you learn in a few lessons, memorize, and then start using fluently. You must spend time with the grammar rules, see how they work in different contexts, and practice using them in a variety of sentences. Only when you understand how the rules work together to form a system can you internalize the rules to express yourself clearly and spontaneously.

The book in your hands is NOT the usual collection of rules about basic sentence structures and verb agreements with a bonus chapter of idioms. This book is a careful analysis of a wide variety of typical phrase formations, word usages, and situational expressions that appear all the time in native-level communication. As such, the goal of this book is to enrich your understanding of the nuanced ways in which English can be shaped by different words and phrases depending on context.

If you're looking for a book to help you fix your grammar mistakes and give you a richer understanding of the usage of native English, this book is for you. If you study with it every day, soon you will begin to see how these different rules connect with and support each other. You will also develop an ear for hearing them in actual usage and will gain the confidence to use them yourself!

문법은 영어의 화학입니다. 문법은 단어와 구문, 문장부호 등이 어떤 특정한 방식으로 작용해서 사람들의 머릿속 생각을 전달할 수 있는지를 설명하죠. 하지만 화학이 그런 것처럼, 문법도 몇 차례의 수업을 통해 배우고 외우는 것으로 유창하게 사용할 수 있게 되지는 않습니다. 문법규칙을 공부하고 나면 이것이 서로 다른 문맥 속에서 어떻게 쓰이는지를 접해야 하고, 또 다양한 문장 속에서 써보는 연습을 해야만 하죠. 문법규칙들이 어떻게 서로 연결되어 하나의 완전한 구조를 만들어내는지를 '이해해야만' 비로소 그 규칙들이 진정한 내것이 되어 선명하고도 자연스럽게 자신을 표현할 수 있게 됩니다.

여러분이 지금 손에 들고 있는 이 책은 평소 늘 접하던 그런 문법책이 아닙니다. 기본적인 문장구조나 동사의 수일치 등과 같은 전형적인 문법규칙들에 이디엄 모음 부록 같은 게 달린 그런 책이 아니죠. 원어민들이 일상생활에서 항상 쓰는 '수많은 대표 구문의 형태'와 '단어의 용법', '상황별 표현들'을 심혈을 기울여 분석해놓은 책입니다. 따라서, 서로 다른 단어와 구문이 문맥에 따라 어떤 뉘앙스의 차이가 생기는지에 대해 충분히 이해할 수 있게 되는 것, 그것이 바로 이 책의 목표입니다.

나의 문법 실수를 바로잡아줄 책을 찾고 있나요? 원어민들이 쓰는 영어의 용법에 대해 보다 제대로 이해하고 싶은가요? 그렇다면 이 책이 바로 그 책입니다. 이 책으로 매일 공부하다 보면 서로 다른 문법규칙들이 어떻게 서로 연결되어 서로를 받쳐주는지를 곧 알게 될 겁니다. 듣는 귀도 좋아져서 이런 규칙들이 실제로 쓰이는 현장에서 그 말들이 귀에 쏙쏙 들어오기 시작할 것이며 그 규칙들로 자신을 표현하는 데에도 자신감이 솟을 것입니다!

Thomas Selley

MP3 듣기 영어로 듣고 말하는 영문법

문법은 외우는 게 아니라 영어를 말하고 쓸 때 실제로 써먹을 수 있어야 합니다. 그래서 이 책의 모든 예문은 영어 원어민의 음성으로 녹음했습니다. 눈으로 보고 끝내지 말고 귀로 듣고 입으로 따라 하며 진짜 쓰는 영문법을 공부하세요.

mp3 듣기
03 형용사절 접속
Your sister who lives in London called me.
Challenge 위의 대화에서 남자가 혼란스러워하는 이유는
Your sister called me. /
Your sister, who lives in London called me.
039

Challenge 나를 아는 것이 영어 공부의 시작

레슨을 시작하기 전, 간단한 퀴즈로 주의 집중과 흥미를 유발하며 앞으로 배울 영문법에 대하여 얼마나 제대로 이해하고 있는지 확인해보는 코너입니다. 문제가 어려울 때는 레슨 학습이 끝난 후 다시 한번 도전하는 것도 좋습니다.

Why 왜 the의 활용법을 배우

POINT 1 정관사의 핵심개념

The book (that) you loaned me is interesting.

099

Why 왜 이 문법규칙을 배워야 할까?

성인의 영어는 Why가 충족되어야 합니다. 이 문법이 영어를 쓸 때 왜 필요한지 알면 그냥 공식만 외우는 것보다 개념을 이해하는 데 확실한 도움이 됩니다. 배워야 할 목적이 분명해지니까 학습효율이 향상되는 것은 물론이죠!

POINT 원리로 이해하고 바로 쓰는 영문법

장롱 영어를 진짜 쓰이는 영어로 바꿔주는 신개념 영문법! 뻔한 공식의 나열이 아니라 한국어-영어의 차이부터 원어민들이 왜 이 문법을 쓰고 활용하는지 논리적으로 차근차근 설명해 줍니다. 배운 문법을 실생활에 바로 활용할 수 있도록 모든 예문은 네이티브가 실생활에서 자주 쓰는 문장들로 만들었습니다.

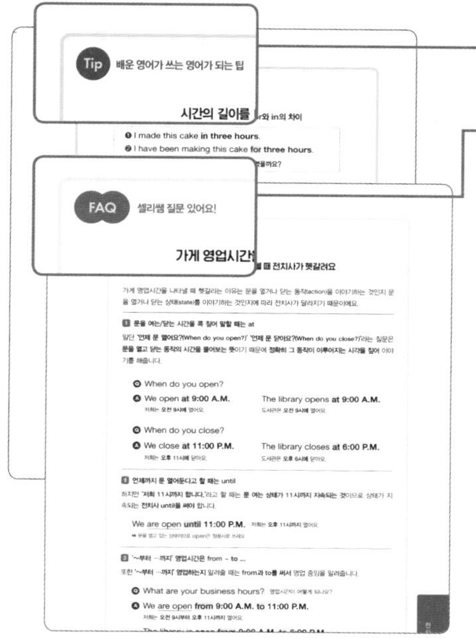

Tip 배운 영어가 쓰는 영어가 되는 팁

FAQ 셀리쌤 질문 있어요!

20만 건의 영어 실수 빅데이터에서 뽑은 한국인들이 가장 헷갈리고 자주 실수하는 문법들을 명쾌한 설명과 함께 Tip으로 정리했습니다. 영어 학습자들이 문법 관련해서 많이 하는 질문에 대한 해답은 FAQ에 꼭꼭 담았습니다.

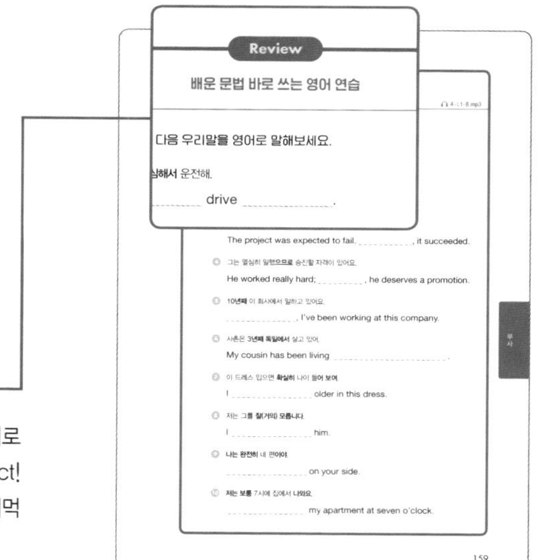

Review 배운 문법 실전 영어에 쓰는 연습

문법 설명만 볼 때는 다 아는 것 같아도, 실전에서 문법을 영어로 쓰려고 하면 생각처럼 잘 안 되죠? Practice Makes Perfect! 직접 말하고 쓰는 연습을 통해 반만 알던 문법을 자유자재로 써먹을 수 있는 완벽한 내것으로 만드세요!

저자 유튜브 〈쓰는 영어〉와 함께 공부하세요!

구독자 24만, 1,500만 뷰 화제의 영문법 유튜브 〈쓰는 영어〉에 방문하면 문법에 대한 다양한 영상과 함께 추가 학습 콘텐츠를 확인할 수 있습니다.

CHAPTER 1 접속사

CHAPTER 2 관사와 명사

CHAPTER 3 형용사

CHAPTER 4 부사

CHAPTER 5 비교급

CHAPTER 6 전치사

★ 영어의 문장과 동사의 이해, 영어의 시제, 법, 태, 동사의 변신, 조동사는 **《쓰이는 영문법 1》**에서 만날 수 있습니다.

CHAPTER 1

접속사

LESSON 1 문장의 품사를 바꿔주는 **접속사 종류 한눈에 정리해보기**

LESSON 2 문장의 품사를 명사로 바꿔주는 **명사절 접속사**

LESSON 3 문장의 품사를 형용사로 바꿔주는 **형용사절 접속사**

LESSON 4 문장의 품사를 부사로 바꿔주는 **부사절 접속사**

LESSON 01

문장의 품사를 바꿔주는

접속사 종류 한눈에 정리해보기

mp3 듣기

당신과 제니 아니면 제가 회의 가야 해요.
You and Jenny or I need to be at the meeting.
아니, 도대체 누가 회의에 가야 한다는 거야.

Challenge 위의 대화에서 남자가 혼란스러워하는 이유는?

1-L1-1.mp3

여자의 말은 2가지로 해석될 수 있습니다.

1. You and Jenny or I 당신과 제니가 아니면 내가 회의에 가야 한다.
2. You and Jenny or I 당신과 함께 제니 아니면 내가 회의에 가야 한다.

이렇게 의미에 혼동이 생기는 경우 상관성을 강조해주는 상관 접속사를 사용하여 의미를 분명하게 해줍니다.

Either you and Jenny **or** I need to be at the meeting.
당신과 제니가 아니면 내가 회의에 가야 한다.

▶ 이에 대한 더 자세한 설명은 p.027에서 확인할 수 있습니다.

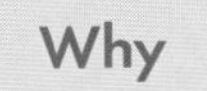

왜 접속사를 알아야 하나요?

접속사는 문장에 문장을 덧붙이는 장치로서 단순히 명사, 형용사, 부사 등을 덧붙이는 것과 다르게 훨씬 더 풍부하고 자세한 정보를 더 할 수 있다는 큰 장점이 있습니다. 하지만 접속사는 문장을 덧붙일 때 단순히 문장과 문장을 연결하는 역할을 하기도 하지만 그 문장을 명사로 붙일 수도 있고, 형용사로 붙일 수도 있으며, 부사로 붙일 수도 있기 때문에 자칫하면 접속사의 이 수많은 종류들이 머릿속에 다 엉켜버려 제대로 이해하기 어렵습니다. 따라서 이번 레슨에서는 다양한 역할들에 따른 접속사의 모양과 종류를 구분해 보면서 접속사에 대한 좀 더 통합적인 시각과 이해를 가져보도록 하겠습니다.

POINT 1 접속사의 역할과 종류

1-L1-1.mp3

영어에서는 아무런 장치 없이 문장에 문장을 그냥 연결해서 쓰지 않습니다. 문장을 붙이기 위한 장치가 필요하고, '접속사'가 바로 문장에 문장을 붙이는 그 장치, '찍찍이' 역할을 합니다.

I was hanging out with my friends **when** my mom called me.

문장 / 접속사 / 문장

우리 엄마가 전화했을 **때** 난 친구들과 놀고 있었어.

They wanted to know **why** she applied for the job.

문장 / 접속사 / 문장

그녀가 **왜** 그 일에 지원했**는지** 그들은 알고 싶어 했어.

hang out with ~와 놀다 | apply for ~에 지원하다

접속사는 이렇게 문장에 문장을 붙여주는 장치이기 때문에, 접속사가 문장을 연결하지 않고 독립적인 문장 안에 들어가 사용되는 것은 문법 규칙에 어긋납니다.

나는 화가 났었어. 그가 나에게 전화를 안 했거든.

I was upset. **Because** he didn't call me. (X)

➡ 영어에서는 접속사가 들어간 문장이 독립적인 문장으로 사용되지 않습니다.

→ I was upset **because** he didn't call me. (O)

➡ 접속사는 두 문장을 하나로 연결합니다.

and와 but은 이 규칙을 깨고 종종 독립적인 문장 안에 사용이 되기도 하지만 여전히 격식을

갖춘 글이나 문서에서는 and와 but을 문장과 문장을 연결해주는 역할로 쓰며 and와 but으로 문장을 시작하지 않습니다.

이렇게 문장에 문장을 붙여주는 접속사는 영어에서 크게 5가지 종류로 나뉩니다.

접속사의 종류

❶ **등위 접속사:** 동등한 성질/위치의 것들을 연결해주는 and, but, so, or입니다.

❷ **상관 접속사:** 상관 관계를 보여주는 부사(either, both, not only/also, neither)가 등위 접속사와 함께 쓰인 것입니다.

❸ **명사절 접속사:** 문장에 붙어 그 문장을 명사로 바꿔주는 접속사입니다. (that, what, how, when, why, where, how, if, whether)

❹ **형용사절 접속사:** 문장에 붙어 그 문장을 형용사로 바꿔주는 접속사입니다. (that, which, who, whose, whom)

❺ **부사절 접속사:** 문장에 붙어 그 문장을 부사로 바꿔주는 접속사입니다. (how, when, why, where, before, after, because, as soon as, if, whether, …)

POINT 2 등위 접속사의 핵심개념과 특징

1-L1-2.mp3

등위 접속사는 동등한 성질/위치의 것들을 연결해주는 장치로서, 앞과 뒤의 모양이 대등하다면 꼭 문장이 아니더라도 다 연결할 수 있습니다.

I made some coffee **and** a sandwich. 커피**와** 샌드위치를 만들었어.
(some coffee: 명사 / a sandwich: 명사)

She is smart **but** rude. 그녀는 똑똑하**지만** 무례해.
(smart: 형용사 / rude: 형용사)

I like going fishing **and** drawing flowers. 낚시를 하**고** 꽃을 그리는 걸 좋아해.
(going fishing: 동명사 / drawing flowers: 동명사)

I tried to hit my brother with the ball **but** hit my father instead.
(tried to hit my brother with the ball: 동사 / hit my father instead: 동사)
형한테 공을 맞추려고 했**는데** 대신 아버지한테 맞췄어.

rude 무례한 | **go fishing** 낚시하러 가다 | **draw** ~을 그리다 | **instead** 대신, ~ 말고

등위 접속사의 특징

① 동등한 자격의 것들을 연결해 줍니다.

명사와 명사, 동사와 동사처럼 문법적으로 같은 것들을 연결합니다.

He likes swimming and to run. (X)

→ He likes swimming **and** running. (O) 그는 수영**과** 달리기를 좋아해.

동명사 동명사

→ He likes to swim **and** run. (O)

to부정사 (to)부정사 (중복되는 to는 생략)

He can come here **or** wait outside. (O) 그는 여기 오거**나** 밖에서 기다리면 돼.

동사원형 동사원형

② 앞문장과 뒷문장의 중복된 부분을 생략할 수 있습니다.

원어민들은 보통 중복된 부분을 생략하여 간단한 형태로 사용합니다.

그는 아이스크림**과** 케이크를 먹고 싶어 했어.

He wants to eat ice cream **and** (he wants to eat) cake.

→ He wants to eat ice cream **and** cake. ✓ better

그는 살을 빼려고 했**는데** 잘 안 됐어.

He tried to lose weight **but** (he) failed (to lose weight).

→ He tried to lose weight **but** failed. ✓ better

→ He tried **but** failed to lose weight. ✓ better

그는 그녀에게 데이트 신청을 하고 싶었**지만** 하지 않았어.

He wanted to ask her out **but** (he) didn't (ask her out).

→ He wanted to ask her out **but** didn't. ✓ better

lose weight 살을 빼다 | ask out ~에게 데이트 신청하다

③ 등위 접속사 so(그래서)는 항상 뒤에 완벽한 문장이 나오며 종종 앞에 콤마(,)와 함께 쓰입니다.

It was raining**, so** I stayed home. 비가 와**서** 집에 있었어.
완벽한 문장

I wanted to go out drinking**, so** I called him. 한잔하러 나가고 싶**어서** 그에게 전화를 했지.
완벽한 문장

배운 영어가 쓰는 영어가 되는 팁

Writing Tip!
접속사가 콤마(,)와 쓰일 때와 쓰이지 않을 때

문장과 문장이 연결되어 긴 문장이 만들어질 때 이해에 혼동이 생길 수 있습니다. 이때 접속사 앞에 콤마를 넣어 문장을 분명하게 구분해줄 수 있죠.

난 남동생이랑 집 청소를 하**고,** 아버지는 혼자 세차를 하셨어요.

I cleaned the house with my brother **and** my father washed the car alone. 내 동생과 아빠가 한 덩어리 정보처럼 보일 수도 있어요.

I cleaned the house with my brother**, and** my father washed the car alone. 콤마로 혼동이 안 생기도록 문장이 어디서 끝나는지 정확히 보여줄 수 있어요.

하지만 문장의 일부가 중복되어 생략이 된 경우는 앞의 문장과 뒤의 문장이 일부를 공유하며 끈끈하게 묶여버렸으므로 콤마로 문장을 끊어주지 않습니다.

난 오늘 아침에 집 청소를 하**고** 빨래를 했어.

I cleaned the house **and** did the laundry this morning.
주어가 같으므로 생략해줌
콤마로 끊어 쉬어 가지 않아요.

POINT 3 상관 접속사의 핵심개념과 특징

1-L1-3.mp3

상관 접속사는 and, or, nor, but에 both, either, neither, not only ... also 등의 부사를 붙여서 연결하는 단어들의 상관성을 강조해 줍니다.

상관 접속사의 종류

- **both A and B** A와 B둘 다
- **either A or B** A와 B 둘 중 하나
- **neither A nor B** A와 B 둘 다 아닌
- **not only A but also B** A뿐 아니라 B도

상관 접속사의 특징

① A와 B의 모양을 일치시켜줘야 합니다.

He **neither** smokes **nor** drinks. 그는 담배**도 안** 피우**고** 술**도 안** 마셔.
(smokes: 동사, drinks: 동사)

He is **not only** handsome **but (also)** tall. 그는 잘 생겼을 **뿐만 아니라** 키**도** 커.
(handsome: 형용사, tall: 형용사)

I have eaten **neither** breakfast **nor** lunch. 난 아침**도** 점심**도 다 안** 먹었어.
(breakfast: 명사, lunch: 명사)

He can **either** come to the meeting **or** attend by video.
(come: 동사원형, attend: 동사원형)
그는 회의에 올 수**도** 영상으로 참석할 수**도** 있어.

② 부사 생략이 가능합니다.

의미의 혼동이 없다면 both, either, also 등의 부사는 생략하고 써도 괜찮습니다.

(Both) You **and** Paul have to come to the meeting. 자네**와** 폴은 회의에 와야 하네.

She **not only** sings **but** (also) writes songs. 그녀는 노래를 부를 **뿐 아니라** 가사**도** 써요.

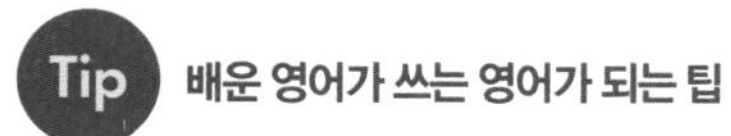

상관 접속사가 꼭 필요한 이유

부사 both나 either를 생략해서는 안 되는 경우도 있습니다. 바로 의미의 혼동이 생기는 경우인데요.

Either Jack and his wife **or** I need to be at the meeting.
잭과 그의 아내, 아니면 제가 회의에 가야 합니다.

위 문장에서 either을 생략하면 **Jack**과 **그의 아내 또는 나**인지

Jack and **his wife or I** need to be at the meeting.

Jack과 그의 아내 또는 **나**인지가 헷갈립니다.

Jack and his wife or **I** need to be at the meeting.

either 부사의 도움을 받아 or를 기준으로 명사를 나눠야 오해 없이 의미 전달을 할 수 있습니다. 이런 정확한 구분과 상관성의 강조를 위해 상관 접속사를 잘 활용하시기 바랍니다.

③ 수일치를 B에 맞춰줍니다. (both A and B 제외)

both는 둘 다를 나타내기 때문에 복수 취급을 해주지만

> **Both** you **and** your sister **have** to stay home. 너**랑** 누나는 **둘 다** 집에 있어야 해.

either A or B나 neither A nor B처럼 주어가 무엇이 되어도 상관이 없을 경우는 주어, 동사의 수일치가 쉬워지도록 동사 가까이에 있는 주어에 수일치를 시켜줍니다.

> **Either** you **or** your sister **has** to stay home. 너**나** 누나 **둘 중 한 명**은 집에 있어야 해.

또한 not only A but also B는 'A뿐 아니라 B도'라는 뜻으로 진짜 주어가 B이기 때문에 B에 수일치를 시켜주어야 합니다.

> **Not only** you **but also** your sister **has** to stay home.
>
> 너**뿐 아니라** 누나**도** 집에 있어야 해.

Review

배운 문법 바로 쓰는 영어 연습

1-L1-4.mp3

A 빈칸에 알맞은 접속사를 넣어 다음 우리말을 영어로 말해보세요.

1. 그녀는 똑똑**하지만** 무례해.
   She is smart ______________ rude.

2. 비가 와**서** 집에 있었어.
   It was raining, ______________ I stayed home.

3. 그는 담배**도 안** 피우**고** 술**도 안** 마셔.
   He ______________ smokes ______________ drinks.

4. 그는 잘생겼을 **뿐만 아니라** 키**도** 커.
   He is ______________ handsome ______________ tall.

5. 회의에 와**도** 되**고** 영상으로 참석해**도** 돼요.
   You can ______________ come to the meeting ______________ attend by video.

B 형태나 수일치에 주의해 다음 우리말을 영어로 말해보세요.

1. 우리 아버지는 낚시하고 꽃 **사진 찍는 걸** 좋아하셔. hint ~ 사진을 찍다 take a picture of
   My father likes going fishing and ______________ flowers.

2. 이리로 **오시거나** 밖에서 **기다리시면** 됩니다.
   You can ______________ here or ______________ outside.

3. 너나 누나 둘 중 한 명은 집에 있**어야 해.**
   Either you or your sister ______________ to stay home.

4. 너랑 누나는 둘 다 집에 있**어야 해.**
   Both you and your sister ______________ to stay home.

▶ 모범답안은 p.258을 확인하세요.

LESSON 02

문장의 품사를 명사로 바꿔주는

명사절 접속사

mp3 듣기

무슨 차를 운전하세요?
What car do you drive?
정확히 뭘 물어보는 거지?

Challenge 위의 대화에서 남자가 혼란스러워하는 이유는?

1-L2-1.mp3

What car라고만 표현하면 원어민들은 차의 색을 이야기하는 것인지, 종류를 이야기하는 것인지, 브랜드를 이야기하는 것인지 헷갈리게 됩니다.

따라서 '색'을 이야기하는 것이면

What color (of) car do you drive?

'종류'를 이야기하는 것이면

What kind of car do you drive?

'브랜드'를 이야기하는 것이면

What brand of car do you drive?로

정확하게 물어봐 주세요!

▶ 이에 대한 더 자세한 설명은 p.033에서 확인할 수 있습니다.

Why **왜 명사절 접속사의 활용법을 배워야 하죠?** (간단히 종류만 알면 되지 않나…)

문장을 명사로 바꿔주는 명사절 접속사는 that, what, which, who, when, where, how, why 등 여러 종류가 있습니다. 사실 여러 종류라고는 하지만 무한한 영어 단어를 생각해볼 때 **명사절 접속사의 경우 열 손가락 안팎의 접속사 정도만 그 용법을 꿰고 있으면 무한하게 활용할 수 있다**는 큰 장점이 있죠. 따라서 이번 레슨에서는 이 접속사들이 각자 문장 안에서 명사로서 어떻게 활용이 되고 어떤 의미를 만들어 내는지 이해하는 자리를 가져봅니다. 우리말 해석 때문에 헷갈릴 수 있는 접속사들의 구분부터 원어민들이 실제 활용하는 방법까지 상세하게 하나하나 다뤄 보겠습니다.

POINT 1 명사절 접속사의 핵심개념

문장 앞에 붙어 그 문장을 명사로 바꿔주는 접속사를 '명사절 접속사'라고 합니다. 명사절 접속사에는 that, what, how, when, why, where, how, if, whether 등이 있습니다. 이 접속사들은 문장을 명사절로 바꿔 전체 문장 안에서 주어, 보어, 목적어의 역할을 하게 합니다.

[명사절 접속사 + 문장] = 명사

명사절 접속사는 우리말 해석과 문장구조에 따라 크게 5가지로 나눌 수 있습니다.

POINT 2 '~것'으로 해석되는 명사절 접속사: that/what

1-L2-1.mp3

접속사 that과 what은 해석은 둘 다 '~것'으로 같으나 뒤에 오는 문장의 형태는 서로 다릅니다. that은 완전한 문장에 붙어 문장을 명사로 바꿔주기 때문에 that 뒤에는 완전한 문장이

오지만, what은 '무엇'에 해당되는 정보를 먹고 있는 의문사의 형태이므로 뒤에 무엇에 해당하는 명사 하나가 빠져 있는 문장이 따라 나옵니다.

that + 완전한 문장

what + 불완전한 문장

That he came here for me doesn't matter.
주어(that + 완전한 문장)

= It doesn't matter **that** he came here for me.
긴 주어를 문장 뒤로 붙일 수 있어요.

그가 날 위해 와준 **건** 중요치 않아(상관없어).

또한 that절이 문장의 목적어로 쓰였을 때 접속사 that을 생략할 수 있습니다.

I heard (**that**) he is in Canada. 나는 그가 캐나다에 있다고(있다는 **것**을) 들었어.
목적어(that + 완전한 문장)

The truth is **that** she doesn't want this job. 사실은 그녀가 이 일을 원하지 않는다는 **거**야.
주격 보어(that + 완전한 문장)

What he did was very kind. 그가 한 **행동**이 너무 친절했어.
주어(what + 불완전한 문장: 목적어가 없음)

I don't trust **what** he said. 그가 말한 **것**을 난 믿지 않아.
목적어(what + 불완전한 문장: 목적어가 없음)

POINT 3 '누구'라고 해석되는 명사절 접속사: who

1-L2-2.mp3

의문사 who는 문장과 문장을 이어주는 접속사로도 사용이 가능합니다. 접속사 who는 '누구'라는 정보를 먹고 있기 때문에 뒤의 문장에 '누구'에 해당하는 명사가 없는 불완전한 문장이 따라 나옵니다.

who + 불완전한 문장

Tell me **who** is coming to the party. **누가** 파티에 올 건지 알려줘.
목적어

Who he is isn't important. 그가 **누구**인지는 중요하지 않아.
주어

POINT 4 명사를 꾸며주는 명사절 접속사: what/which/whose

1-L2-3.mp3

what, which, whose는 명사를 꾸며주는 역할을 하기 때문에 뒤에 수식을 받는 명사가 바로 따라 나오는 형태를 가집니다.

Tell me **what color** you chose. **무슨 색**을 선택하셨는지 알려주세요.
목적어

I know **which one** you want. 네가 **어느 것**을 원하는지 알고 있어.
목적어

I would like to know **whose opinion** you will accept.
목적어

누구의 의견을 받아들일 것인지 알고 싶어.

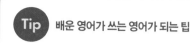

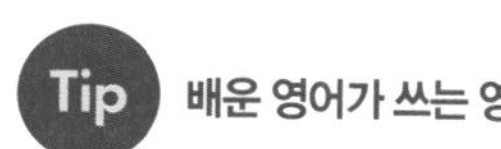

Challenge(p.029)에 대한 설명입니다.

Tip 배운 영어가 쓰는 영어가 되는 팁

'무슨 차: what car'는 왜 틀린 표현이 될까?

의문사이자 접속사인 what은 **'무슨'이라는 뜻으로 쓰인 경우, 의미의 해석에 혼동이 생길 수 있기 때문에 많은 카테고리를 담고 있는 명사와는 함께 쓰지 않습니다.** 즉, What car do you drive?(무슨 차를 운전하세요?)라고만 말하면 차 브랜드를 말하는 건지, 차 종류를 말하는 것인지 등이 헷갈리죠. 차의 브랜드를 이야기하는 것이면 What brand of car do you drive?라 하고, 세단인지 SUV인지 차의 종류를 말하는 것이면 **kind of를 붙여**서 What kind of car do you drive?라고 묻습니다.

따라서 **what 뒤에 kind of가 없이 바로 명사가 나올 때는 color, size, shape 등 의미의 혼동이 없이 정확히 하나를 짚어 대답해 줄 수 있는 것들이 사용**됩니다.

I wonder **what color** her car is.
그녀의 차가 **무슨 색**인지 궁금해요.
➡ 무슨 색인지 정확하게 대답할 수 있어요.

What size are your shoes?
신발 **사이즈가 어떻게** 되세요?
➡ 사이즈를 정확히 짚어서 대답할 수 있어요.

What shape is a stop sign?
'멈춤' 사인은 **무슨 모양**이에요?
➡ 무슨 모양인지 정확하게 대답할 수 있어요.

What kind of food do you like?
무슨 음식 좋아하세요?
➡ food는 여러 카테고리(한식, 중식, 일식 등)를 담고 있는 명사이므로 kind of를 붙여 쓰세요.

He asked me **what kind of music** I like.
내가 **어떤 음악**을 좋아하는지 그가 내게 물었어.
➡ music은 여러 카테고리(록, 클래식, 발라드 등)를 담고 있는 명사이므로 kind of를 붙여 쓰세요.

He asked me **what name** I chose for the baby.
내가 아기 **이름을 뭘**로 할지 그가 내게 물었어.
➡ 이름을 정확히 짚어서 대답할 수 있어요.

POINT 5 '~인지 (아닌지)'로 해석되는 명사절 접속사: whether/if

1-L2-4.mp3

단순히 맞는지 아닌지를 언급하는 문장에서는 whether를 써도 되고 if를 써도 됩니다. 그리고 여기에 or not을 붙여도 되고 생략해도 상관없습니다. whether는 or not을 접속사 whether 뒤에 바로 붙여도 되고 문장 끝에 붙여도 되지만, if는 or not을 뒤의 문장 끝에만 붙일 수 있습니다.

그녀가 와인을 좋아**하는지 (아닌지)** 궁금해.

I wonder **whether (or not)** she likes wine.

I wonder **whether** she likes wine **(or not)**.

I wonder **if** she likes wine **(or not)**.

너 괜찮**은지 (아닌지)** 알려줘.

Tell me **whether (or not)** you are okay.

Tell me **whether** you are okay **(or not)**.

Tell me **if** you are okay **(or not)**.

하지만 둘 중에 하나를 선택해야 하는 양자택일의 문장은 보통 whether가 사용되며 두 가지 선택사항을 보여줘야 합니다. 하지만 실제 회화에서는 이런 경우라도 whether뿐 아니라 if가 사용되기도 하죠.

I don't know **whether** I should stay **or** leave.

두 가지 중 하나를 선택

머물러**야 할지** 떠나**야 할지** 모르겠어.

I still haven't decided **whether** I should wear the blue jacket **or** the gray one.

두 가지 중 하나를 선택

파란 재킷을 입어**야 할지** 회색 재킷을 입어**야 할지** 아직도 결정 못 했어.

✪ 명사절 접속사 whether와 if의 차이점

같은 의미로 쓰이는 명사절 접속사 whether와 if를 늘 서로 바꿔 쓸 수 있는 것은 아니기 때문에 이 둘의 차이점도 잘 알아두어야 합니다.

❶ 주어 자리에 whether절은 사용할 수 있지만 if절은 사용 불가합니다.

주어 자리: **whether**절 (O)
if절 (X)

네가 이기든 지든 중요하지 않아.

Whether you win or lose is not important. (O)

If you win or lose is not important. (X)

if로 문장을 시작하면 조건절로 오해할 수 있기 때문에 주어 자리에 if절을 사용하지 않아요.

whether가 주어로서 문장에서 차지하는 비중이 너무 크면 whether를 문장 뒤로 보내주어도 됩니다.

It is not important **whether** you win or lose. (O)

= It is not important **if** you win or lose. (O)

주어인 whether가 뒤로 넘어가면 if로 바꿔써도 됩니다.

❷ whether는 to부정사를 붙여 쓸 수 있고 전치사 뒤에도 사용 가능합니다. 하지만 if는 to부정사와 붙여 쓸 수 없고 전치사 뒤에도 사용 불가합니다.

whether + to부정사 (O)	**if** + to부정사 (X)
전치사 + **whether** (O)	전치사 + **if** (X)

검은색을 살**지** 하얀색을 살**지** 모르겠어.

I don't know **whether** to buy the black one or the white one. (O)

I don't know ~~**if to buy**~~ the black one or the white one. (X)

네가 옳은지 그른지**에 대해** 말싸움하고 싶지 않아.

I don't want to argue **about whether** you are right or wrong. (O)

I don't want to argue ~~**about if**~~ you are right or wrong. (X)

POINT 6 '언제, 어디서, 어떻게, 왜'로 해석되는 명사절 접속사: when/where/how/why

1-L2-5.mp3

의문사 when/where/how/why는 문장에 문장을 덧붙이는 접속사로도 사용이 됩니다. 뒤에는 보통 완전한 문장이 나오면서 문장 안에서 명사의 역할을 할 수 있습니다.

when/where/how/why + 완전한 문장

How you got the money is important. **어떻게** 그 돈을 구했는지가 중요해.
주어

= It is important **how** you got the money.
주어

The point is **where** you got the money. 요점은 **어디서** 그 돈을 구했냐는 거야.
보어

Tell me **when** you got the money. **언제** 그 돈을 구했는지 알려줘.
목적어

Review

배운 문법 바로 쓰는 영어 연습

1-L2-6.mp3

A 빈칸에 알맞은 접속사를 넣어 다음 우리말을 영어로 말해보세요.

1. 그가 **누구인지는** 중요하지 않아.

   ______________ he is isn't important.

2. **어떻게** 그 돈을 구했는지가 중요해.

   It is important ______________ you got the money.

3. 네가 옳은**지** 그른**지**에 대해 말싸움하고 싶지 않아.

   I don't want to argue about ______________ you are right or wrong.

4. 요점은 **어디서** 그 돈을 구했냐는 거야.

   The point is ______________ you got the money.

5. **누가** 파티에 올 건지 알려줘.

   Tell me ______________ is coming to the party.

6. **무슨** 색을 선택했는지 알려줘.

   Tell me ______________ color you chose.

7. 네가 **누구의** 의견을 받아들일 건지 알고 싶어.

   I would like to know ______________ opinion you will accept.

8. 사실은 그녀가 이 일을 원하지 않는다**는 거**야.

   The truth is ______________ she doesn't want this job.

9. 네가 **어느** 것을 원하는지 알고 있어.

   I know ______________ one you want.

10. 그가 파티에 올**지** 잘 모르겠어.

    I don't know ______________ he will come to the party.

B 빈칸에 알맞은 표현을 골라 다음 우리말을 자연스러운 영어로 말해보세요.

1 **무슨 음식** 좋아하세요?

What ________________ do you like?

(a) food (b) kind of food

2 네 아기 눈이 **어떤 색**일지 궁금하다.

I wonder what ________________ your baby's eyes will be.

(a) color (b) kind of color

3 내가 아기 **이름을 뭘**로 할지 그가 내게 물었어.

He asked me what ________________ I chose for the baby.

(a) name (b) kind of name

4 내가 **어떤 음악**을 좋아하는지 그가 내게 물었어.

He asked me what ________________ I like.

(a) music (b) kind of music

C 다음 중 어색한 영어문장을 찾아보고, 자연스러운 문장을 큰소리로 말해보세요.

1 **네가 이기든 지든 중요하지 않아.**

(a) Whether you win or lose is not important.
(b) It is not important whether you win or lose.
(c) If you win or lose is not important.
(d) It is not important if you win or lose.

2 **그녀가 와인을 좋아하는지 (아닌지) 궁금해.**

(a) I wonder whether she likes wine.
(b) I wonder whether she likes wine or not.
(c) I wonder whether or not she likes wine.
(d) I wonder if she likes wine.
(e) I wonder if she likes wine or not.
(f) I wonder if or not she likes wine.

▶ 모범답안은 p.258을 확인하세요.

LESSON 03

문장의 품사를 형용사로 바꿔주는

형용사절 접속사

mp3 듣기

런던에 사는 당신 누나가 나에게 전화를 했어요.
Your sister who lives in London called me.
아니… 나는 누나가 한 명인데…

Challenge 위의 대화에서 남자가 혼란스러워하는 이유는?

1-L3-1.mp3

Your sister ~~**who**~~ lives in London called me.

관계대명사는 꼭 필요한 정보, 즉 없으면 어떤 누나인지 모르는 경우에 사용하기 때문에 누나가 여러 명일 경우 다른 누나와 구분하기 위해서 사용됩니다. 따라서 Your sister who lives in London called me.라고 하면 여러 누나 중에 런던에 사는 누나라는 의미인 것이죠. 누나가 한 명일 경우, 실제 회화에서는 보통 그냥 Your sister called me.라고 할 것이고 런던에 산다는 정보를 덧붙이고 싶을 때는 부가 설명이므로 콤마를 붙인 후 쓰는 것이 맞는 형태입니다.

Your sister called me. /
Your sister, **who** lives in London called me.

▶ 이에 대한 더 자세한 설명은 p.042에서 확인할 수 있습니다.

Why 왜 형용사절 접속사를 배워야 하는 걸까요? 배워도 잘 못 쓰겠어요.

문장을 형용사로 바꿔 명사를 꾸며주게 해주는 형용사절 접속사는 그동안 우리가 문법 시간에 배워왔던 내용들과 실제 원어민들이 사용하는 용법 사이에 차이가 꽤 있어요. 이번 레슨에서는 그동안 우리가 계속 헷갈려 했던 관계대명사, 관계부사 등의 형용사절 접속사의 생성원리부터 꼼꼼하게 이해한 후에 실제 회화에서 원어민들이 어떻게 사용하고 활용하는지, 우리말과 영어의 차이로 인해 발생하기 쉬운 영어 실수까지 하나하나 짚어가며 꼼꼼하게 공부해 보겠습니다.

POINT 1 형용사절 접속사의 핵심개념과 생성원리

1-L3-1.mp3

문장에 붙어 그 문장을 형용사로 바꿔주는 '형용사절 접속사'는 형용사로서 명사 뒤에서 명사를 꾸며주는 역할을 합니다. 문장이 형용사가 되어 명사를 꾸며주기 때문에 그 어떤 형태의 형용사보다 자세하고 풍부하게, 시간의 정보까지 담아서 명사를 꾸며줄 수 있다는 큰 장점이 있습니다. 동사의 시제까지 다 보여줄 수 있는 유일한 형용사이죠.

[형용사절 접속사 + 문장] = 형용사

✪ 형용사절의 생성원리

우리가 언어를 구사할 때, 한 말을 또 한다던가 뻔한 말을 중복하는 것은 표현을 조잡하고 유치하게 합니다. 이렇게 문장을 조잡하게 만드는 반복된 정보를 없애면서 두 문장을 자연스럽게 한 문장으로 합쳐주는 시스템이 바로 '형용사절 접속사'입니다.

[유치한 문장]

나는 의사를 알고 있어요.근데 그 의사가 당신을 도와줄 수 있어요.

I know a doctor. He can help you.

우리말 문장은 '의사'라는 정보가 중복이 되고, 영어 문장은 대명사로 앞에 나온 뻔한 정보를 반복하고 있습니다.

[자연스러운 문장]

난 당신을 **도와줄 수 있는 의사**를 알고 있어요.

I know **a doctor** who can help you.

형용사절 접속사 who가 대명사 He를 먹으면서 두 문장을 하나로 연결해 줍니다.

형용사절 접속사는 중복된 정보인 '대명사'를 먹으면서 두 문장의 '관계'를 '맺어준다'고 하여 '관계대명사'라고도 합니다.

POINT 2 관계대명사의 종류

1-L3-2.mp3

형용사절의 수식을 받는 명사가 사람인지 사물인지 등에 따라 알맞은 관계대명사를 골라 써야 합니다.

관계대명사	쓰임
사람 + who	사람을 꾸며주고 **주격 대명사** I/he/she/they/we 등을 먹고 있음
사람 + whose	사람, 동물을 꾸며주고 **소유격 대명사** my/his/her/their/its 등을 먹고 있음
사람 + who(m)	사람을 꾸며주고 **목적격 대명사** me/him/her/them 등을 먹고 있음
사물/동물 + that	사물, 동물을 꾸며줌
사물/동물 + which	사물, 동물을 꾸며줌

This is **the boy** who is looking for his puppy. [사람 + who]

얘가 **강아지를 찾고 있는 아이**야.

➡ 회화에서는 who 대신 that을 사용하는 경우도 있습니다.

This is **the boy** whose puppy is missing. [사람 + whose]

얘가 **강아지가 없어진 그 아이**야.

This is **the boy** (whom) I want to help. [사람 + whom]

얘가 **내가 돕고 싶은 아이**야.

➡ 실제 회화에서는 whom을 보통 생략해서 사용하기 때문에 거의 못 들어 보실 거예요.

The puppy that the boy lost is brown. [동물 + that]

그 아이가 잃어버린 강아지는 갈색이야.

I saw **a photo that** was taken by him. [사물 + that]

그에 의해 찍힌(그가 찍은) 그 사진을 봤어.

➡ 미국영어에서는 which 대신 that을 주로 사용합니다.

I found **the book which** he left at the coffee shop. [사물 + which]

그가 커피숍에 놓고 간 책을 내가 찾았어.

➡ 영국영어에서는 that과 더불어 which도 사용합니다.

Challenge(p.039)에 대한 설명입니다.

Tip 배운 영어가 쓰는 영어가 되는 팁

원어민들이 실제로 사용하는 관계대명사의 쓰임 **계속적 용법**

우리는 관계대명사를 배울 때 that과 which가 사물을 꾸며준다고 배우지만 실제로 미국영어에서는 사물을 꾸며주는 관계대명사 that과 which를 구별해서 사용합니다.

언어는 항상 문장구조뿐 아니라 그 문장이 전달하고자 하는 의미를 같이 봐야 하는데요, 관계대명사가 전달해주는 정보는 **꼭 필요한 의미**인지 **부가적으로 추가해주는 의미**인지로 나누어 볼 수 있습니다.

---

1 꼭 필요한 정보

다음은 꼭 필요한 정보가 담겨 있는 관계대명사의 용례입니다. 특히 **꼭 필요한 정보가 담겨 있는 관계대명사가 사물을 꾸며줄 때는 which 대신 that을 사용합니다.** (영국영어에서는 that 대신 which를 쓰기도 하지요.)

This is **the piano that** my grandmother bought for me.

이거 **우리 할머니가 사주신 피아노**야.

➡ 이 수식어(that절)가 없으면 어떤 피아노를 이야기하는 것인지 모릅니다.
미국영어에서는 이럴 때 that은 which로 바꿔주지 않습니다.

I work with **a woman who** knows how to edit videos.

영상 편집을 할 줄 아는 여자와 일해.

➡ 이 수식어(who절)가 없으면 어떤 여자를 말하는 것인지 모릅니다.

2 부연 설명

부가 설명을 덧붙일 때는 관계대명사 which와 who가 쓰입니다. 꼭 필요한 정보가 아닌 부가적인 정보이기 때문에 **꼭 콤마를 넣어 부가적으로 삽입하는 말이라는 표시**를 해줍니다. **사람에 대한 부가 설명이면 who를, 사물이나 앞 문장 전체에 대한 부가 설명일 때는 which**를 콤마와 함께 쓰죠. **사물을 꾸밀 때 that을 쓰지 않고 which를 사용한다**는 점, 기억해 주세요. (이는 미국영어나 영국영어나 다 마찬가지입니다.)

My mom**, who** loves cooking**,** made this for you.

우리 엄마, **요리하는 걸 좋아하시는데,** 널 위해 이걸 만드셨어.

➡ 이 수식어(who절)가 없어도 My mom이 누군인지 알 수 있죠. 이런 부가적인 정보는 꼭 콤마로 넣어줍니다.

The 150 bus**, which** I take every day**,** comes every 30 minutes.

150번 버스, **내가 매일 타는데,** 30분마다 와.

➡ 이미 버스 번호가 정확히 언급되었으므로 '내가 매일 타는'이라는 정보가 없어도 어느 버스인지 알 수 있습니다. 이런 부가 설명은 사물을 꾸밀 때 that을 쓰지 않고 콤마와 함께 which를 사용합니다.

The CEO of Apple**, (who is)** Tim Cook**,** has decided not to release a new iPhone this year.

애플 사의 대표인 **팀 쿡**은 올해 아이폰 신제품을 출시하지 않기로 결정했어요.

➡ 때에 따라서는 관계대명사와 be동사를 생략할 수도 있습니다.

John came to help me clean the apartment**, which** was great!

존이 아파트 청소를 도와주러 왔는데, **정말 좋았어요!**

➡ 완벽한 문장에 덧붙여 부가적인 정보를 더해 줄 때도 콤마와 함께 which를 씁니다.

이렇게 부가 설명을 덧붙이는 관계대명사 which와 who를 한국 영문법 교재에서는 '계속적 용법'으로 쓰인 관계대명사라고 지칭하기도 합니다.

자, 그렇다면 다음 문장을 본 원어민은 누나가 한 명 있다고 볼까요, 여러 명 있다고 볼까요?

My sister who lives in London will visit me.

런던에 사는 우리 누나가 날 보러 올 거야.

답은 '누나가 여러 명일 것으로 본다'입니다. 관계대명사의 정보가 꼭 필요한 정보이므로 이 정보가 없으면 여러 명의 누나 중 어떤 누나를 이야기하는 줄 모르는 거죠.

그럼 누나가 한 명밖에 없을 때는 어떻게 해야 할까요?

보통 어떤 누나인지 설명을 할 필요가 없겠죠. 그냥 My sister will visit me. 하고 쓰면 되고 부가적인 설명을 하고 싶다면 콤마를 사용해 넣어주어야 해요.

My sister, who lives in London, will visit me.

우리 누나는 런던에 살고 있는데 날 보러 올 거야.

POINT 3 주어를 먹고 있는 주격 관계대명사: that/which/who

1-L3-3.mp3

주어를 먹고 있기 때문에 관계대명사 뒤에 주어 없는 문장이 옵니다.

[유치한 문장]

한 여자가 초인종을 눌렀어요. 근데 그 여자가 옆 집에 살아요.

A woman rang the doorbell. She lives next door.

(주격의 인칭) 대명사

[자연스러운 문장]

옆집 사는 여자가 초인종을 눌렀어요.

The woman who lives next door rang the doorbell.

주어(사람)를 먹고 두 문장을 연결시켜주는 관계대명사 who

→ 형용사절이 정확하게 어떤 여자인지를 지칭해주고 있기 때문에 a woman을 the woman으로 바꿔줌

POINT 4 목적어를 먹고 있는 목적격 관계대명사: that/which/whom

1-L3-4.mp3

목적어를 먹고 있기 때문에 관계대명사 뒤에 목적어가 없는 문장이 옵니다. 목적격 관계대명사는 실제 회화에서 보통 자주 생략되곤 합니다.

[유치한 문장]

게임이 너무 재미있어. 그 게임을 네가 나한테 빌려줬지.

A game is so much fun. You loaned it to me.

(목적격의 지시) 대명사

[자연스러운 문장]

네가 빌려준 게임 너무 재미있어.

The game (that) you loaned me is so much fun.

목적어(사물)를 먹고 두 문장을 연결시켜주는 관계대명사 that

→ 형용사절이 정확하게 어떤 게임인지를 지칭해주고 있기 때문에 a game을 the game으로 바꿔줌

loan A(사람) **B**(사물) A에게 B를 빌려주다(= loan B to A)

POINT 5 소유격을 먹고 있는 소유격 관계대명사: whose

1-L3-5.mp3

소유격을 먹고 있기 때문에 관계대명사 뒤에 소유격이 없는 문장이 옵니다.

[유치한 문장]

얘가 내 학생인데. 이 학생의 성적이 굉장히 좋아.

This is my student. His grades are really good.

(소유격의 인칭) 대명사

[자연스러운 문장]

얘가 **성적이 굉장히 좋은 내 학생**이야.

This is **my student** whose grades are really good.

소유격(사람)을 먹고 두 문장을 연결시켜주는 관계대명사 whose

원어민들이 실제 사용하는

소유격 관계대명사

소유격 관계대명사를 공부하다 보면 사물을 꾸며줄 때도 whose라는 소유격 관계대명사를 써야 한다든가 혹은 of which의 형태를 쓴다는 내용을 종종 볼 수 있습니다. 하지만 실제로 이런 **소유격 관계대명사의 쓰임은 굉장히 formal한 뉘앙스를 가지며 특히 일상회화에서는 거의 쓰지 않습니다.**

저자가 Selley Kim인 책을 샀어.

I bought **a book whose** author is Selley Kim. (어색한 표현)

실제로 원어민들은 사물을 whose로 잘 꾸며주지 않습니다.

I bought a book, **the author of which** is Selley Kim. (어색한 표현)

실제로 원어민들은 이렇게 복잡한 문장구조를 잘 사용하지 않습니다.

위의 두 문장은 다 실제 회화에서는 잘 안 쓰이는 문장구조입니다.

실제 원어민들의 표현

I bought **a book** written by Selley Kim. (자연스러운 표현)

= I bought **a book** by Selley Kim. (제일 자연스러운 표현)

이와 같이 간단한 문장 형태가 실제 더 많이 쓰이는 표현이에요. 실제 회화에서는 사물을 whose로 꾸미거나 복잡한 of which의 문장구조보다 간단명료한 문장 형태를 선호한다는 것을 기억해 주세요!

이 책상은 다리가 부서졌어.

This is a desk whose leg is broken. (어색한 표현)

→ This is **a desk with a broken leg.** (자연스러운 표현)

→ This desk **has a broken leg**. (자연스러운 표현)

POINT 6 what은 형용사절 접속사가 아니다

1-L3-6.mp3

관계대명사 that 앞에서 that절의 수식을 받는 명사(선행사)의 의미가 그다지 중요하지 않은 경우 그 명사와 관계대명사 that이 what의 형태로 축약이 되면서 스스로 명사 역할을 하게 합니다. 따라서 what은 명사를 꾸며주는 형용사절 접속사가 아닌, 명사절 접속사로서 앞에 꾸밈을 받는 명사가 나올 수 없습니다.

네가 그린 거 좀 보여줘봐.

Show me **the thing that** you drew.

➡ 의미가 그다지 중요하지 않은 the thing을 that이 먹어버리고 아래와 같이 스스로 명사 역할을 하는 what으로 변신합니다.

Show me ~~the thing~~ **what** you drew.

➡ what은 명사절 접속사로서 what 앞에는 what의 수식을 받는 명사가 올 수 없습니다.

POINT 7 전치사로 끝나는 형용사절

1-L3-7.mp3

중복되는 대명사를 먹어버리는 관계대명사는 뒤에 명사 하나가 빠진 불완전한 문장이 따라 나옵니다. 그래서 때에 따라 전치사로 문장이 끝나버리는 형태를 만들어 내기도 하죠.

명사 + that 주어 동사 + 전치사

[유치한 문장]

이 사람이 그 학생인데요, 제가 이 학생**에 대해** 말했잖아요.

This is the student. I was talking **about** her.

목적격 대명사

[자연스러운 문장]

이 사람이 **제가 말했던 학생**이에요.

This is **the student** (whom) I was talking **about**.

목적격을 먹은 관계대명사로서 생략 가능

This is **the student** about whom I was talking. (어색한 표현)

전치사가 관계대명사 앞으로 나오면 관계대명사는 생략이 불가능

전치사가 관계대명사 앞으로 나오면 관계대명사는 생략이 불가능합니다. 하지만 이런 문장구조는 어색합니다. 실제 회화에서는 전치사를 관계대명사 앞으로 보내는 형태를 잘 사용하지 않는다는 사실, 유념하세요.

> [유치한 문장]
>
> 여기가 그 동네야. 내가 이 동네**에서** 자랐잖아.
>
> This is the neighborhood. I grew up **in** it.
>
> 목적격 대명사
>
> [자연스러운 문장]
>
> 여기가 **내가 자란 동네**야.
>
> This is **the neighborhood** (that) I grew up **in**.
>
> 목적격을 먹은 관계대명사로 생략가능
>
> This is **the neighborhood** in which I grew up. (어색한 표현)
>
> 전치사가 관계대명사 that 앞으로 나오면 that 대신 which를 쓰고 관계대명사는 생략이 불가능

전치사가 관계대명사 that 앞으로 나오면 that 대신 which를 쓰고 관계대명사는 생략이 불가능합니다. 하지만 이런 문장구조는 어색합니다. 전치사는 that 대신 which와 쓰이는 것이 문법 규칙이기는 하나 앞서 얘기한 바와 같이 실제 회화에서는 전치사를 관계대명사 앞으로 보내는 형태를 잘 사용하지 않습니다.

FAQ 셀리쌤 질문 있어요!

관계대명사 *vs.* 현재분사
무엇으로 꾸며주는지에 따라 의미 차이가 있나요?

실제 회화에서 형용사인 관계대명사절 대신에 형용사인 분사 형태로 명사를 꾸며주는 경우가 많습니다. (실제 쓰는 말은 간단명료한 표현을 선호하니까요.)

Do you know the guy (**who** is) carrying a briefcase?
관계대명사

= Do you know the guy **carrying** a briefcase?
현재분사

서류가방을 들고 있는 남자를 아시나요?

➡ 현재분사 carrying은 형용사이므로 본인의 의미가 없는 be동사는 생략하고 분사구로서 직접 명사를 꾸밀 수 있습니다.

하지만 무조건 관계대명사를 현재분사로 바꿔줄 수 있다고 생각하면 안 됩니다. 관계대명사는 길고 복잡한 수식어지만 동사의 시제까지 다 보여줄 수 있는 유일한 형용사라는 아주 강한 장점이 존재하죠. 따라서 다음과 같은 2가지의 경우는 현재분사로 명사를 꾸며주지 못하고 관계대명사로 명사를 꾸며줘야 합니다. **현재분사는 시제를 보여줄 수 없고 '진행'의 의미가 있습니다.**

1 늘 하는 습관이나 버릇은 단순 현재시제로 표현해야 합니다.

I have a student **who doesn't do his homework.** (O)
I have a student ~~not doing~~ his homework. (X)

숙제를 안 해오는 학생이 하나 있어.

2 시제가 주절과 다른 경우 형용사절을 써서 그 다른 시제를 보여줘야 합니다.

The woman **who visited me yesterday** is my aunt. (O)
과거시제 현재시제

The woman ~~visiting~~ me yesterday is my aunt. (X)

어제 우리 집에 오셨던 아줌마가 우리 이모야.

My friend **who has lived in Seoul for ten years** doesn't want to move. (O)
현재완료형 현재시제

My friend ~~living~~ in Seoul for ten years doesn't want to move. (X)

10년 동안 서울에서 산 친구가 이사 가기를 싫어해요.

의미와 문장의 형태를 같이 고려한다면 더욱 정확하고 자연스러운 영어를 구사할 수 있습니다.

POINT 8 관계부사절 접속사의 핵심개념과 생성원리

1-L3-8.mp3

관계부사절이란 관계대명사절과 마찬가지로 명사 뒤에 붙어 명사를 꾸며주는 형용사 역할을 하는 녀석입니다. 관계대명사가 중복되는 대명사를 먹고 명사를 꾸며준다면, 관계부사절 접속사는 중복되는 부사구를 먹고 명사를 꾸며줍니다.

관계부사절의 생성원리

[유치한 문장]

여기가 그 집이야. 이 집에서 내가 자랐어.

This is the house. I grew up in it.

장소를 나타내는 부사 역할의 전치사구

[자연스러운 문장]

여기가 **내가 자란 집**이야.

This is **the house where** I grew up.

장소의 접속사 where을 사용

중복된 정보인 '부사구'를 먹으면서 두 문장의 '관계를 맺어준다'고 하여 '관계부사절 접속사'라고 부릅니다.

[유치한 문장]

나는 그날을 기억해. 그가 그날 한국에 도착했어.

I remember the day. He arrived in Korea on it.

시간을 나타내는 부사 역할의 전치사구

[자연스러운 문장]

나는 **그가 한국에 도착한 날**을 기억해.

I remember **the day when** he arrived in Korea.

시간의 접속사 when을 사용

[유치한 문장]

이유를 알려줘. 그녀가 그 이유 때문에 그를 떠났잖아.

Tell me the reason. She left him for it.

이유를 나타내는 부사 역할의 전치사구

[자연스러운 문장]

그녀가 그를 떠난 이유를 알려줘.

Tell me **the reason why** she left him.

이유의 접속사 why를 사용

[유치한 문장]

나는 그 태도가 싫어. 그가 그 태도로 자기 엄마를 대하잖아.

I don't like the way. He treats his mother in it.

방법을 나타내는 부사 역할의 전치사구

[자연스러운 문장]

그가 자기 엄마를 대하는 태도가 싫어.

I don't like **how** he treats his mother.

I don't like **the way** he treats his mother.

원어민들은 how와 way를 함께 쓰지 않고 둘 중에 하나를 골라 쓴다는 것도 알아두세요!

POINT 9 관계부사절 접속사의 다양한 변형

1-L3-9.mp3

언어는 매번 새로운 문장구조를 만들어내기보다 다양한 문장구조들이 서로 연결되고 상호 보완적인 역할을 하면서 더 효율적이고 명확한 표현을 위해 조율되고 활용되는 경우가 많습니다. 이런 언어의 특징을 좀 더 깊게 이해하고 영어 구조를 꿰뚫어 볼 수 있게 된다면 언어 공부가 더 재미있어질 거예요.

장소의 관계부사 where가 꾸며주는 명사가 'place(장소)'이고
시간의 관계부사 when이 꾸며주는 명사가 'time/day(시간)'이고
이유의 관계부사 why가 꾸며주는 명사가 'reason(이유)'이고
방법의 관계부사 how가 꾸며주는 명사가 'way(방법)'라면
원어민들은 이들을 의미의 중복으로 보고 둘 중에 하나만 사용하기도 합니다.

1 장소

여기는 **그녀가 탐과 점심식사를 했던 곳**이야.

This is **the place where** she had lunch with Tom.

the place와 where은 의미가 중복된다고 보기 때문에 둘 중에 하나를 써도 됩니다.

→ This is **where** she had lunch with Tom.

the place가 생략된 형태 (이때 where은 명사절 접속사로 사용되는 겁니다.)

→ This is **the place** she had lunch with Tom.

where가 생략된 형태

→ This is **the place that** she had lunch with Tom.

where가 생략된 자리에 원어민들은 습관적으로 that을 넣어 쓰기도 합니다.

관계부사 where 자리에 that을 쓰는 것이 문법적으로 틀린 형태이기는 하지만 문법만큼 중요한 것이 원어민들이 실제 사용하는 영어의 형태(용법)이기 때문에 회화에서 많이 사용되는 이 형태도 잘 알아두세요! 다만 formal한 글에서는 정확하게 문법에 맞는 where을 쓰도록 합니다.

관계부사의 수식을 받는 명사가 the place가 아닌 경우는 where와 의미의 중복으로 보지 않기 때문에 where을 생략하지 않고 정확하게 써주는 것이 맞는 표현입니다.

이게 **그가 그녀에게 프로포즈 했던 다리**예요.

This is **the bridge where** he proposed to her.

2 시간

네가 자전거에서 떨어졌던 때를 기억해?

Do you remember **the time when** you fell off the bike?

the time과 when은 의미가 중복된다고 보기 때문에 둘 중에 하나를 써도 됩니다.

→ Do you remember **when** you fell off the bike?

the time이 생략된 형태 (이때 when은 명사절 접속사로 사용되는 겁니다.)

→ Do you remember **the time** you fell off the bike?

when이 생략된 형태

→ Do you remember **the time that** you fell off the bike?

when이 생략된 자리에 원어민들은 습관적으로 that을 넣어 쓰기도 합니다.

3 이유

그는 그녀에게 **자신이 그녀를 떠난 이유**를 말해줄 수 없었어.

He couldn't tell her **the reason why** he left her.

the reason과 why는 의미가 중복된다고 보기 때문에 둘 중에 하나를 써도 됩니다.

→ He couldn't tell her **why** he left her.

the reason이 생략된 형태 (이때 why는 명사절 접속사로 사용되는 겁니다.)

→ He couldn't tell her **the reason** he left her.

why가 생략된 형태

→ He couldn't tell her **the reason that** he left her.

why가 생략된 자리에 원어민들은 습관적으로 that을 넣어 쓰기도 합니다.

4 방법

그녀가 날 바라보는 태도가 난 좋아.

I like ~~the way~~ **how** she looks at me.

the way와 how는 의미가 중복된다고 보기 때문에 how는 the way와 함께 쓰이지는 않습니다.

→ I like **how** she looks at me.

목적어로 사용이 됨 (이때 how는 명사절 접속사로 사용되는 겁니다.)

→ I like **the way that** she looks at me.

how가 생략된 자리에 원어민들은 습관적으로 that을 넣어 쓰기도 합니다.

관계부사가 앞에 나온 〈전치사 + 명사〉를 먹으면서 스스로 부사가 될 수도 있습니다.

그는 **저녁식사가 시작될 때** 도착했어.

He arrived ~~at the time~~ **when** dinner started.

관계부사가 의미가 중복되는 명사와 그 명사에 붙어 있는 전치사까지 먹고 스스로 부사가 됨

→ He arrived **when** dinner started.

시간의 부사절로 사용

그녀는 **태어난 곳에서** 죽었어.

She died ~~in the place~~ **where** she was born.

관계부사가 의미가 중복되는 명사와 그 명사에 붙어 있는 전치사까지 먹고 스스로 부사가 됨

→ She died **where** she was born.

장소의 부사절로 사용

POINT 10 -ever가 붙은 접속사들: whatever, whoever, whichever, however, whenever, wherever

1-L3-10.mp3

✪ 형용사절 접속사의 변신은 무죄?!

형용사절 접속사 what/who/which/how/when/where가 ever의 꼬리를 달면 더 이상 형용사가 아닌 다른 품사로 바뀌게 됩니다. '무엇이든, 누구든, 어디든, 언제든…' 등의 의미를 가진 명사절 접속사나, '무엇이든 상관없이, 누구든 상관없이, 언제든 상관없이…' 등의 의미를 가진 부사절 접속사로 변신을 하게 되죠. 즉 -ever가 들어간 접속사들은 문장 안에서 명사와 부사의 역할을 합니다.

1 명사절로 쓰인 -ever 접속사들

정해지지 않은 대상을 나타내는 명사를 먹으면서 ever라는 꼬리를 달고 스스로 명사가 된 형태입니다.

누가 했는지 천재다.

The person who did it is a genius. (O)

정해지지 않은 대상

→ **Whoever** did it is a genius. (O)

정해지지 않은 대상인 the person을 who가 먹으면서 whoever가 되고 스스로 명사가 되어 주어로 쓰임

네가 원하는 것 뭐든 해.

Do **anything (that)** you want. (O)

정해지지 않은 대상

→ Do **whatever** you want. (O)

정해지지 않은 대상인 anything을 that이 먹으면서 whatever가 되고 스스로 명사가 되어 목적어로 쓰임

네가 어디를 가고 싶든지 난 좋아.

Any place where you want to go is fine with me. (O)

정해지지 않은 대상

→ **Wherever** you want to go is fine with me. (O)

정해지지 않은 대상인 any place를 where가 먹으면서 wherever가 되고 스스로 명사가 되어 주어로 쓰임

2 부사절로 쓰인 -ever 접속사들

no matter를 접속사가 먹으면서 ever라는 꼬리를 달고 스스로 부사가 된 형태입니다. no matter를 먹고 있기 때문에 '뭐든 상관없다'라는 의미가 담겨 있습니다.

당신이 누구든지 간에 감사하단 말을 하고 싶어요.

No matter who you are, I want to say thank you. (O)

→ **Whoever** you are, I want to say thank you. (O)

no matter를 who가 먹으면서 whoever가 되고 스스로 부사가 되어 문장을 꾸며줌

얼마나 어렵든지 간에 저는 무조건 해낼 거예요.

No matter how hard it is, I will make it work. (O)

→ **However** hard it is, I will make it work. (O)

no matter를 how가 먹으면서 however가 되고 스스로 부사가 되어 문장을 꾸며 줌

make it work (특정한 사안을) 성공시키다

Review

배운 문법 바로 쓰는 영어 연습

1-L3-11.mp3

A 관계대명사/관계부사를 활용해 다음 우리말을 영어(미국영어 기준)로 말해보세요. 이 중 관계대명사/관계부사를 생략할 수 있는 문장도 찾아보세요.

1. 여기가 내가 자란 집이야.

   This is the house ____________ I grew up.

2. 네가 **어디를** 가고 싶**든지** 난 좋아.

   ____________ you want to go is fine with me.

3. 그때 네가 날 떠난 이유를 알려줘.

   Tell me the reason ____________ you left me then.

4. 그는 저녁식사가 시작될 **때** 도착했어.

   He arrived ____________ dinner started.

5. 얘가 강아지가 없어진 그 아이야.

   This is the boy ____________ puppy is missing.

6. 네가 원하**는 것 뭐든** 해.

   Do ____________ you want.

7. 얼마나 어렵**든지 간에** 저는 무조건 해낼 거예요.

   ____________ hard it is, I will make it work.

8. 여기가 내가 부모님이랑 있었던 호텔이야.

   This is the hotel ____________ I stayed at with my parents.

9. 가난이 아이들이 학교에서 뒤떨어지는 이유입니다.

   Poverty is the reason ____________ kids are not doing well in school.

10 우리 엄마, **요리하는 걸 좋아하시는데**, 널 위해 이걸 만드셨어.

My mom, ________________________________, made this for you.

11 (여자형제가 여럿인 경우) **런던에 사는** 우리 누나가 날 보러 올 거야.

My sister ________________________________ will visit me.

12 **어제 우리 집에 오셨던** 아줌마가 우리 이모야.

The woman ________________________________ is my aunt.

B 틀린 곳을 바르게 고친 후 다음 우리말을 영어로 말해보세요.

1 네가 그린 거 좀 보여줘봐.

Show me the thing what you drew.

2 이 사람이 제가 말했던 학생이에요.

This is the student I was talking.

3 여기가 내가 자란 동네야.

This is the neighborhood I grew up.

4 그가 자기 엄마를 대하는 태도가 싫어.

I don't like the way how he treats his mother.

5 이거 우리 할머니가 사 주신 피아노야.

This is the piano my grandmother bought for me.

▶ 모범답안은 p.259를 확인하세요.

LESSON 04

문장의 품사를 부사로 바꿔주는

부사절 접속사

mp3 듣기

제가 퇴근하고 전화 드릴게요.
I will give you a call as soon as I get off work.
아니요, 천천히 전화 주셔도 괜찮습니다.

Challenge 위의 대화에서 남자가 저렇게 말한 이유는?

1-L4-1.mp3

I will give you a call ~~**as soon as**~~ I get off work.

as soon as는 '~하자마자 바로'라는 뜻으로 급한 상황이라는 뉘앙스가 담겨 있어요. 따라서 '급하게'가 아니라 그냥 '퇴근 후'에 전화 주겠다고 할 때는 after를 쓰세요. I will give you a call after I get off work.처럼 말이죠.

I will give you a call **after** I get off work.

▶ 이에 대한 더 자세한 설명은 p.063에서 확인할 수 있습니다.

Why 왜 부사절 접속사를 배워야 하죠? (접속사 단어 뜻만 알면 되지 않나…)

문장을 부사로 바꿔 문장에 덧붙여 부가적인 의미를 더해주는 **부사절 접속사는 그 종류와 의미가 정말 다양합니다. 특히 우리말 해석으로 절대 구분할 수 없는 시간의 부사절 접속사, 조건/양보의 접속사, 이유를 나타내는 접속사 등, 우리들이 제대로 이해하고 알기 어려웠던 접속사들이 많았습니다.** 이제 이번 레슨에서 유독 실수가 많았던 부사절 접속사들을 모아, 그동안 우리가 틀린 줄도 모르고 잘못 썼던 오류들을 이해하고 수정해보고, 그 미묘한 뉘앙스들을 제대로 파악해보는 시간을 갖겠습니다.

POINT 1 부사절 접속사의 핵심개념

문장에 붙어 문장을 부사로 바꿔주는 '부사절 접속사'는 완벽한 문장에 붙어 부가적인 정보를 더해주는 역할을 합니다. 다양한 종류의 부사절 접속사가 여러 부가적인 정보들을 세세하게 표현해 주지만 우리말 해석으로 구분을 하기 어려운 경우도 많기 때문에 이들이 가진 고유의 의미와 역할을 잘 이해해두는 것이 중요합니다.

[부사절 접속사 + 문장] = 부사

POINT 2 시간의 부사절 접속사

1-L4-1.mp3

1 while ~동안

while **S + V, S' + V'**
상황A 상황B

① A와 B가 같이 진행될 때

A가 진행형이면 B도 진행형, A가 단순시제면 B도 단순시제로 시간의 길이를 맞춥니다.

> **While** I **was decorating** the room, she **was setting** the table.
>
> = **While** I **decorated** the room, she **set** the table.
>
> **내가 방을 꾸미는 동안** 그녀는 테이블을 세팅했어.

② B가 A를 방해할 때

A는 진행형, B는 단순시제를 씁니다.

> **While** I **was sleeping**, I **fell** off the bed.
>
> = **While sleeping**, I **fell** off the bed.
>
> **자는 동안(자다가)** 침대에서 떨어졌어.

상황A와 상황B의 주어가 같으면 〈while + 현재분사〉로 축약이 가능합니다.

2 when ~때

when S + V, S′ + V′

상황A 상황B

① A가 끝나자마자 B가 발생

A가 완료되자마자의 순간을 나타내므로 진행형을 쓰지 않습니다.

> **When** I **got** out of the car, he ran to me.
>
> **내가 차에서 내리자** 그가 나에게 달려왔어.

get out of (자동차에서) 내리다

② A와 B가 같이 발생

상황이 발생한 시점을 표현하는 when은 단순시제와 쓰입니다.

When I **watch** a movie, I always eat popcorn.

= When **watching** a movie, I always eat popcorn.

난 TV볼 때 항상 팝콘을 먹어.

A와 B가 같이 발생하는 경우, A와 B의 주어가 같으면 〈when + 현재분사〉로 축약이 가능합니다.

3 as ~하면서, ~할 때, ~함에 따라

동시에 일이 발생할 때 사용합니다.

As I came into the room, I turned on the light.

나는 방에 들어오면서 불을 켰어.

| 비교 1 | **While** I came into the room, I turned on the light. (X)

➡ '방에 들어오는 동안 불을 켰다'는 뜻으로 불을 켜는 짧은 동작이 방에 들어오는 행동과 동시에 쭉 지속이 된 것 같아 어색

| 비교 2 | **When** I came into the room, I turned on the light. (O)

➡ '방에 들어왔을 때 불을 켰다'는 뜻으로 '방에 들어오자(마자) 불을 켰다'는 뜻으로 해석

As time passed, it hurt more and more.

시간이 지나면서 점점 더 아팠어.

4 after ~ 후에

after(접속사) **+ 문장**

after(전치사) **+ (동)명사**

After I took a shower, I watched TV.

접속사 + 완전한 문장

= After taking a shower, I watched TV.

전치사 + 동명사

샤워를 한 후에 TV를 봤어.

take a shower 샤워하다

5 before ~ 전에, ~ (전)까지

before는 '~ 전에'뿐만 아니라 '~ 전까지'라는 뜻으로도 해석될 수 있습니다.

before(접속사) + 문장

before(전치사) + (동)명사

Finish your homework **before** I come back.

접속사 + 완전한 문장

내가 돌아올 때까지(돌아오기 전에) 숙제 다 끝내놔라.

Could you please email me a copy **before** the meeting?

전치사 + 명사

회의 전까지 저한테 사본 좀 이메일로 보내주세요.

email 이메일을 보내다

6 until ~까지

기한까지 일을 멈추지 않고 지속, 계속하다는 뜻입니다.

until(접속사) + 문장

until(전치사) + 명사

Could you watch your brother **until** I am done shopping?

접속사 + 완전한 문장

장 다 볼 때까지 동생 좀 보고 있을래?

Could you watch your brother **until** noon?

전치사 + 명사

12시까지 동생 좀 보고 있을래?

| 비교 | by(전치사)는 기한까지 일을 완료, 완성할 때 사용합니다. 전치사이기 때문에 뒤에는 명사만 올 수 있죠. 뒤에 문장을 쓰고 싶으면 before를 이용하세요!

I will pay you back **by** Tuesday. **화요일까지는** 돈을 갚겠습니다.

7 since ~부터, ~ 이후로, ~ 이래로

과거의 일이 지금까지 계속될 때 쓰이는 접속사이자 전치사입니다.

since (접속사) + 문장

since (전치사) + (동)명사

Since my son was born, I haven't gone out to any bars.

접속사 + 완전한 문장

아들이 태어난 이후로 술집에 가보지를 않았어요.

Since 2020, I have been working with my father.

전치사 + 명사

2020년부터 아버지와 같이 일하고 있습니다.

8 as soon as ~하자마자

Challenge(p.058)에 대한 설명입니다.

'~하자마자 바로'라는 뜻이 있기 때문에 때에 따라 급한 일이라는 뉘앙스로 이해될 수 있습니다.

as soon as + 문장

I will give you a call **as soon as** I get off work.

= I will give you a call **right after** I get off work.

퇴근하자마자 전화 드릴게요.

➡ 퇴근하자마자 바로'라는 뜻으로 as soon as는 right after와 의미가 비슷합니다.

I will give you a call **after** (I get off) work.

퇴근하면 전화 드릴게요.

➡ 단순히 '퇴근 후에' 전화주겠다는 뜻

give someone a call ~에게 전화하다 | get off work 퇴근하다
right after ~직후에 (바로) | after work 퇴근 후에

9 every time 매번 ~할 때마다 / whenever ~할 때마다

every time(매번 ~할 때마다)은 반복할 때마다 일어나는 일에 사용합니다.

whenever(아무 때나 상관없이 ~할 때마다)는 보통 임의적으로 일어나는 일에 사용합니다.

every time + 문장

whenever + 문장

네가 전화할 때마다 난 행복해.

Every time you call me, I am happy. [네가 매번 전화할 때마다 기쁘다는 뉘앙스]

= **Whenever** you call me, I am happy. [네가 언제 전화를 하든 기쁘다는 뉘앙스]

집에 올 때마다 창문에 고양이가 보여요.

Every time I come home, I see the cat in the window.

Whenever I come home, I see the cat in the window. (어색한 표현)

➡ 집에 돌아오는 행동은 임의로 일어나는 일이 아니므로 whenever은 어색하게 들립니다.

POINT 3 양보와 조건의 부사절 접속사

1-L4-2.mp3

1 though / although / even though ~에도 불구하고, ~지만

although는 though와 종종 같은 의미로 쓰입니다.

Although I can't attend the wedding, I will send a nice gift.

= **Though** I can't attend the wedding, I will send a nice gift.

결혼식에 참석할 수는 없지만 좋은 선물을 보낼게.

회화에서 though는 부사(~지만, 그래도)로 문장 끝에 붙여서도 자주 씁니다.

The movie was very interesting. It was a little scary **though**.

그 영화 재미있었어. 좀 무서웠**지만**.

I am fine. Thank you, **though**.

(호의를 거절할 때) 난 괜찮아. 고맙**지만**.

even though는 although와 though의 강조 표현으로 쓰입니다.

> He smoked **even though** his wife was pregnant.
> 그는 **(심지어) 부인이 임신했는데도** 집안에서 담배를 폈어.
> ➡ 다소 충격적이라는 어감이 담겨 있습니다.

접속사

2 even if ~한다 해도 (*cf.* if ~한다면)

if에 even을 붙이게 되면 '심지어 ~한다 해도'라는 뜻으로 가능성이 희박한 일/조건을 표현하게 됩니다.

> **Even if** he comes here, he can't stay long.
> **그가 온다고 하더라도** 오래 있을 수는 없어.

3 unless ~하지 않는다면

unless는 if절의 부정어를 함께 담고 있는 접속사로서 그 조건을 충족해야 해낼 수 있는 일을 나타낼 때 종종 쓰입니다.

if + not = unless

> **Unless** he loses weight, his back problem will get worse.
> = **If** he **doesn't** lose weight, his back problem will get worse.
> **그 사람 살 안 빼면** 요통이 더 심해질 거야.

4 once 일단/한번 ~하면

once는 단순히 '일단/한번 ~하면'이라고만 외워 쓰게 되면 조건의 접속사 if(~한다면)와 혼동됩니다. '어떤 일이 벌어졌을 때 바로 그후 따라 일어날 일에 쓴다'는 시간적 의미로 보는 것이 좋습니다.

> **Once** you taste it, you will like it.
> **일단 맛보면** 넌 좋아할 거야.
>
> Roy is a nice guy **once** you get to know him.
> **일단 알게 되면** 로이는 좋은 사람이야.

5 while 반면에

while은 동음이의어로, '~동안'과 '반면에'라는 2개의 의미를 가져요. 문맥을 통해 충분히 구분되므로 헷갈릴까 봐 걱정할 필요 없습니다.

> I am quiet and introverted **while** my sister is talkative and extroverted.
> **언니는 말이 많고 외향적인 반면** 나는 조용하고 내성적이에요.
> introverted 내성적인 | talkative 말이 많은, 수다스러운 | extroverted 외향적인

6 whether ~이든 아니든 *vs.* if ~한다면

부사절 접속사로 쓰일 때 whether은 '~이든 아니든'이라는 두 가지 가능성을 늘 달고 나옵니다. 하지만 if는 부사절 접속사로 쓰이는 경우 '~한다면'이라는 조건을 나타내며 or not과 함께 쓰이지 않습니다. 물론, 명사절 접속사로 쓰일 때 이 둘은 '~인지'로 의미가 비슷합니다. (〈명사절 접속사〉 설명을 참고해 주세요.)

> **Whether** you are busy or not, you have to finish the project.
> 부사절 접속사
> **네가 바쁘든 말든** 그 프로젝트 끝내야 해.
>
> **If** you are busy, you don't have to finish the project.
> 부사절 접속사
> **네가 바쁘면** 그 프로젝트 안 끝내도 돼.

7 as long as ~하는 한, ~하기만 한다면 *vs.* if ~한다면

as long as는 한 가지 조건만 충족되면 이루어질 수 있는 일에 사용하고, if는 일이 일어나려면 충족되어야 할 조건에 대해 나타냅니다.

> I will loan you my camera **as long as** you return it in two days.
> **네가 이틀 안에 돌려주기만 한다면** 내가 카메라 빌려줄게.
>
> I will loan you my camera **if** you return it in two days.
> **네가 이틀 안에 돌려주면** 내가 카메라 빌려줄게.

결국 문장의 의미는 동일한데 as long as를 쓰냐 if를 쓰냐에 따라 어감이 달라집니다.

8 in case ~하는 경우에, ~할까 봐 *vs.* just in case 만에 하나 ~ 경우, 혹시라도 ~할까 봐

in case 앞에 just를 붙이면 그럴 가능성이 훨씬 적다는 의미를 담을 수 있습니다.

I always take my phone to the gym **in case** someone calls me.
누가 전화할까 봐 항상 휴대폰을 헬스장에 가지고 가요.

I always take my phone to the gym **just in case** someone calls me.
혹시라도 누가 전화할까 봐 항상 휴대폰을 헬스장에 가지고 가요.

gym 헬스장

POINT 4 이유의 부사절 접속사

1-L4-3.mp3

이유를 나타내는 대표적인 부사절 접속사에는 because, as, since가 있습니다.

1 because ~ 때문에

가장 일반적으로 쓰이는 이유를 나타내는 접속사로, 행동의 직접적인 원인과 이유를 나타냅니다.

I am late **because** traffic was heavy.
차가 많이 막혀서 늦었어.

2 as ~ 때문에

because보다 더 formal한 뉘앙스를 가집니다. 이유뿐 아니라 다른 의미(~할 때: 동시상황, ~로서: 자격 등)로도 쓰이기 때문에 사용에 주의가 필요합니다.

As it is an important meeting, all team members need to attend.
= **Because** it is an important meeting, all team members need to attend.
중요한 회의이므로 팀원 전원 참석해 주세요.

3 since ~ 때문에

because와 다르게 직접적인 원인보다 상황에 따른 결과가 더 중요할 때 많이 쓰입니다.

> **Since** you are here, let's talk about the problem.
> **네가 온 김에** 그 문제에 대해 이야기해보자.
> ➡ 네가 온 것이 이 문제에 대해 이야기하는 직접적인 원인은 아닙니다.

POINT 5 다양한 that절의 활용

1-L4-4.mp3

접속사들 중에 가장 흔히 쓰이는 접속사가 바로 that이죠. 앞서 말씀드렸듯이 완전한 문장에 붙어서 문장을 명사로 만들어주는 명사절 접속사 역할을 하기도 하고, 명사 뒤에서 명사를 꾸며주는 관계대명사로서 형용사 역할을 하기도 합니다. 특히 that절은 이외에도 정보를 한 덩어리로 묶어주는 역할을 하기 때문에 문장 안에 또 다른 문장을 덧붙여 다양한 정보를 전달해 주기도 하죠. 그럼 어떻게 that절이 정보를 붙여주는지, 그 다양한 활용법을 알아보도록 하겠습니다.

1 so A(형용사/부사) that B(문장) 너무 A해서 B의 결과가 생기다

우리가 문법 시간에 〈so ~ that... 구문〉으로 외운 이 표현은 원인과 결과를 나타내는 표현이라고만 배워서는 실제 활용할 때 어색한 문장을 만들기 십상입니다. so ~ that절은 because와 다르게 '너무 ~한 상태라 that절의 결과가 생길 수밖에 없다'는 뉘앙스를 띠죠. 즉, 단순한 원인을 알려준다기보다 '그 상태가 특정 결과를 이끈 것'이라는 의미를 가지고 있다고 보면 됩니다. (결과를 나타내는 접속사 that은 생략 가능합니다.)

> It was **so** hot **that** I turned on the air conditioner.
> **너무 더워서** 에어컨을 켰어.
> ➡ 너무 더워서 에어컨을 켤 수밖에 없었던 상황을 표현
>
> The table was **so** weak **that** I had to buy a new one.
> 테이블이 **너무 약해서** 새 거를 하나 더 사야 했어.
> ➡ 테이블이 너무 약해서 하나 더 사야만 했던 어쩔 수 없던 상황을 표현

air conditioner 에어컨

| 비교 | 그녀는 너무 똑똑해서 부모님이 그녀를 자랑스러워 했지.

She was **so** smart **that** her parents were proud of her. (X)

➡ '그녀가 너무 똑똑해서 어쩔 수 없이 부모님이 자랑스러워할 수밖에 없었다'는 의미가 되어 이상합니다.

Because she was very smart, her parents were proud of her. (O)

2 so that절 ~하기 위해서

〈so 형용사/부사 that절〉의 형태와 모양이 비슷해서 헷갈리기 쉬운 〈so that절〉은 so와 접속사 that이 바로 붙어 쓰입니다. '~하기 위해서'라는 목적을 나타내죠. (더 자세한 설명은 《쓰이는 영문법 1》 p.207에서 볼 수 있습니다.)

He worked very hard **so that** his family could live a better life.
그는 **가족이 더 나은 삶을 살 수 있도록** 열심히 일했어.

Could you watch my bag **so that** I can use the restroom?
나 화장실 좀 다녀오게 가방 좀 봐줄래?

I unlocked the door **so that** I would be able to come in later.
이따가 내가 들어올 수 있도록 문을 안 잠갔어.

3 동격의 that절

정보를 담고 있는 바구니 역할을 하는 명사들(fact 사실, truth 진실, rumor 소문, case 경우, opinion 의견, complaint 불평, possibility 가능성 등) 뒤에서 그 내용을 풀어 보여주는 that절입니다. 이럴 때의 접속사 that은 생략하지 않습니다.

She couldn't ignore **the fact** that he has a criminal record.
그녀는 **그가 범죄기록을 가지고 있다는 사실**을 무시할 수가 없었어요.
➡ the fact의 내용이 곧 that절이기 때문에 같을 '동(同)'을 써서 동격의 that절이라고 부릅니다.

He received **many complaints** that the test was too difficult.
그는 **이번 시험이 너무 어려웠다는 불평을 많이** 들었어요.
➡ complaints의 내용이 that절입니다.

ignore 무시하다 | **criminal** 범죄의

4 감정에 대한 이유나 인지하고 있는 내용을 보여주는 that절

감정의 원인을 나타내는 that은 because로 바꿔서 감정의 원인을 써도 됩니다.

I was surprised **(that)** he didn't get upset with you.

= I was surprised **because** he didn't get upset with you.

그가 너한테 화를 안 내서 놀랐어.

I am sure **(that)** he is upset with you.

그가 너한테 화났다고 확신해.

그 내용의 사실 여부를 잘 모르겠을 때는 that 대신 if(~인지)를 씁니다.

I am not sure **if** he is upset with you.

그가 너한테 화났는지 확실하지 않아.

I don't know **if** he will come to the party.

그가 파티에 올지 잘 모르겠어.

5 강조구문의 that절

문장에서 강조하고자 하는 정보를 문장 앞으로 '도치'시키는 원리가 들어간 문장구조입니다.

It is 강조내용 that 나머지 부분

접속사 that 대신 who, whom, where 등의 관계사가 쓰이기도 합니다.

그녀는 포스터 씨와 사무실에서 만났어요.

She met with Mr. Foster at the office.

❶ ❷ ❸

❶ 주어인 She 강조하기

포스터 씨와 사무실에서 만**난 것은 바로 그녀였어요.**

It was she that/who met with Mr. Foster at the office.

주어를 강조하고자 하는 표현이므로 주격을 살려서 쓰는 것이 규칙입니다. 하지만 회화에서는 종종 It was her that처럼 목적격이 사용되기도 합니다.

② Mr. Foster 강조하기

> 그녀가 사무실에서 만난 **것은 바로 포스터 씨였어요.**
>
> **It was Mr. Foster that/whom** she met with at the office.

실제 회화에서는 whom은 생략하고 말합니다.

③ 장소 강조하기

> 그녀가 포스터 씨를 만난 **곳은 바로 사무실이었어요.**
>
> **It was at the office that/where** she met with Mr. Foster.

장소의 전치사까지 같이 도치가 됩니다.

Tip 배운 영어가 쓰는 영어가 되는 팁

so ~ that절 / such ~ that절 / too ~ to V

상태에 따른 결과를 나타내는 위의 3가지 표현은 서로의 장단점을 보완해주는 역할을 합니다. 따라서 문맥에 맞게, 내가 말하고자 하는 뜻에 맞게 골라 쓰면 돼요.

---

1 같은 주어를 반복하기 싫을 때는 too ~ to V를 씁니다.

I was **so** tired **that** I **couldn't** go out.
나는 **너무 피곤해서** (어쩔 수 없이) 나갈 수가 없었어.

주어가 같아 중복하기 싫은 경우, so 대신 이미 부정의 결과를 먹고 있는 부사 too를 쓰고 그 결과를 that절 대신 to부정사로 붙여주어도 됩니다.

I was **too** tired **to** go out. 나가**기에는 너무 피곤**했어.

➡ 너무 과해서 부정적인 뉘앙스를 담고 있는 too 안에 이미 '못한다'라는 의미가 들어갑니다.

---

2 so ~ that절은 too ~ to V 구조의 단점을 보완해 줄 수 있습니다.

so ~ that절은 **❶ 부정의 결과만 보여준다 ❷ 원인과 결과의 주어를 일일이 따로 보여줄 수 없다 ❸ 결과의 시제, 조동사를 일일이 보여줄 수 없다는 too ~ to V 구조의 단점을 보완**해줍니다.

She was **too** upset **to** eat dinner.
= She was **so** upset **that** she **couldn't** eat dinner.
그녀는 저녁을 먹**기에는 너무 화가** 났어. [결과의 조동사를 보여줄 수 있다.]

She was **so** upset **that** she **yelled** at her husband.
그녀는 **너무 화가 나서** 남편에게 소리를 질렀어. [긍정문의 결과를 보여줄 수 있다.]

The baby was **so** cute **that people** kept looking at him.
아기가 **너무 귀여워서** 사람들이 계속 쳐다봤어. [주절과 다른 주어를 쓸 수 있다.]

---

3 형용사 뒤에 명사가 따라 나올 경우 〈such (a) 형용사 + 명사 that S V〉 문장구조를 씁니다.

강조부사 so 뒤에는 형용사나 부사만 나올 수 있습니다. 따라서 형용사 뒤에 명사가 따라 나올 경우, so를 such로 바꿔서 **such (a) 형용사 + 명사** that S V 문장구조를 사용하면 됩니다.

He was **such a cute baby that** people kept looking at him.
너무 귀여운 아기여서 사람들이 계속 쳐다봤어.

It was **such a beautiful day that** I went out for a walk.
너무 좋은 날이라 나는 산책을 하러 나갔어.

Review

배운 문법 바로 쓰는 영어 연습

1-L4-5.mp3

A 부사절 접속사를 활용해 다음 우리말을 영어로 말해보세요.

1. 퇴근**하자마자** 전화 드릴게요.

   I will give you a call ____________ I get off work.

2. 내가 방을 꾸미는 **동안** 그녀는 테이블을 **세팅했어**.

   ____________ I decorated the room, she ____________ the table.

3. 나는 방에 들어오**면서** 불을 켰어.

   ____________ I came into the room, I turned on the light.

4. 내가 돌아올 **때까지**(돌아오기 **전에**) 숙제 다 끝내놔라.

   Finish your homework ____________ I come back.

5. 결혼식에 참석할 수**는 없지만** 좋은 선물을 보낼게.

   ____________ I can't attend the wedding, I will send a nice gift.

6. 집에 올 **때마다** 창문에 고양이가 보여요.

   ____________ I come home, I see the cat in the window.

7. **일단** 맛보**면** 넌 좋아할 거야.

   ____________ you taste it, you will like it.

8. 네가 좋아하**든** 말**든** 난 걔랑 놀 거야.

   ____________ you like it or not, I will hang out with her.

9. **혹시라도** 비 올**까 봐** 우산 챙겨 갈래.

   I'll take an umbrella ____________ it rains.

10. 네가 온 **김에** 그 문제에 대해 이야기해보자.

    ____________ you are here, let's talk about the problem.

B 주어진 영어문장과 같은 의미가 되도록 빈칸에 알맞은 말을 넣으세요.

1. 그 사람 살 **안 빼면** 요통이 더 심해질 거야.

If he doesn't lose weight, his back problem will get worse.
→ ____________ he loses weight, his back problem will get worse.

2. 나는 **너무** 피곤**해서 나갈 수가 없었어.**

I was so tired that I couldn't go out.
→ I was ____________ tired ____________.

C 주어진 영어문장을 강조구문으로 바꿔 말해보세요.

I ran into my ex-girlfriend at the amusement park last weekend.
지난 주말에 놀이공원에서 전 여친과 마주쳤어.

1. **지난 주말에 놀이공원에서 마주친 사람은 바로 전 여친이었어.**

→ ____

2. **놀이공원에서 전 여친과 마주친 건 바로 지난 주말이었어.**

→ ____

3. **지난 주말에 전 여친과 마주친 곳은 바로 놀이공원이었어.**

→ ____

▶ 모범답안은 p.260을 확인하세요.

CHAPTER 2

관사와 명사

LESSON 1 떼려야 뗄 수 없는 **관사와 명사의 관계 이해하기**

LESSON 2 정해지지 않은 단수명사에 붙이는 **부정관사 꿰뚫어보기**

LESSON 3 정해진 명사에 붙이는 **정관사 꿰뚫어보기**

LESSON 01

떼려야 뗄 수 없는

관사와 명사의 관계 이해하기

mp3 듣기

주머니에서 차 키를 찾았어요.
I found a car key in the pocket of my coat.
Whose car key is it?

Challenge 위의 대화에서 남자가 누구 차 키냐고 묻는 이유는?

2-L1-1.mp3

I found **a** car key in the pocket of my coat.

부정관사 a를 써서 a car key라고 하면 누구 것인지는 모르겠지만 '어떤 차 키'라는 뜻이 되어서 상대방이 혼란스러울 수 있습니다. 따라서 누구 차 키인 것이냐고 물을 수밖에 없는 거죠. the car key를 써야 찾고 있던 그 열쇠구나… 라고 자연스럽게 이해가 됩니다.

I found **the** car key in the pocket of my coat.

▶ 이에 대한 더 자세한 설명은 p.079에서 확인할 수 있습니다.

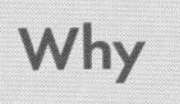

왜 관사를 공부해야 하나요? (달랑 a, the 두 개가 그렇게 중요한가…)

관사는 **우리말에 없는 개념이라 종종 빼먹기 쉽고 a와 the의 구분을 명확히 하여 사용하는 것이 쉽지 않기 때문에 실수도 자주 하게 되는 문법 요소**입니다. 하지만 **사소한 것 같은 관사 실수는 놀랍게도 실제로 영어를 할 때 원만한 소통을 방해하는 경우가 많습니다.** 실제 회화에서는 특정 상황과 문맥이 존재하는데 관사라는 것은 상황과 문맥에 따라 결정이 되기 때문에 관사를 잘못 쓰게 되면 그 상황과 문맥에 대한 오해를 불러일으킬 수 있거든요. 이번 레슨에서는 정확히 관사가 무엇인지, 관사를 결정짓는 또 다른 요소인 명사는 어떤 특징을 가지고 있는지 살펴보겠습니다.

POINT 1 관사라는 용어 이해하기

2-L1-1.mp3

관사의 관은 '갓 관: 冠'이란 뜻으로 명사에 씌우는 갓, 모자라고 생각하면 됩니다. 명사에 모자를 씌워서 명사가 단수인지 복수인지 또는 이미 상대방이 알고 있는 존재인지 모르는 존재인지를 바로 알 수 있게 하여 표현의 효율성과 정확성을 높이는 장치이죠. 우리말에는 없는 개념이라 실제 회화에서 적용하기가 쉽지 않은데요, 영어에서는 이 간단해 보이는 관사가 빠지면 의미의 혼란을 가져오는 경우가 많기 때문에 잘 알아두고 연습해 두어야 하는 녀석입니다.

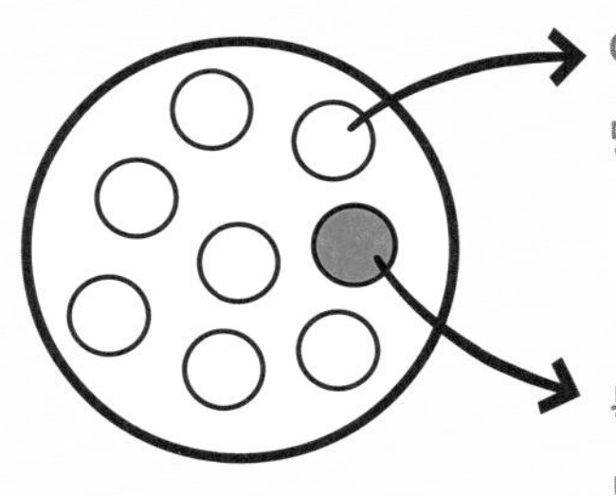

여러 개 중 막연한 하나를 지칭할 때

명사에 씌우는 모자: 부정관사 a/an

예 **a** ball 공 한 개

특정한 것, 정해진 것을 지칭할 때

명사에 씌우는 모자: 정관사 the

예 **the** red ball 빨간 공

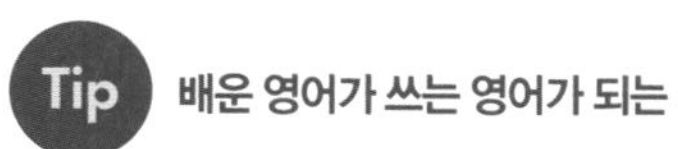

사소해 보이지만 절대 사소하지 않은 **a와 the의 의미 차이**

실제 영어로 대화를 하다 보면 상대방이 제일 헷갈려 하는 영어 실수 중 하나가 바로 관사입니다. 짧은 단어 하나로 구성되어 있지만 **쌍방이 알고 있는 내용을 언급하는 것인지 막연한 하나를 언급하는 것인지가 관사에 다 담겨 있기 때문**이죠.

나 주머니에서 **차 키**를 찾았어.

I found **a car key** in the pocket of my coat.

➡ 원어민은 '내 코트에서 웬 차 키를 발견했어'로 이해하기 때문에 이상하다고 생각하며 Whose car key is it? 하고 물을 겁니다.

→ I found **the/my car key** in the pocket of my coat.

➡ '내가 잃어버린 그(내) 차 키를 찾았다'로 이해됩니다.

문 좀 열어줄래?

Could you open **a door**?

➡ '아무 문이나 하나' 열어 달라는 뜻이므로 상대방이 혼란스러워하며 Is there more than one door? 하고 물어볼 수 있습니다.

→ Could you open **the door**?

➡ '어떤 문을 지칭하는지 쌍방이 이해하고 있거나 문이 하나밖에 없어서 어떤 문인지 뻔한 경우' 정관사 the로 표시를 해주어야 합니다.

I brought **a gift**. 나 **선물** 가져왔어.

➡ '선물 하나'를 가져왔다는 뜻입니다.

I brought **the gift**. 나 **그 선물** 가져왔어.

➡ '특정 선물을 지칭'하는 것이므로 쌍방이 이미 어떤 선물을 정확히 짚어 얘기하는지 알고 있음이 내포됩니다.

이렇게 관사는 사소한 차이 같지만 부정관사를 쓰냐 정관사를 쓰냐에 따라 의미 전달이 다르게 될 수 있습니다. 의미가 혼동되지 않도록 관사 사용에 주의해야 해요.

POINT 2 명사의 수 개념 이해하기

'명사에 씌우는 모자'라는 뜻에서도 알 수 있듯 영어의 명사에 대한 이해가 바탕이 되어야만 관사를 제대로 사용할 수가 있어요. 효과적으로 이해하기 위해 영어 명사의 개념을 먼저 짚고 관사 공부로 넘어가 보도록 하겠습니다.

명사의 분류

영어에서 명사는 셀 수 있는 명사와 셀 수 없는 명사로 나뉩니다.

1 셀 수 있는 명사 **2 셀 수 없는 명사**

무엇을 셀 수 있고 셀 수 없는지를 구분하는 방법은 보고 만질 수 있는 것이냐가 아니라 그 명사가 하나의 단위로 끊어질 수 있느냐 없느냐로 알 수 있습니다.

medicine *vs.* **a pill**

모든 종류의 약을 총칭하는 medicine은 하나, 두 개로 끊어지는 개념이 아니므로 셀 수가 없지만 알약 pill은 한 알, 두 알 셀 수가 있습니다.

1 셀 수 있는 명사 (하나의 단위로 끊어질 수 있는 것들)

- 단수명사: **단수명사에는 a/an을 붙여 줍니다.**

a book 책　　**a** question 질문　　**a** wallet 지갑
an idea 아이디어　　**an** apple 사과　　**an** umbrella 우산

- 복수명사: **복수명사에는 -s/es를 붙여 여러 개임을 표현합니다.**

book**s**　question**s**　wallet**s**　idea**s**　apple**s**　umbrella**s**

2 셀 수 없는 명사 (하나의 단위로 끊어질 수 없는 것들)

- 일정한 규격과 형체가 없는 것

water 물 meat 고기 bread 빵 coffee 커피 gas 가스, 휘발유
advice 조언, 충고 love 사랑 fact 사실

- 너무 많아서 셀 수가 없는 것

hair 머리카락 salt 소금 sand 모래 popcorn 팝콘

- 전체를 총칭하는 것

furniture 가구 전부 staff 직원 전부 pain 아픔 전부 treatment 치료 전체 clothing 의류

- 고유의 이름

Selley Kim 셀리 킴 John 존 Bill Gates 빌 게이츠 The New York Times 뉴욕 타임즈
the Netherlands 네덜란드 the White House 백악관

관사와 명사

POINT 3 관사와 명사의 관계

2-L1-2.mp3

a/an은 정해지지 않은 임의의 단수명사에만 붙일 수 있습니다. 하지만 수의 개념과 아무 상관없는 the는 정확하게 짚어서 말하는 경우, 모든 명사에 다 붙일 수 있죠.

명사		
셀 수 있는 명사	단수명사(the/a):	a book, a question, a wallet, an idea, an apple, …
	복수명사(the)	books, questions, wallets, ideas, apple, …
셀 수 없는 명사	규격과 형체가 없는 것(the)	water, meat, bread, coffee, gas, advice, love, …
	너무 많아서 셀 수가 없는 것(the)	hair, salt, sand, popcorn, …
	전체를 지칭(총칭)하는 것(the)	furniture, staff, pain, treatment, ...
	고유의 이름(the)	Selley Kim, John, Bill Gates, …

Tip 배운 영어가 쓰는 영어가 되는 팁

상황과 의미에 따라 달라지는 명사의 수 개념

언어는 굉장히 유연하고 끊임없이 변합니다. **상황과 의미에 따라 셀 수 없는 명사가 셀 수 있게 변하기도** 하지요. 예를 들어 thought가 '사고'라는 행위를 나타내는 의미일 때는 셀 수 없지만, 하나의 생각, 의견으로 쓰이는 경우에는 셀 수가 있습니다.

I have **a couple of thoughts** about your proposal.
당신의 제안에 대해 **몇 가지 생각**이 있습니다.

또한 커피나 물은 셀 수가 없지만 그것을 내 양만큼 따라 마시는 것이 아니라 일정한 규격으로 제공받는 커피숍이나 식당에서는 다음과 같이 쓸 수 있죠.

Can I have **a small latte**? **라떼 스몰 사이즈로 하나** 주세요.
I'd like **a water**. **물 하나** 주세요.

따라서 수의 개념을 공부할 때는 큰 틀은 가지고 공부를 하되 그 단어의 의미가 상황에 따라 달라지는 경우도 간혹 있다는 점을 이해하고 있으면 도움이 됩니다.

셀 수 없는 명사	셀 수 있는 명사
work 일 (모든 일을 총칭)	a work 작품
paper 종이	a paper 서류
hair 머리카락	a hair 머리카락 한 올
room 공간	a room 방
glass 유리	a glass 유리잔
failure 실패	a failure 실패자
life 삶	a life 목숨

POINT 4 헷갈리는 명사의 수 개념 정리하기

2-L1-3.mp3

1 셀 수 없는 명사를 세는 방법

단위를 이용해서 셀 수 없는 것도 셀 수 있습니다.

a cup of water 물 한 컵	**a pair of** jeans 바지 한 벌	**a stick of** gum 껌 한 개
a shot of soju 소주 한 잔	**a piece of** advice 조언 하나	**a sheet of** paper 종이 한 장
a glass of wine 와인 한 잔	**a piece of** furniture 가구 한 점	**a kilogram of** meat 고기 1킬로
a bottle of water 물 한 병	**a slice of** pizza 피자 한 조각	**a teaspoon of** salt 소금 한 숟가락
a bar of soap 비누 하나	**a carton of** milk 우유 한 팩	**a bag of** sugar 설탕 한 봉지

2 단수 모양인데 복수 취급을 하는 police

police 하나의 조직이지만 사회 전체에 존재하는 경찰

The **police have** arrested three bank robbers. 경찰이 은행강도 3명을 체포했습니다.

➡ 항상 복수 취급을 합니다. has (X)

cf. 여러 마리가 하나의 덩어리로 다니는 fish나 sheep은 복수와 단수 모양이 같습니다.

There **are** lots of **fish** swimming in the pond. 연못에 많은 물고기들이 헤엄치고 다니네.
I caught **a fish**! 나 물고기 잡았어!

Sheep provide us with wool. 양들은 우리에게 울을 제공해주죠.
I saw **a sheep** on the hill. 나 언덕에 있는 양 한 마리 봤어.

집합명사는 단수 취급도 하고 복수 취급도 할 수 있다고 들었는데 헷갈려요

우리가 문법 공부를 하다 보면 전체를 지칭하는 집합명사를 사용할 때 구성원 개개인에 초점을 맞추면 복수 취급을 할 수 있다는 내용을 접할 수 있습니다.

우리 가족은 널 봐서 정말 기뻤어.

My family were very happy to see you.

➡ 집합명사의 구성원을 강조할 때는 복수 취급을 할 수도 있다?

하지만 이는 보통 영국영어에서 통하는 규칙이며, **미국영어에서는 앞에서 알려드린 것과 같은 몇 개의 예외를 빼고는 집합명사를 단수 취급**합니다.

My family was very happy to see you.

➡ 미국영어에서는 집합명사를 보통 단수 취급합니다.

3 복수로 오해받기 쉬운 단수명사들

철자가 -s로 끝나는 단어들은 복수로 오해할 수 있으니 조심해 주세요.

수학: mathematic**s**	경제학: economic**s**	소식: new**s**

시간이나 돈, 길이, 무게 등의 양은 하나의 덩어리로 봐서 종종 단수 취급을 합니다.

Five years is a long time for me.
5년은 나한테 너무 길어.

Ten dollars is not enough to buy dinner.
10달러는 저녁 사 먹기엔 부족해.

Thirty centimeters of string is too short to tie this box.
30센치 줄은 이 박스 묶기에 너무 짧아.

4 다양한 복수 모양들

규칙적인 복수 모양 ➡ -s를 붙인다.		s, ch, sh, x, z로 끝나는 단어의 복수 모양 ➡ -es를 붙인다.	
mirror 거울	mirror**s**	bus 버스	bus**es**
pen 펜	pen**s**	box 상자	box**es**
computer 컴퓨터	computer**s**	quiz 퀴즈	quiz**zes**
lamp 램프	lamp**s**	match 성냥	match**es**

f, fe로 끝나는 단어의 복수 모양 ➡ f, fe를 없애고 -ves를 붙인다.		모음 + y로 끝나는 단어의 복수 모양 ➡ -s를 붙인다.	
bookshelf 책장	bookshel**ves**	key 열쇠	key**s**
leaf 나뭇잎	lea**ves**	boy 남자아이	boy**s**
knife 칼	kni**ves**	guy 녀석, 사람	guy**s**
life 목숨	li**ves**	day 날	day**s**

자음 + y로 끝나는 단어의 복수 모양 ➡ y를 없애고 -ies를 붙인다.		모음 + o로 끝나는 단어의 복수 모양 ➡ -s를 붙인다.	
family 가족	famil**ies**	zoo 동물원	zoo**s**
party 파티	part**ies**	video 비디오, 영상	video**s**
country 나라, 시골	countr**ies**	radio 라디오	radio**s**
hobby 취미	hobb**ies**		

자음 + o로 끝나는 단어의 복수 모양 ➡ -es를 붙인다.		불규칙 복수 모양	
tomato 토마토	tomato**es**	foot 발	**feet**
potato 감자	potato**es**	tooth 이, 치아	**teeth**
hero 영웅	hero**es**	child 아이, 어린이	**children**
예외 piano 피아노	piano**s**	mouse 생쥐	**mice**
photo 사진	photo**s**	person 사람	**people**
		man 남자	**men**

Tip 배운 영어가 쓰는 영어가 되는 팁

소유격 모양이 은근히 헷갈려요

1 사람이나 동물을 나타내는 명사의 소유격

사람이나 동물을 지칭하는 명사를 소유격으로 만들 때 종종 **'s 형태**를 씁니다.

my **friend's** family 내 친구의 가족
his **wife's** job 그의 부인의 직업
my **cousin's** neighborhood 사촌의 동네

철자가 -s로 끝나는 명사도 똑같이 's를 붙여주면 됩니다.

my **boss's** suggestions 상사의 제안들
the **waitress's** voice 종업원의 목소리

하지만 **복수의 -s가 붙은 명사이면** 소유격을 만들 때 **s를 빼고 '만** 붙입니다.

my **friends'** cars 친구들의 차
his **parents'** house 그의 부모님의 집

철자에 변형이 생기는 것은 보통 발음 때문입니다. s의 발음이 겹치면 말하기 힘드므로 소유격의 s를 빼주는 원리입니다.

---

2 사물을 나타내는 명사의 소유격

사물을 나타내는 명사를 소유격으로 만들 때는 **전치사 + 명사** 형태를 씁니다. **전치사는 의미에 맞는 것을 골라** 씁니다.

the legs **of** my desk 내 책상 다리
the light **of** the moon 달빛
the window **in** my room 내 방 창문
the cover **of** the book 그 책 표지
a button **on** my shirt 내 셔츠 단추

---

3 소유격과 관사를 함께 쓰는 방법

소유격은 관사와 함께 쓸 수 없기 때문에 이 둘을 같이 쓰는 경우, 〈**of 소유대명사**(**mine, yours, his, hers, its, ours, theirs**)〉의 형태를 씁니다.

a friend **of mine** 내 친구 한 명

➡ a와 my를 함께 쓸 수 없으므로 〈of 소유대명사〉 형태를 씁니다.

Review

배운 문법 바로 쓰는 영어 연습

2-L1-4.mp3

A 관사 및 수에 유의해 다음 우리말을 영어로 말해보세요. [미국영어 기준]

1. 나 **물고기** 잡았어!

   I caught ________!

2. 나 언덕에 있는 **양 한 마리** 봤어.

   I saw ________ on the hill.

3. 너 **차 키** 찾았어?

   Have you found ________ yet?

4. 우리 가족은 널 봐서 정말 기**뻤어**.

   My family ________ very happy to see you.

5. **10달러는** 저녁 사 먹기엔 부족**해**.

   ________ not enough to buy dinner.

6. **경찰**이 은행**강도** 3명을 체포했습니다. (현재완료형으로)

   The ________ arrested three bank ________.

7. **5년은** 나한테 너무 길**어**.

   ________ a long time for me.

8. **양들은** 우리에게 울을 **제공해주죠**.

   ________ us with wool.

9. 연못에 많은 **물고기들이** 헤엄치고 다니**네**.

   There ________ lots of ________ swimming in the pond.

10. **30센치** 줄은 이 박스 묶기에 너무 짧**아**.

    ________ of string ________ too short to tie this box.

관사와 명사

B 우리말을 보고 다음 명사 앞에 알맞은 단위를 넣어 말해보세요.

1. 물 **한 컵** ________ water
2. 물 **한 병** ________ water
3. 와인 **한 잔** ________ wine
4. 우유 **한 팩** ________ milk
5. 소금 **한 숟가락** ________ salt
6. 설탕 **한 봉지** ________ sugar
7. 고기 **1킬로** ________ meat
8. 바지 **한 벌** ________ jeans
9. 비누 **하나** ________ soap
10. 종이 **한 장** ________ paper
11. 조언 **하나** ________ advice
12. 가구 **한 점** ________ furniture

C 주어진 명사의 복수형을 말해보세요.

1. mirror [ ]
2. foot [ ]
3. video [ ]
4. box [ ]
5. piano [ ]
6. family [ ]
7. guy [ ]
8. quiz [ ]
9. mouse [ ]
10. tooth [ ]
11. leaf [ ]
12. life [ ]

D 빈칸에 알맞은 말을 넣어 다음 우리말을 영어로 말해보세요.

1. 내 **친구의** 가족 — my ________ family
2. **내** 친구 한 명 — a friend ________
3. **상사의** 제안들 — my ________ suggestions
4. 그의 **부모님의** 집 — his ________ house
5. **내 셔츠** 단추 — a button ________
6. **그 책** 표지 — the cover ________

▶ 모범답안은 p.260을 확인하세요.

LESSON 02

정해지지 않은 단수명사에 붙이는

부정관사 꿰뚫어보기

mp3 듣기

당신 지갑이 책상 위에 있어요.
There is your wallet on the desk.
내 지갑? 아니면 그냥 지갑?

Challenge 위의 대화에서 남자가 혼란스러워하는 이유는?

2-L2-1.mp3

~~There is your wallet~~ on the desk.

There is, There are는 단순한 '있다/없다'가 아닙니다. 존재하는 것들을 상대방에게 알려주고 소개해주는 의미, 즉 상대방에게 새로운 정보를 알려주는 표현이에요. 따라서 쌍방이 같이 알고 있거나 혹은 같이 알 수 있는 것들(고유의 이름, 정관사 the, 소유격)과 함께 쓰일 수 없습니다. Your wallet is on the desk.라고 해야 맞는 표현이에요.

Your wallet is on the desk.

▶ 이에 대한 더 자세한 설명은 p.094, 095에서 확인할 수 있습니다.

왜 a/an의 활용법을 배워야 하나요? (쉬운 것 같으면서도 잘 모르겠어요.)

부정관사 a/an이 헷갈리는 이유는 우리말 해석이 '한'으로 되기도 하지만 아예 없기도 하기 때문이죠. **우리말로는 아예 없는 말이기 때문에 영어에서도 종종 누락해서 말하기가 쉽습니다. 또한 숫자 one과 비슷한 개념 같기도 하지만 또 다른 것 같기도 하기 때문에 막상 써먹으려면 은근히 헷갈리죠.** 따라서 이번 레슨에서는 부정관사 a/an의 정확한 핵심개념 파악과 우리말 해석에 따른 구분을 통해 좀 더 명확하게 부정관사를 이해하고 활용해보는 시간 갖겠습니다.

POINT 1 부정관사(a/an)의 핵심개념과 특징

2-L2-1.mp3

'정해지지 않은 단수명사에 붙이는 모자다'라고 해서 부정관사라고 불리는 a/an은 정해지지 않은 임의의/막연한 한 개라는 정보를 담고 있습니다.

I need **a** boy to carry this box.

이 상자를 옮길 남자아이가 한 명 필요해.

막연한 하나, 정해지지 않은 하나를 지칭할 때는 부정관사 a를 명사에 붙여줍니다.

✪ 부정관사 a/an의 특징

a/an에는 다음과 같이 2가지 의미가 있습니다.

❶ 숫자 하나

숫자 하나의 의미로써 a/an은 one으로 대체하여 사용 가능하며 해석할 때도 '한 개', '하나'라고 해석하는 것이 자연스럽습니다.

Do you have **a** dollar? = Do you have **one** dollar? 달러 **하나** 있어?

I took a nap for **an** hour. = I took a nap for **one** hour. **한** 시간 동안 낮잠 잤어.

★ 숫자 하나라는 의미를 강조하기 위해서는 one을 더 선호합니다.

② 많은 것들 중 임의의 하나, 막연한 하나

숫자 one으로 대체하여 사용할 수 없고 해석이 되는지 안 되는지에 따라 2가지로 나눌 수 있습니다.

관사와 명사

● '어떤/한/하나' 등으로 해석되는 경우

숫자의 개념으로 이해하면 어색한 경우가 많습니다.

A man was walking down the street. (one man - X)

한/어떤 남자가 길을 걸어가고 있었지.

➡ 두 명 아니고 한 명이라는 수의 개념으로 보면 어색합니다. 임의의 한 명으로 봐야 자연스러워요.

I saw **a dog** on the street. (one dog - X) 내가 길에서 **개 한 마리**를 봤어.

➡ 두 마리가 아닌 한 마리만 봤다라는 수의 개념으로 해석하면 어색합니다. 임의의 하나로 봐야 자연스러워요.

● 해석 자체가 없는 경우

I am **a teacher**. (one teacher - X)

나는 **선생**이다. (O) 나는 한 선생이다. (X)

Raising **a dog** requires patience. (one dog - X)

개를 키우는 일은 인내를 요구해. (O) 개 한 마리를 키우는 일는 인내를 요구해. (X)

POINT 2 부정관사(a/an)의 다양한 활용

2-L2-2.mp3

1 숫자 하나의 의미

one으로 바꿔 써도 괜찮습니다.

Rome wasn't built in **a (one)** day. 로마는 **하루**에 지어지지 않았어요.

She bought him **a (one)** book and two CDs for his birthday.

그녀는 그의 생일을 맞아 책 **한 권**과 CD 두 장을 사줬어.

2 막연한, 임의의 하나를 표현

one으로 바꿔 쓰지 않습니다.

I bought **a** car. 나 **차 한 대** 뽑았어.
➡ 두 대 말고 한 대만 뽑았다는 뜻이 아니므로 one으로 바꿔 쓰지 않습니다.

It is not easy to be **a** doctor. **의사**가 되는 것은 쉽지 않죠.
➡ 해석 없음

She sang **a** song. 그녀는 **노래**를 불렀어요.
➡ 해석 없음

3 단위의 기준을 표현 (단위 하나당 수치를 표현)

'~당/~에'로 해석되며 per로 대체 가능하지만 실제 회화에서는 a를 많이 사용합니다.

Take one pill three times **a** day. **하루에 세 번** 한 알씩 복용하세요.

She visits her parents once **a** month. 그녀는 **한 달에 한 번** 부모님 댁에 가.

She drove (at) 100 kilometers **an** hour. 그녀는 **시속 100킬로**로 달렸어.
한 시간당 100킬로 = 시속 100킬로

4 모르는 사람 중 막연한 하나

〈Mr./Ms. 성〉 또는 〈Mr./Ms. 전체 이름〉 앞에 a를 쓰면 '~라는 사람'이란 뜻이 됩니다.

A Ms. Pulaski wants to talk to you. **플라스키라는 분**이 당신과 말씀 나누고 싶어 하십니다.

A Mr. Dereck Adams is looking for you. **데렉 아담스라는 분**이 당신을 찾고 계십니다.

5 작가의 작품 중 막연한 하나

작가의 이름 앞에 a를 쓰면 그의 작품을 지칭하게 됩니다.

A Van Gogh was donated to the art museum. **반 고흐 작품**이 그 미술관에 기증되었습니다.

He owns **a** Picasso. 그는 **피카소의 작품**을 소장하고 있어요.

donate 기증하다, 기부하다

6 특정 브랜드 차의 막연한 한 대

차 브랜드 이름 앞에 a를 붙이면 그 브랜드의 차를 의미합니다.

She has been driving **a** Hyundae for ten years. 그녀는 10년째 **현대**를 몰고 있어.

I wanted to get **a** Volvo, but I didn't have enough money.
볼보를 사고 싶었지만 돈이 충분히 없었어요.

셀리쌤 질문 있어요!

언제 a를 an으로 바꿔요?

부정관사 a **뒤에 모음(a, e, i, o, u)으로 시작되는 단어가 나오는 경우 a를 an으로 바꿔 사용**합니다. 여기서 중요한 것은 철자가 모음이 아니라 **발음이 모음이어야** 한다는 것입니다.

an apple	➡ 부정관사 뒤에 모음 a가 따라 나오므로 a를 an으로 바꿔주세요.
an umbrella	➡ 부정관사 뒤에 모음 u가 따라 나오므로 a를 an으로 바꿔주세요.
a university [juː]	➡ 부정관사 뒤에 나오는 철자는 모음이지만 발음이 모음이 아닌 경우는 a를 an으로 바꿔주지 않습니다.
an hour [a]	➡ 부정관사 뒤에 나오는 철자는 모음이 아니지만 발음이 모음인 경우 a를 an으로 바꿔줍니다.

정관사 the 역시 **뒤에 모음(a, e, i, o, u)으로 시작되는 단어가 나오는 경우 더[ðə]를 디[ði]로 발음**합니다. 여기서도 중요한 것은 철자가 모음이 아니라 **발음이 모음이어야** 한다는 것입니다.

the apple	➡ 정관사 뒤에 모음 a가 따라 나오므로 더[ðə]를 디[ði]로 발음해 주세요.
the umbrella	➡ 정관사 뒤에 모음 u가 따라 나오므로 더[ðə]를 디[ði]로 발음해 주세요.
the university [juː]	➡ 정관사 뒤에 나오는 철자는 모음이지만 발음이 모음이 아닌 경우 더[ðə]로 발음해 주세요.

Tip 배운 영어가 쓰는 영어가 되는 팁

There is/There are ~의 진짜 의미
(단순히 '있다' 아님 주의!)

우리가 '~ 있다', '~ 없다'로 외우는 구문, There is/There are ~는 우리말 해석으로만 외워서는 자연스럽게 문장 안에서 활용하기가 힘든 녀석입니다. 많이 쓰이는 표현인만큼 제대로 그 뜻과 활용방법을 알려 드릴게요.

---

1 There is 단수명사 / There are 복수명사

There is/There are의 의미상 진짜 주어는 뒤에 나오는 명사입니다. 따라서 There is/There are의 수일치가 뒤에 나오는 명사에 따르게 되죠.

There **is a book** on the table. 테이블 위에 **책이 있어.**

There **is a stain** on your t-shirt. 네 티셔츠에 **얼룩이 있어.**

There **are five days** until my birthday. 내 생일까지 **5일 남았어.**

There **are pieces of broken glass** on the ground.
바닥에 **깨진 유리 조각이 있어.**

---

2 There is/There are는 존재를 소개해주는 표현입니다.

Challenge(p.089)에 대한 설명입니다.

There is/There are는 단순한 '있다, 없다'가 아닙니다. 존재하는 것들을 상대방에게 알려주고 소개해주는 의미, 즉 **상대방에게 새로운 정보를 알려주는 표현**이에요. 따라서 **쌍방이 같이 알고 있거나 혹은 같이 알 수 있는 것들(고유의 이름, 정관사 the, 소유격)과 함께 쓰일 수 없습니다.**

네 핸드폰 책상 위에 있어.

There is **your/the phone** on the desk. (X)

→ **Your/The phone** is on the desk. (O)

➡ 소유격이나 정관사는 There is와 함께 쓰지 않습니다.

웬 핸드폰이 책상 위에 있네.

There is **a phone** on the desk. (O)

➡ 상대방에게 어떤 존재를 처음으로 소개할 때 There is/are를 씁니다.

모퉁이 돌면 바로 **코엑스**가 있어요.

There is **Coex** right around the corner. (X)

→ **Coex** is right around the corner. (O)

➡ 고유명사(이름)는 There is와 함께 쓰지 않습니다.

모퉁이 돌면 바로 **맥도널드**가 있어요.

There is **a McDonald's** right around the corner. (O)

➡ 가맹점이 여러 개가 있는 가게의 이름은 a와 함께 쓰며 There is/are와 사용할 수 있습니다.

3 더 풍부한 의미를 위해 be동사에 조동사를 붙여 쓰기도 하고 be동사 대신 다른 연결동사를 넣어 사용하기도 합니다.

There **used to be** an ice-cream store here.
예전에 여기에 아이스크림 가게가 **있었는데.**

There once **lived** a beautiful woman. 옛날에 한 아름다운 여자가 **살았어요.**

There **seems to be** some confusion. 좀 오해가 **있으신 것 같습니다.**

confusion 혼동, 헷갈림

4 단순히 새로운 존재를 상대에게 소개해주는 것이 아니라 그것을 특정인이 가지고 있는지 없는지를 이야기할 때는 have를 씁니다.

Do you **have** any siblings? 너 형제 **있어**?

We **have** coffee and tea. Which would you like?
(집에 놀러 온 손님에게) 커피랑 차가 **있는데** 어느 것을 원하시나요?
➡ 우리집에 가지고 있는 마실 것을 have로 표현합니다.

Do you **have** an eraser? 지우개 **있니**?

Do you **have** pickles? (가게에서 물건을 파는지 물을 때) 피클 **있으세요**?
➡ Do you sell pickles?라고 해도 됩니다.

sibling 형제자매 | eraser 지우개

5 부정문, 의문문의 형태도 잘 알아두세요.

How many students **are there** in your class? 너희 반에 학생이 몇 명**이야**?

Are there any mosquitoes outside? 밖에 모기 **있어**?

There aren't any eggs in the refrigerator. 냉장고에 계란이 **하나도 없네.**

= **There are no** eggs in the refrigerator.

Review

배운 문법 바로 쓰는 영어 연습

2-L2-3.mp3

A 관사 및 수에 유의해 다음 우리말을 영어로 말해보세요. (미국영어 기준)

1. 이 상자를 옮길 **남자아이가 한 명** 필요해.

   I need ________________ to carry this box.

2. **달러 하나** 있어?

   Do you have ________________?

3. **한 시간** 동안 낮잠 잤어.

   I took a nap for ________________.

4. **어떤 남자**가 길을 걸어가고 있었지.

   ________________ was walking down the street.

5. 그 사람은 **소방관**이야.

   He is ________________.

6. **개**를 키우는 일은 인내를 요구해.

   Raising ________________ requires patience.

7. 로마는 **하루**에 지어지지 않았어요.

   Rome wasn't built in ________________.

8. 그녀는 그의 생일을 맞아 **책 한 권**과 CD 두 장을 사 줬어.

   She bought him ________________ and two CDs for his birthday.

9. 나 **차 한 대** 뽑았어.

   I bought ________________.

10. **하루에 세 번** 한 알씩 복용하세요.

    Take one pill ________________________.

⑪ 난 **한 달에 한 번** 부모님 댁에 가.

I visit my parents ______________.

⑫ 그녀는 **시속 100킬로**로 달렸어.

She drove (at) ______________.

⑬ **플라스키(Ms. Pulaski)라는 분**이 당신과 말씀 나누고 싶어 하십니다.

______________ wants to talk to you.

⑭ 그는 **피카소의 작품**을 소장하고 있어요.

He owns ______________.

⑮ **볼보**를 사고 싶었지만 돈이 충분치 않았어요.

I wanted to get ______________, but I didn't have enough money.

B 틀린 곳을 바르게 고쳐 다음 우리말을 영어로 말해보세요.

① **내 생일까지 5일 남았어.**

There is five day until my birthday.

→ ______________________________

② **저기 골목 지나면 코엑스가 있어요.**

There is Coex right around the corner.

→ ______________________________

③ **테이블 위에 책이 있어.**

There are a book on the table.

→ ______________________________

④ **네 핸드폰 책상 위에 있어.**

There is your phone on the desk.

→ ______________________________

▶ 모범답안은 p.261을 확인하세요.

LESSON 03

정해진 명사에 붙이는

정관사 꿰뚫어보기

mp3 듣기

저 침대에 앉아 있었어요.
I was in bed.
방해해서 죄송합니다.

Challenge 위의 대화에서 남자가 여자에게 미안해하는 이유는?

2-L3-1.mp3

I was ~~in bed~~.

bed라는 명사는 원래의 목적인 '잠을 자거나, 쉬는' 용도로 쓸 땐 관사가 없이 사용됩니다. 따라서 I was in bed.는 자고 있었거나, 침대에 누워 쉬고 있었다는 뜻으로 해석되지요. 따라서 그냥 '침대에 앉아 있었다'는 표현은 침대를 관사와 함께 써서 I was on the bed.라고 해야 합니다.

I was on the bed.

▶ 이에 대한 더 자세한 설명은 p.104, 105에서 확인할 수 있습니다.

Why 왜 the의 활용법을 배워야 하나요? (맨날 들어도 알듯 말듯 해요.)

정관사 the는 '쌍방이 서로 알고 있는 존재(명사)에 붙이는 모자'로서 잘못 사용했다가는 상대방이 '내가 이걸 알고 있다고?'하면서 혼란스러워하기 쉬운 단어예요. 즉, 문맥 안에서 생각해보고 상황 안에서 이해해 보려는 노력이 필요한 부분이죠. 이번 레슨에서는 정관사의 핵심개념을 이해하고 이를 바탕으로 우리가 놓치기 쉬운 다양하고 세밀한 정관사의 쓰임들을 배워 그 개념이 어떻게 실제 회화에서 활용되고 있는지 알아보겠습니다.

POINT 1 정관사의 핵심개념과 특징

2-L3-1.mp3

'정해진 것(명사)에 씌우는 모자다'라고 해서 정관사로 불리는 the는 명사의 수 개념과 아무 상관이 없습니다. 다만 말하는 이와 듣는 이, 즉 쌍방이 무엇을 짚어 말하는 건지 정확히 알고 있으면 the를 씌워 같이 알고 있는 존재라는 것을 표시해 줍니다.

The girl with the hat is my sister.
모자 쓰고 있는 여자가 우리 언니야.

대화를 할 때 정확하게 짚어서 쌍방이 무엇을 이야기하는지 서로 이해하고 있는 경우 정관사를 붙입니다.

✪ 정관사 the의 특징

정관사는 수의 개념과 아무 상관없습니다. 정확히 짚어 말하는 명사에 다 붙어 쓰일 수 있죠. 우리말로는 종종 '그'라고 해석이 되기도 하고 해석이 안 되기도 합니다. 정확히 누구의 소유인지 아는 경우는 정관사 대신 소유격을 써도 됩니다.

① 정확히 짚어 말하는 명사에 다 붙어 쓰일 수 있어요.

The book (that) you loaned me is interesting. 네가 빌려준 **(그) 책** 재미있어.
단수명사

The cookies that he made for us were so good.

복수명사

그가 우리를 위해 만들어 준 **(그) 쿠키**가 너무 맛있었어.

We couldn't sweep all **the** sand out of the car.

셀 수 없는 명사

차에 있는 **(그) 모래**를 다 쓸어낼 수는 없었어요.

The William you met the other day is not **the** William I am working with.

고유명사

요전에 네가 만났던 **(그) 윌리엄**은 나랑 같이 일하는 **(그) 윌리엄**이 아니야.

loan 빌려주다 | **sweep** (빗자루 등으로) 쓸다 | **the other day** 요전에, 지난번에

② 정확히 누구 소유인지 알면 the 대신 소유격을 써줘도 됩니다.

Your book is very interesting. **네 책** 재미있어.

Her cookies were so good. **그녀의 쿠키**가 너무 맛있었어.

POINT 2 정관사 the의 다양한 활용

2-L3-2.mp3

1 어떤 명사인지 정확하게 짚어서 알려줄 때

Where is **the necklace** (that) I bought for you? **내가 사준 목걸이** 어디 있어?

The house (that) I grew up in is right over there. **내가 자란 집**이 바로 저기에 있어.

2 명사가 유일하여 정확하게 짚어지는 경우

the sun 해	**the moon** 달	**the sky** 하늘
the horizon 수평선	**the oceans** 대양	
the only boy 청일점	**the only girl** 홍일점	**the only chance** 유일한 기회

This is **the only chance** you have. 이게 네가 가진 **유일한 기회**야.

3 어떤 명사인지 문맥과 상황 안에서 설명이 되었거나 뻔한 경우

Turn off **the** TV.
TV 꺼라.
➡ 당연히 우리 집에 있는 그 TV

I will have **the** same.
같은 걸로 할게요.
➡ 상대방이 무엇인지 이미 알고 있기 때문에 '같은 것'이라고 말할 수 있습니다.

The wind feels so good.
바람이 너무 시원하다.
➡ 당연히 지금 불고 있는 바람을 이야기합니다.

관사와 명사

4 지하철과 내가 늘 타고 다니는 버스를 지칭할 때

I will take **the** subway to school. 나 학교에 **지하철** 타고 갈 거야.
➡ 지하철은 노선이 구축된 하나의 시스템으로 보통 도시에 하나밖에 없으므로 일반적으로 the와 함께 쓰입니다.

I will take **the** bus. 나 **버스** 타고 갈게.
➡ 지하철과 같은 이유로 내 생활권에 구축된, 노선을 따라다니는 버스들을 지칭할 때도 the와 함께 종종 쓰입니다.

I take **the** bus to work. 저는 회사에 **버스** 타고 다녀요.
➡ 특히 늘 타고 다니는 버스를 언급할 때 the bus를 사용합니다.

take (버스, 지하철 등의 교통수단을) 이용하다

5 정확하게 짚어주는 말, 서수나 최상급과 함께

I am **the** tallest boy in my class.
내가 우리 반에서 **제일 큰 남자애**야.
➡ 가장 큰 남자는 정확하게 짚어줄 수 있습니다.

I am **the** second child in my family.
내가 우리집 **둘째**야.
➡ 두 번째라는 순서도 정확하게 짚어줄 수 있습니다.

6 대표하는 상징으로 쓰였을 때

● **종을 대표**

The tiger belongs to the cat family.
= Tigers belong to the cat family.
호랑이는 고양이과에 속합니다.

종을 대표할 때는 〈the + 단수명사〉 형태를 쓰며, 모든 호랑이 전부를 지칭할 때는 복수 형태를 씁니다.

● 신체 일부

The brain is the body's computer.

뇌는 우리 몸의 컴퓨터이죠.

특정인의 뇌가 아니라 장기의 종류로서 뇌를 지칭

● 악기를 대표

I can play **the** guitar.

저는 **기타**를 칠 줄 알아요.

특정 기타가 아니라 악기의 종류로서 기타를 지칭

● 사람을 대표: the + 형용사

the elderly = elderly people

노인들, 노인층

the young = young people

젊은이들, 청년층

the rich = rich people

부자들, 부유층

the poor = poor people

가난한 사람들, 빈곤층

the dead = dead people

사망자들

the injured = injured people

부상자들

FAQ 셀리쌤 질문 있어요!

일반적인 사물이나 사람 전체를 지칭할 때
복수를 쓸지 단수를 쓸지 너무 헷갈려요

다음 중 어떤 것이 맞는 문장일까요?

그녀는 사과 알레르기가 있어요.

① She is allergic to an apple.

② She is allergic to apples.

명사의 일반화는 보통 복수를 쓰는 것이 일반적입니다. 따라서 답은 ② She is allergic to apples.입니다.

난 로맨틱 영화를 좋아해요.

I like **romantic movies**. (O)

I like ~~a romantic movie~~. (X)

7 이름 앞에 쓰이는 정관사 the

- **동명이인을 구분할 때**

The Paul you met last night is not **the** Paul I told you about.
네가 어젯밤에 만난 폴은 내가 이야기했던 그 폴이 아냐.

- **이름의 형태가 〈the 명사 of 명사〉**

the United States **of** America 미합중국
the Republic **of** Korea 대한민국

- **성을 복수 형태로 써서 the를 붙이면 그 집안 사람들**

the Kim**s** 김씨네 가족

- **기관명 이름 앞에 the**

the National Indian Foundation 국립 인디안 협회

- **강, 사막, 바다, 대양 등 대표적인 지형 이름 앞에 the**

the Gobi Desert 고비사막
the Han River 한강
the Amazon rainforest 아마존 열대우림

- **다음의 두 나라와 도시 이름**

the Congo 콩고
the Sudan 수단
the Hague 헤이그

- **신문이름**

The Chicago Tribune 시카고 트리뷴
The New York Times 뉴욕 타임즈

Tip 배운 영어가 쓰는 영어가 되는 팁

관사를 안 쓰는 명사들을 정리해 드립니다

1 명사가 본연의 역할로 사용될 때 일부러 관사를 쓰지 않는 명사들이 있습니다.

모든 명사가 다 그런 것이 아니라, 몇 개의 명사에 해당되는 규칙으로 실제 일상회화에서 사용빈도가 굉장히 높은 표현입니다. 꼭 알아두세요!

Challenge(p.098)에 대한 설명입니다.

work 직장생활/근무	I am at **work**. 나 지금 **근무 중**이야. (at work: 직장생활/근무) I want **a** better **work**place. 나는 **더 나은 근무환경**을 원해. (a better workplace: 내가 일하는 장소)
school 학교과정/학교생활	I am going to **school**. 나 **등교** 중이야. (to school: 학교생활 하러 가는 중) I saw **a school** on the hill. 언덕 위에 **학교**를 봤어. (a school: 그냥 학교 건물)
college 대학과정/대학생활	I am in **college**. 저 **대학생**이에요. (in college: 대학과정 중) There is **a college** near here. 이 근처에 **대학교**가 있어. (a college: 그냥 대학교 건물)
bed 잠자거나 쉬는 행위	I am in **bed**. **자고** 있었어. (in bed: 자는 행동) Put the laundry on **the bed**. 빨래 **침대** 위에 올려 놔. (the bed: 침대라는 물건)
church 기도드리는 행동	I was at **church**. (교회에서) **기도하고** 있었어. (at church: 기도하는 행위) It's **a** beautiful **church**. **너무 예쁜 성당**이다. (a beautiful church: 아름다운 건물로서 성당)

TV **TV시청하는 행동**	I am watching **TV**. 나 TV **보고** 있어. TV 시청 Turn on **the TV**. TV 켜봐. TV라는 물건
prison/jail **수감생활**	He is in **prison**. 그는 **수감 중**이야. 수감생활 There is **a prison** in my neighborhood. 교도소 건물 우리 동네에 **교도소** 있어.
by + 수단 **탈것 역시 물건으로서 탈것이 아니라 수단으로서 탈것인 경우**	I came here by **bus**. 나 **버스 타고** 왔어. 버스라는 수단 He got hit by **a bus**. 그는 **버스**에 치였어. 버스라는 사물

2 식사명

breakfast 아침	lunch 점심	dinner 저녁

3 과목명이나 운동명

politics 정치학	economics 경제학	physics 물리학
science 과학	art 미술	
basketball 농구	soccer 축구	

4 부정관사와 안 쓰이는 명사가 부정관사와 쓰이는 경우

a/an과 함께 안 쓰이는 명사도 앞에 형용사가 나와서 **'그러한 종류의 명사'를 지칭하게 되면 〈a/an 형용사 + 명사〉**와 같이 a/an과 함께 쓰이기도 합니다.

I am having **a good time.** 나 **즐거운 시간** 보내고 있어.

➡ time은 셀 수 없지만 형용사와 함께 쓰여 어떤 시간인지 시간의 한 종류를 나타내면 a가 들어갑니다.

I would like to have **a light breakfast.** **가벼운 아침식사**를 하고 싶어요.

➡ 식사명은 관사와 쓰이지 않지만 형용사와 함께 쓰여 아침식사의 한 종류를 나타내면 a가 들어갑니다.

FAQ 셀리쌤 질문 있어요!

숫자 one이랑 대명사 one은 뭐가 달라요?

<table>
<tr><td>숫자 one</td><td>
1 명사의 수를 나타내기 때문에 뒤에 명사가 따라 나옵니다.
I bought one bottle of water. 물 한 병 샀어.

2 부정관사 a로 바꿔 쓸 수도 있습니다.
I bought a bottle of water.
</td></tr>
<tr><td>대명사 one</td><td>
1 이미 앞에서 언급됐거나 문맥상 뻔히 알 수 있는 명사와 같은 종류의 명사를 지칭할 때 one을 사용합니다.
A: I am buying a fan today. 나 오늘 선풍기 살 거야.
B: I need one. 나도 하나 필요한데.
= a fan

cf. I need it. ➡ 네가 살 그 선풍기가 필요하다는 뜻입니다.
= the fan

2 대명사 one은 수의 개념이 전제된 대명사로 셀 수 있는 명사만 받을 수 있습니다.

● 단수명사 → one
This hat is too small. I need a bigger one.
이 모자 너무 작아. 더 큰 게 필요해.
➡ 형용사가 쓰이면 앞에 부정관사 a가 들어갑니다.

● 복수명사 → ones
My pants got torn. I need new ones.
바지가 찢어졌어. 새 거가 필요해.
tear[tɛər] 찢다 (tear - tore - torn)
</td></tr>
</table>

Review

배운 문법 바로 쓰는 영어 연습

2-L3-3.mp3

Q 관사 및 수에 유의해 다음 우리말을 영어로 말해보세요. (미국영어 기준)

1. TV 꺼라.
   Turn off ______________.
2. **같은 걸**로 할게요.
   I will have ______________.
3. 저는 **바이올린**을 칠 줄 알아요.
   I can play ______________.
4. 나 **지하철** 타고 갈게.
   I will take ______________.
5. **바람**이 너무 시원하다.
   ______________ feels so good.
6. **뇌**는 우리 몸의 컴퓨터이죠.
   ______________ is the body's computer.
7. 내가 사준 **목걸이** 어디 있어?
   Where is ______________ (that) I bought for you?
8. 난 우리집 **둘째**야.
   I am ______________ in my family.
9. 내가 우리 반에서 **제일 큰 남자애**야.
   I am ______________ in my class.
10. 차에 있는 **모래**를 다 쓸어낼 수는 없었어요.
    We couldn't sweep all ______________ out of the car.

11 그가 우리를 위해 만들어 준 **쿠키**가 너무 맛있었어.

_______________ that he made for us were so good.

12 네가 어젯밤에 만난 **폴**은 내가 이야기했던 **그 폴**이 아냐.

_______________ you met last night is not _______________ I told you about.

13 **호랑이**는 고양이과에 속합니다.

_______________ belongs to the cat family.

14 우리는 **노인층**과 **빈곤층**을 위한 사회 안전망이 필요합니다.

We need a social safety net for _______________ and _______________.

15 이 근처에 **대학교**가 있어.

There is _______________ near here.

16 나 지금 **근무** 중이야.

I am at _______________.

17 나 **TV** 보고 있어.

I am watching _______________.

18 나 **버스 타고** 왔어.

I came here _______________.

19 바지가 찢어졌어. **새 거**가 필요해.

My pants got torn. I need _______________.

20 **닉은 땅콩 알레르기가 있어.**

____

▶ 모범답안은 p.262를 확인하세요.

CHAPTER 3

형용사

LESSON 01

명사를 더 자세히 설명해주는

형용사 꿰뚫어보기

mp3 듣기

제가 지금 바빠요.
I am a busy woman.
다시는 방해하지 말라는 말인가?

Challenge 위의 대화에서 남자가 저런 생각을 하게 된 이유는?

3-L1-1.mp3

I am ~~a busy woman~~.

명사 앞에서 명사의 범위를 한정해주는 형용사는 늘 그런 사람이라는 뜻이 들어가게 됩니다. 따라서 I am a busy woman.은 지금 바쁜 것이 아니라 '늘 바쁜 사람이다'라는 뜻이 되므로 I am busy right now.라고 하는 것이 맞는 표현입니다.

I am **busy** right now.

▶ 이에 대한 더 자세한 설명은 p.118에서 확인할 수 있습니다.

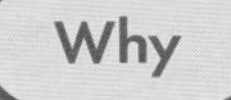

왜 형용사를 배워야 할까요? (되게 쉬운 거 같은데…)

'명사를 꾸며주는 것이 형용사'라고만 알아서는 형용사를 실제 대화에서 써먹기 쉽지가 않습니다. 형용사가 단순히 형용사의 범위를 한정지어주는 역할을 하는 것인지, 명사의 상태를 설명해주고 있는 것인지에 따라 문장구조가 바뀌기도 하고, 형용사의 구성 모양에 따라 위치가 달라지기도 합니다. 또, 여러 형용사가 동시에 사용될 때는 정해진 순서를 고려해야 하죠. 이렇게 실제 영어를 할 때 고려해야 할 형용사의 중요한 요소들을 하나하나 꼼꼼하게 소개하고 알려드리도록 하겠습니다.

POINT 1 다양한 형태의 형용사들

3-L1-1.mp3

형용사는 명사의 상태를 꾸며주고 설명해주는 수식어입니다. 다양한 의미 전달을 위해서, 명사에 대한 정보를 간단하게 덧붙여주는 경우에서부터 세세하게 설명해줘야 하는 경우까지 있기 때문에 영어에서 형용사의 형태는 다양하게 발달되어 있습니다.

1 일반 형용사

I have **wonderful** parents. 저는 **너무 훌륭하신** 부모님이 계세요.

My parents are **wonderful**. 저의 부모님은 **너무 훌륭하**세요.

2 동사를 변형시켜 만든 형용사: to부정사와 분사 형용사

I have two children **to raise**. **키워야 할** 애가 둘이나 있어요.

I have a grandmother **living in Indiana**. **인디애나에 살고 계신** 할머니가 계세요.

3 명사를 꾸며주어 형용사 역할을 하는 전치사구

The boy **on the bench** is my brother. **벤치에 앉아 있는** 남자아이가 내 동생이에요.

Did you see the box **in my bag**? **내 가방 안에 있는** 상자 봤어?

4 조동사와 시제까지 다 보여줄 수 있는 관계대명사 (형용사절 접속사)

I have parents **who will support** me no matter what.

저는 무슨 일이 있어도 저를 **지지해주실** 부모님이 계세요.

I had a teacher **who encouraged** me to become a ballerina.

발레리나가 될 수 있도록 저를 **격려해 주셨던** 선생님이 계셨어요.

앞서 to부정사와 분사 형용사, 관계대명사는 이미 자세히 살펴봤습니다. 따라서 이번 챕터에서는 일반 형용사에 대해 중요하고, 그동안 궁금했던 내용들을 다뤄보도록 하겠습니다.

POINT 2 명사에 붙어 명사를 꾸며주는 형용사 (한정적 용법)

3-L1-2.mp3

형용사는 문장 안에서 명사에 달라붙어 명사를 꾸며주기도 하고 또는 주격 보어, 목적격 보어로 쓰여서 주어와 목적어의 상태를 설명해 주기도 합니다. 이 두 가지의 역할에 따라 형용사의 위치가 달라지고 더 나아가서는 의미의 차이까지 발생하는 경우도 있기 때문에 형용사의 이 두 가지 역할을 잘 이해할 필요가 있어요.

우선 명사에 달라붙어 명사를 꾸며주는 형용사에 대해 공부해 보겠습니다. 명사에 달라붙어 명사의 범위를 한정지어준다고 하여 '한정적 용법으로서의 형용사'라고도 합니다. 영어에서는 의미상 끈끈한 것은 서로 붙여주어 의미의 혼동이 없게 해주기 때문에 보통 명사의 앞이나 뒤에 달라붙어 있습니다.

1 형용사 + 명사 2 명사 + 형용사

1 명사 앞에 위치하는 형용사

형용사 + 명사

명사 앞에서 명사를 수식해주는 형용사들은 필요에 따라 여러 개 쓰일 수도 있습니다. 이 경우 어떤 정보를 가진 형용사냐에 따라 나열되는 순서가 정해져 있습니다.

관사+수량	a/the three some a few lots of ...
성질	beautiful nice clean cheap expensive ...
크기	little small medium-sized large long ...
모양	round flat square oval pointed ...
신/구	new old modern ...
색깔	black dark red gray light ...
국적	Korean American Chinese German ...
재료	plastic cotton metal paper leather cloth ...
명사	★ 명사 앞에 형용사가 여러 개 오는 경우 이 순서를 기준으로 나열합니다.

I carry **an old, red, cloth bag**. 저는 **오래된 빨간 천가방**을 들고 다녀요.

I have **two more small, round pillows**. 저한테 **동그란 작은 베개 두 개가 더** 있어요.

She has **beautiful, green eyes**. 그녀는 **아름다운 초록 눈**을 가지고 있어요.

She wore **a bright yellow dress** to the party. 그녀는 파티에 **연노랑 드레스**를 입고 갔다.

형용사 사이에 콤마는 왜 찍는 거예요?

형용사가 2개 이상 쓰이게 될 때 형용사가 콤마 없이 나열되는 경우가 있고, 형용사들 사이에 콤마를 찍는 경우도 있습니다. 그렇다면 언제 콤마를 쓰게 되는 걸까요?

숫자 형용사를 제외한 나머지 형용사들이 **콤마가 없이 나열되면 앞에 나온 형용사가 다음 형용사를 꾸며주는 것으로 해석**될 수 있습니다.

I have two dark brown cups. 나는 **짙은 갈색** 컵이 2개 있어요.

➡ dark가 brown을 꾸며줄 때는 콤마를 쓰지 않습니다.

The blanket has bright yellow dots. 그 이불에 **연노랑** 점들이 있어요.

➡ bright가 yellow를 꾸며줄 때는 콤마를 쓰지 않습니다.

따라서 **콤마로 이 형용사들이 서로 붙는 것을 막아주어 앞의 형용사가** 뒤의 형용사가 아닌 **명사를 꾸며준다는 점을 보여주는 것**입니다.

I have a small**,** square pillow. 나는 **작고 네모난** 베개가 있어요.

➡ 콤마를 쓰지 않고 형용사를 나열하면 small이 square를 꾸며주는 것으로 해석되어 '작은 사각형'이라는 뜻이 됩니다. 콤마를 써서 small이 square가 아닌 명사 pillow를 꾸며주고 있다는 것을 보여주세요.

My mom gave me a beautiful**,** gold necklace for my birthday.

엄마가 생일선물로 **아름다운 금** 목걸이를 주셨어요.

➡ 콤마를 쓰지 않고 형용사를 나열하면 beautiful이 gold를 꾸며주는 것으로 해석되어 '아름다운 금'이라는 뜻이 됩니다. 콤마를 써서 beautiful이 gold가 아닌 명사 necklace를 꾸며주고 있다는 것을 보여주세요.

이처럼 두 개 이상의 형용사가 쓰이는 경우, 그 형용사들이 뒤에 나오는 명사를 꾸며줄 때 콤마로 형용사들을 연결해 줍니다(A, B 명사 / A, B, C 명사). 하지만 형용사들이 연결동사 뒤에서 주어를 꾸며줄 때는 and로 형용사를 연결하는 형태(A and B / A, B, and C)로 주로 사용되죠.

She is a **smart, kind person.** 그녀는 **똑똑하고 친절한 사람**이에요.

She is **smart and kind.** **그녀는 똑똑하고 친절**해요.

형용사

2 명사 뒤에 위치하는 형용사

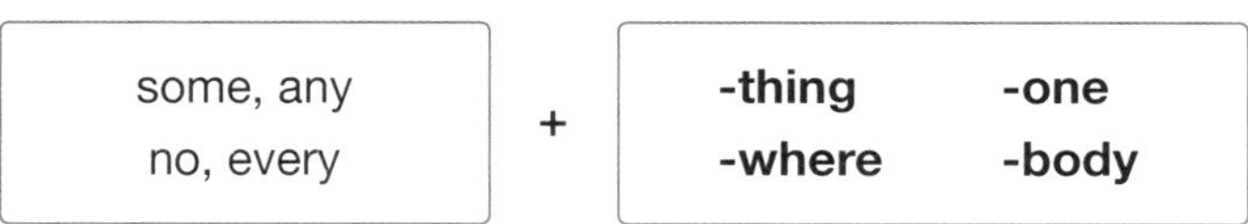

형용사가 명사 뒤에 오는 데에는 2가지 이유가 있습니다.

❶ 명사 모양 때문에

다음과 같은 모양의 명사는 형용사가 뒤에 붙습니다.

some, any no, every	+	**-thing** **-one** **-where** **-body**

I need **someone smart**. 전 **똑똑한 사람**이 필요해요.

Keep this **somewhere cool**. 이걸 **시원한 곳**에 보관하세요.

❷ 형용사 모양 때문에

to부정사, 관계대명사 또는 두 단어 이상으로 자신의 목적어나 전치사구 등을 데리고 다니는 형용사는 명사 뒤에 위치합니다.

the **broken** window ➡ 분사가 혼자 나오면 명사 앞에 옵니다.
깨진 창문

the window **broken** by the child ➡ 분사가 자기 식구를 데리고 오면 명사 뒤에 옵니다.
그 아이에 의해 깨진 창문

the window **that the child broke** ➡ 관계대명사는 명사 뒤에 옵니다.
그 아이가 깬 창문

3 한정적 용법으로만 쓰이는 형용사

다음의 형용사들은 be동사(연결동사) 뒤에 쓰이지 않고 명사에 붙어 명사의 범위를 한정해 주는 역할로만 사용됩니다.

only 유일한	upper 위의	live 살아 있는	former 이전의
very 바로	mere 단순한	main 주요한	inner 내부의
lower 아래의	drunken 술 취한	elder 나이든	outer 외부의

While shaving, he cut his **upper lip**. 그는 면도하다가 **윗입술**을 베었어.

You are the **only person** that I want to be with. 넌 내가 함께하고 싶은 **유일한 사람**이야.

That **drunken man** is my brother. 저 **술 취한 사람**은 우리 형이야.

➡ 이 경우 실제 회화에서는 drunk도 씁니다.

cf. 형용사 drunk는 be동사 뒤에서 주어의 상태를 나타내는 용도로도 쓰입니다.

My brother is **drunk**. 형이 술 취했네.

POINT 3 보어로 쓰이는 형용사 (서술적 용법)

3-L1-3.mp3

보어로 쓰이는 형용사는 be동사(연결동사) 뒤에서 주어의 상태를, 목적어 뒤에서 목적어의 상태를 설명하고 서술해주는 역할을 하기 때문에 서술적 용법의 형용사라고도 부릅니다.

[2형식 문장] 주어 + be동사(연결동사) + **형용사** — 주격 보어

[5형식 문장] 주어 + 동사 + **목적어** + **형용사** — 목적격 보어

1 주격 보어

I am **thirsty**. (O) 나 **목말라.** ➡ 주어의 목마른 상태를 표현

I was **thirsty**. (O) 나 **목말랐어.** ➡ 주어의 목말랐던 과거의 상태를 표현

be동사가 형용사를 동사화시켜 주기 때문에 주어의 현재 상태, 과거 상태를 일일이 다 표현할 수 있습니다.

현재시제의 be동사 ➡ **주어의 현재 상태 표현**

과거시제의 be동사 ➡ **주어의 과거 상태 표현**

Challenge(p.111)에 대한 설명입니다.

I **am** a **thirsty person**. (X) ➡ '나는 (늘) 목마른 사람이다.'라는 뜻이 되기 때문에 어색합니다.

명사 앞에서 명사의 범위를 한정지어주는 형용사는 '늘 그런 존재'임을 의미하기 때문에 시시때때로 바뀔 수 있는 상태를 나타내는 형용사 thirsty는 어울리지 않습니다.

She **is kind**. = She **is** a **kind person**. 그녀는 **친절한 사람이다.**

하지만 kind처럼 명사의 고유한 성질, 성격을 나타내는 형용사는 be동사 뒤에서 보어로 쓰이든 명사 앞에 붙어 명사를 꾸며주든 문장의 의미는 비슷할 수가 있습니다.

My hands **are cold**. 손이 **차가워.** ➡ 지금 현재 내 손이 차가운 상태라는 것을 나타냅니다.

My hands **are always cold**. 손이 **항상 차가워.**

➡ 부사 always를 넣어 늘 차가운 상태라는 것을 나타냅니다.

= I **have cold hands**. 난 **손이 차.** ➡ 내 손은 늘 차가운 상태라는 의미가 내포되어 있습니다.

손이 늘 차가운 상태임을 나타낼 때는 형용사 cold를 명사 hands 앞에 붙여 쓸 수 있는데, 이 경우에는 문맥상 be동사가 아닌 have동사를 씁니다.

My **hands are big**. = I **have big hands**. 내 손은 커.

손의 크기는 때에 따라서 달라지는 것이 아니므로 형용사가 be동사 뒤에서 보어로 쓰이든 have동사 뒤의 명사 앞에 붙어 명사를 꾸며주든 문장의 의미는 비슷합니다.

2 목적격 보어

〈주어 + 동사 + 목적어〉까지만 말하면 의미가 어색하고, 목적어의 상태까지 설명해 주어야 자연스러운 문장이 되는 경우에는 목적어 뒤에 목적격 보어(형용사)라는 정보를 덧붙여 줍니다.

(3형식 문장) Running made **me**. (X) ➡ 목적어에 대한 설명이 없어서 어색한 문장
달리기는 나를 만들었다.

(5형식 문장) Running made **me thirsty**. (O) ➡ 목적어의 상태를 설명해주므로 자연스러운 문장이 됩니다.
달리기로 나는 목이 말랐다.

I found **him interesting**. 나는 **그가 재미있는 사람**이라는 것을 알게 됐어.

Why did you leave **the window open**? 왜 **창문을 열어** 두셨어요?

형용사

3 서술적 용법으로만 쓰이는 형용사

다음의 형용사들은 명사에 붙어 명사의 범위를 한정하지 않고, 보어로서 명사의 상태를 설명해주는 역할로만 주로 사용이 됩니다.

afraid 두려운	asleep 잠든	alone 혼자	aware 알고 있는
alike 비슷한	awake 깨어 있는	content 만족한	fond 좋아하는
glad 기쁜	ill 아픈	well 건강한	sorry 미안한, 유감인

Were you **awake**? **안 주무시고 계셨어요**?

You and your sister **look alike**. 너랑 네 누나는 **닮았어**.

He **is asleep** on the couch. 그가 소파에 **잠들어 있어**.

POINT 4 한정적 용법 *vs.* 서술적 용법

3 - L1 - 4.mp3

대부분의 형용사들은 명사에 붙어 명사를 꾸며주는 한정적 용법으로도 쓰이고 보어로서 주어나 목적어의 상태를 설명해주는 서술적 용법으로도 쓰이지만 일부 형용사는 어떻게 쓰였느냐에 따라 의미가 바뀌기도 합니다.

present (한정적 용법) 현재의 (서술적 용법) 참석한	He is the **present mayor** of Seoul. 그는 **현** 서울 **시장**이야. The lawyer **was present** at the meeting. 변호사가 회의에 **참석했어**.
right (한정적 용법) 오른쪽의, 옳은 (서술적 용법) 옳은	Please raise your **right hand**. **오른손**을 들어주세요. That's the **right answer**. 그게 **정답**이야. What you said **is right**. 네가 한 말이 **맞아**. right이 '오른쪽'인지 '옳은'인지는 문맥에 따라 자연스럽게 정해집니다.
late (한정적 용법) 고인의 (서술적 용법) 늦은	The **late Mr. Lee** donated his fortune to the library. **고인 이씨**는 그의 재산을 도서관에 기부했어요. I am sorry for **being late**. **늦어**서 죄송합니다.
certain (한정적 용법) 어떤 (서술적 용법) 확실한, 확신한	Change is very hard for **certain people**. **어떤 사람들**에게는 변화가 아주 힘든 일이예요. I **am certain** that he is guilty. 나는 그가 유죄라고 **확신해요**.

Review

배운 문법 바로 쓰는 영어 연습

3-L1-5.mp3

A 빈칸을 채워 다음 우리말을 영어로 말해보세요.

1. 형은 **술 취했네.**

   My brother is ____________.

2. 너랑 네 누나는 **닮았어.**

   You and your sister look ____________.

3. 난 파티에 **연노랑** 드레스를 입고 갔어.

   I wore ____________ dress to the party.

4. 나는 **작고, 네모난** 베개가 있어요.

   I have ____________ pillow.

5. 전 **똑똑한 사람**이 필요해요.

   I need ____________.

6. 저 **술 취한** 사람은 우리 형이야.

   That ____________ man is my brother.

7. 나는 그가 **재미있는 사람이라는** 것을 알게 됐어.

   I found him ____________.

8. 넌 내가 함께하고 싶은 **유일한 사람**이야.

   You are ____________ that I want to be with.

9. 왜 **창문을 열어** 두셨어요?

   Why did you leave ____________?

10. **안 주무시고** 계셨어요?

    Were you ____________?

11 이거 뭔가 **잘못됐어(이상 있어).**

There's ______________ with it.

12 **그는 친절해요.**

____

B 주어진 형용사를 바른 순서로 배열해 다음 우리말을 영어로 말해보세요.

1 **그녀는 아름다운 초록눈을 가지고 있어요.** (beautiful, green)

____

2 **저한테 동그란 작은 베개 두 개가 더 있어요.** (more, round, small, two)

____

C 보기에 주어진 형용사를 활용해 다음 우리말을 영어로 말해보세요.

present	right	late	certain

1 **어떤 사람들에게는 변화가 아주 힘든 일이예요.**

____

2 **변호사가 회의에 참석했어.**

____

3 **고인 이씨는 그의 재산을 도서관에 기부했어요.**

____

4 **그는 현 서울 시장이야.**

____

5 **나는 그가 죄가 있다고 확신해요.**

____

▶ 모범답안은 p.263을 확인하세요.

LESSON 02

다양한 용법의

양과 수의 개념을 나타내는 형용사

mp3 듣기

Challenge 위의 대화에서 남자가 저런 생각을 하게 된 이유는?

3-L2-1.mp3

✕ I cleaned ~~all my house~~.

all은 셀 수 있는 명사와 함께 쓰이기 때문에 I cleaned all my houses.라고 말해야 하며 이는 '내가 갖고 있는 집들 모두를 청소했다'는 의미입니다. 그게 아니라 그냥 '집 전체를 다 치웠다'는 의미로 말하는 것이라면 I cleaned the whole house.라고 해야 합니다.

I cleaned **all my houses.** **내 집들(내가 갖고 있는 집들) 전부** 청소했어요.

I cleaned **the whole house.** 제가 **집을 다** 치웠어요.

▶ 이에 대한 더 자세한 설명은 p.133에서 확인할 수 있습니다.

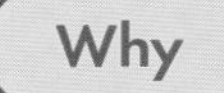

왜 수량을 나타내는 형용사를 따로 모아 배우나요?

실제 회화에서 엄청 많이 사용되고, 그렇게 사용횟수가 많은 만큼 실수도 많은 것이 '수와 양의 개념'을 나타내는 형용사입니다. 우선 **우리말과 다른 개념, 즉 '셀 수 있는 명사'와 '셀 수 없는 명사'에 따른 모양 변화도 생각해야 하고 우리말과 1:1로 맞아 떨어지지 않는 수량 개념의 표현들이 존재하기 때문에 우리말 해석에 의존하기보다는 이들이 의미하는 '진짜 뜻과 개념'을 파악하고 이해하는 것이 중요**하죠. 따라서 이번 레슨에서는 그동안 우리를 헷갈리게 해왔던 영어의 '수와 양의 개념'을 원어민들의 의미 그대로 이해해보고, 또 문법적인 특징으로 실수가 많을 수밖에 없는 형용사들까지 같이 공부해 보도록 하겠습니다.

POINT 1 많은

3-L2-1.mp3

many + 셀 수 있는 명사
much + 셀 수 없는 명사

lots of/a lot of + 셀 수 있는 명사
셀 수 없는 명사

I don't have **many friends.** [많은 친구] 저는 친구가 많지 않아요.

= I don't have **a lot of/lots of friends.**

She made **many mistakes.** [많은 실수] 그녀는 실수를 많이 했어요.

= She made **a lot of/lots of mistakes.**

I don't have **much time.** [많은 시간] 나 시간이 많지는 않아.

= I don't have **a lot of/lots of time.**

그는 돈이 많아.

He has much money. (어색한 표현) ➡ 보통 much는 긍정문에서 명사를 잘 꾸미지 않습니다.

He has **so much money.** [아주 많은 돈] (O) ➡ so much는 긍정문에서 명사를 꾸밀 수 있습니다.

= He has **a lot of/lots of money.** [많은 돈] (O)

POINT 2 여러, 꽤 많은, 상당한

3-L2-2.mp3

quite a few + 셀 수 있는 명사
several + 셀 수 있는 명사

plenty of + 셀 수 있는 명사
셀 수 없는 명사

꽤 많은 사람들이 그가 결혼한 것을 몰라.

Quite a few people don't know he is married. (O)

Several people don't know he is married. (O)

~~Plenty of people~~ don't know he is married. (X)

➡ plenty of는 보통 부정문에 사용되지 않습니다.

우리를 도와줄 사람이 **충분히 많**아요.

We have **plenty of people** to help us. (O)

We have **quite a few people** to help us. (O)

We have **several people** to help us. (O)

형용사

POINT 3 조금, 몇 개의

3-L2-3.mp3

셀 수 있는 명사	a few 몇 개 [있다는 긍정의 태도] few 거의 없는 [별로 없다는 부정의 태도] = only a few 몇 개밖에 없는 very few 진짜 적은 ['별로 없음'의 강조]
셀 수 없는 명사	a little 조금 있는 [있다는 긍정의 태도] little 거의 없는 [별로 없다는 부정의 태도] = only a little 조금밖에 없는 very little 진짜 적은 ['별로 없음'의 강조]

객관적인 수나 양이 아니라 말하는 사람의 주관적인 태도가 반영된 형용사입니다. 즉 같은 것을 봐도 어떤 사람은 a few/a little을 쓸 수 있고 어떤 사람은 few/little을 쓸 수 있습니다.

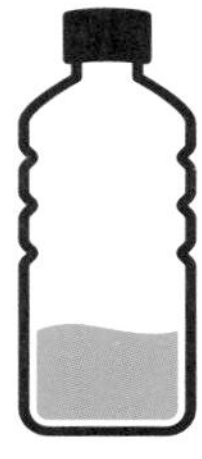

☺ There is **a little** water in the bottle. 물이 **좀** 있네.

☹ There is **little** water in the bottle. 물이 **별로** 없어.

같은 양의 물을 봐도 말하는 사람에 따라 긍정의 태도로 말할 수도 부정의 태도로 말할 수도 있어요.

음식이 **좀** 있어.	I have **a little** food.
음식이 **조금밖에** 없어.	I have **little** food. = I **only** have **a little** food. I have **very little** food. [강조]
나는 친구가 **몇** 있어.	I have **a few** friends.
나는 친구가 **거의** 없어.	I have **few** friends. = I **only** have **a few** friends. I have **very few** friends. [강조]

a couple of / a few / some / several 정확한 의미가 궁금해요

우리가 영어의 수/양을 표현할 때 사용하는 위의 형용사들 중 **비교적 정확한 수를 나타내는 것은 a couple of(2개 정도)**밖에 없습니다. 나머지 **a few, some, several은 정확한 숫자를 표현하는 형용사가 아니라 말하는 이들마다 떠올리고 생각하는 수가 다를 수 있습니다.** 특히 우리말로는 해석이 '좀, 몇 개, 꽤' 정도로 다 비슷비슷하게 되기 때문에 원어민들이 어떤 느낌으로 이 단어들을 사용하는지 알아둘 필요가 있습니다. 이들이 실제 대화에서 어떻게 사용하고 있는지 하나하나 알려드릴게요.

1 a few

원어민들에게 'a few 하면 떠오르는 수가 뭐냐?'라고 물어봤을 때 대답은 다양합니다. **3이라고 콕 짚어 말하는 사람도 있지만 고정된 수를 나타내는 개념의 형용사가 아니기 때문에 4나 5 이상으로 대답하는 사람도 있습니다.** 상황과 말하는 이에 따라 달라질 수 있음을 염두에 두세요.

2 some

some도 문맥과 말하는 사람에 따라 **a few 이상에서 several에 가까운 수까지 표현**할 수도 있습니다. some은 a few나 several과 다르게 **셀 수 있는 명사와 셀 수 없는 명사 둘 다를 수식**할 수가 있다는 것도 알아두세요!

3 several

several 역시 정확한 수를 나타내는 단어가 아닙니다. 보통 원어민들은 **a few나 some의 개념보다는 많고 many까지는 아니라고 봅니다.** 문맥에서 보통 **'기대나 생각보다 많다'라는 느낌**으로 사용되기도 하는데 그때 우리말 해석은 '꽤, 여러 개' 정도로 됩니다.

It takes **a couple of hours** to clean the entire house.

집 전체를 청소하는 데 **두 시간 정도** 걸립니다.

➡ a couple of는 couple이라는 단어에서도 알 수 있듯이 두 개 정도의 수를 나타내지만 종종 '두어 개' 정도의 개념으로 두세 개 정도를 나타내기도 합니다.

I had **a few slices of pizza** for lunch. 점심으로 **피자 몇 조각** 먹었어.

➡ 우리말로도 피자 몇 조각이라고 하면 3~5조각 정도를 생각해볼 수 있듯이, 영어의 a few도 종종 3개 정도의 수로 이해가 되기도 하지만 상황과 말하는 이에 따라 유동적일 수 있습니다.

I have **some work** to do. 나 할 **일이 좀** 있어.

➡ some은 셀 수 있는 명사뿐 아니라 work처럼 셀 수 없는 명사를 수식할 수도 있습니다. 보통 '조금'보다는 많고, '많다'라는 개념보다는 적은 양을 나타냅니다.

The restaurant has received **several complaints** from customers.

그 식당은 손님들로부터 **여러 불만사항**을 받았습니다.

➡ several은 some보다는 많고 many보다는 적은 개념으로 셀 수 있는 명사만 꾸며줄 수 있습니다.

POINT 4 some *vs.* any

3-L2-4.mp3

	some 몇몇, 좀	any 좀, 아무
1	**셀 수 있는 명사/셀 수 없는 명사에 다** 쓰입니다.	**셀 수 있는 명사/셀 수 없는 명사에 다** 쓰입니다.
2	보통 **긍정문에서** 쓰입니다. I have **some news** for you. 나 너한테 전할 소식이 **좀** 있어. [some + 셀 수 없는 명사] I have **some friends** in Canada. 캐나다에 친구가 **좀** 있어. [some + 셀 수 있는 명사]	보통 **부정문에서** 쓰입니다. I don't have **any news** for you. 너한테 전할 소식이 **하나도** 없어. [any + 셀 수 없는 명사] I don't have **any friends** in Canada. 나 캐나다에 친구가 **아무도** 없어. [any + 셀 수 있는 명사]
3	**뒤의 명사가 문맥상 뻔하면 스스로 명사로 쓰이기도** 합니다. I don't have any pencils, but Lily has **some** (pencils). 난 연필이 없지만 릴리는 **좀** 있어.	**뒤의 명사가 문맥상 뻔하면 스스로 명사로 쓰이기도** 합니다. Sam took lots of pictures, but I didn't take **any** (pictures). 샘은 사진을 많이(많은 사진을) 찍었지만 나는 **하나도** 안 찍었어.
4	**다음과 같은 경우에만 의문문의 형태에** some이 사용이 됩니다. 권유 Would you like **some** juice? 주스 **좀** 주시겠어요? 부탁 Can I have **some** water? 물 **좀** 줄래? 제안 Why don't you give her **some** advice? 그녀에게 조언 **좀** 해주지 그래?	**보통 의문문에서는** any를 씁니다. Do you know **any** good restaurants near here? 여기 근처에 괜찮은 식당 있어?
5	**불특정 다수를 지칭할 때 부정문에서도** 씁니다. **Some** people just don't like animals. **몇몇** 사람들은 동물을 그냥 좋아하지 않아.	**'그 어떠한 ~라도'라는 뜻으로는 긍정문에서도** 쓸 수 있습니다. You can buy **any** beer you want. 네가 원하는 맥주 **아무거나(그 어떤 거라도)** 살 수 있어.
6	**특정 그룹 중에 몇몇을 나타내기 위해 〈some of the 명사〉**의 형태를 사용합니다. They cut down **some of the trees**. 그들은 **그 나무 중 몇몇을(몇 그루)** 베었어.	**특정 그룹 중에 '아무'를 나타내기 위해 〈any of the 명사〉**의 형태를 사용합니다. They didn't cut down **any of the trees**. 그들은 **그 나무 중 아무것도(한 그루도)** 베지 않았어.

	some 몇몇, 좀	any 좀, 아무
7		**〈주어(any ~) + 부정문〉의 형태는 없습니다.** ~~Any of the puppies~~ are not female. (X) **None of the puppies** is/are female. (O) 그 강아지들 중 암컷은 **한 마리도** 없어. ➡ 〈none of the 복수명사〉는 단복수 둘 다 취급 가능합니다.

cf. '~중의'를 나타내는 of는 뒤에 특정 집단을 일컫는 명사와 함께 쓰입니다. 따라서 정해진 것에 붙는 정관사 the뿐 아니라 대상을 정확하게 지칭해주는 소유격, this, that, these, those 등이 명사와 함께 쓰입니다.

Two **of these** books are mine. **이 책 중에** 두 권은 내 거야.

All **(of) my** aunts are teachers. **우리 이모들** 모두 선생님이셔.

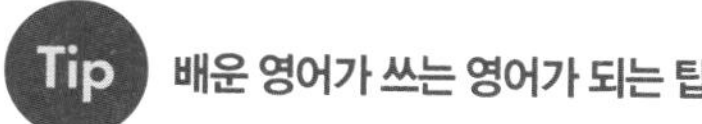

배운 영어가 쓰는 영어가 되는 팁

한국인이 회화에서 흔하게 하는 any 관련 실수

any는 '아무(거나 상관없다)', '어떤 ~라도'의 의미가 있기 때문에 문맥에 따라 그 의미가 들어가야 자연스럽게 들리는 영어표현들도 있고, 그 의미가 들어가면 어색한 표현이 되어 원어민들이 사용하지 않는 경우도 있습니다. 이 구분이 헷갈려서 많이 틀리게 되는 실수를 알려 드릴게요.

강남 가는 **버스** 있나요?

Is there **any bus** to Gangnam? (어색한 표현)

→ Is there **a bus** to Gangnam? (자연스러운 표현)

➡ any를 쓰면 '아무 버스라도 있냐?'는 뜻으로 절박한 상황같이 느껴집니다. 단순히 강남 가는 버스의 존재 여부를 물어보는 질문이므로 any를 쓰지 않습니다.

이 동네에 **맛있는 식당 좀** 알려줘.

Tell me **a good restaurant** in this neighborhood. (어색한 표현)

→ Do you know **any good restaurants** in this neighborhood? (자연스러운 표현)

➡ 상대방이 모를 수도 있기 때문에 부담을 줄여주기 위해서 원어민들은 any를 써서 '아무 식당이나 맛있게 하는 곳을 혹시 알고 있냐?'라고 의문문의 형태로 물어봅니다.

POINT 5 all

3-L2-5.mp3

all은 사용빈도가 높고 워낙 다양한 품사로 문장 안에서 쓰이기 때문에 굉장히 실수가 많은 형용사이자 대명사이므로 잘 알아둘 필요가 있습니다.

형용사로서 all	**❶ 셀 수 없는 명사/셀 수 있는 명사에 둘 다 쓰입니다.** I spent **all** the **money**. 나는 그 돈을 **다** 썼어. I read **all** the **books**. 나는 그 책들을 **다** 읽었어. ➡ 셀 수 있는 명사와 쓰일 때는 항상 복수 형태와 쓰입니다. **❷ 한정사(관사, 소유격)가 all 뒤에 옵니다.** I need **all the** notebooks. 그 공책들 **다** 필요해요. **All my** students are girls. 제 학생들 **모두**가 여자예요. **❸ 목적격 대명사 뒤에 붙어서 목적어를 수식합니다.** I ate **them all**. 내가 그거 **다** 먹었어. = I ate **all of them**.
명사로서 all	**❶ 명사로서 전치사의 수식을 받는 경우** **All of the students** passed the test. 그 학생들 **모두** 시험에 붙었어요. ➡ of는 '~중의'라는 뜻으로 특정 집단 중의 모두를 이야기할 때 all of the ~의 형태로 종종 쓰입니다. = **All the students** passed the test. 그 학생들 모두 시험에 붙었어요. ➡ all은 스스로 형용사이기 때문에 전치사 없이 명사를 그냥 꾸며줄 수도 있습니다. **❷ 무엇을 말하는지 뻔한 경우 all이 스스로 명사가 되는 경우** **All** (of us) were happy with the results. **모두**가 결과에 만족했어. **All** (that) I want is you. 내가 원하는 **전부**는 너야. That's **all**. 그게 **다**야.
부사로서 all	**❶ '모두, 전부'의 의미** We **all** helped him fix his house. 우리 **모두** 그가 집 고치는 것을 도왔어. My students are **all** here. 제 학생들 **모두** 여기 있어요. **❷ '완전히/극도로'의 의미** [casual한 회화에서 보통 사용] She got **all** upset and started crying. 그녀는 **극도로** 화가 나서 울기 시작했어. He showed up **all** covered with snow. 그는 **완전히** 눈에 덮여서 나타났어. I was **all** excited. 나 **완전** 흥분했었잖아.

POINT 6 all의 부정문

3-L2-6.mp3

all은 주어 자리에 쓰였을 때와 목적어 자리에 쓰였을 때, 그리고 완전히 부정을 할 때와 부분만 부정할 때의 모양이 다르기 때문에 사용할 때 특히 주의를 기울여야 합니다.

<table>
<tr>
<td>all이 주어
자리에 쓰였을 때</td>
<td>
❶ 완전 부정
그 선생님들 모두가 그를 믿지 않아.
All the teachers don't trust him. (어색한 표현)
➡ '모두 다 하지 않는다'는 부정은 none을 이용해서 표현하는 것이 자연스럽습니다.
None of the teachers trust(s) him. (O)
➡ 〈none of the 복수명사〉는 단수, 복수 취급 둘 다 가능합니다.
cf. 특정 집단의 선생님이 아니라 그냥 모든 선생님을 지칭할 때는 〈no + 명사〉의 형태를 쓰면 됩니다.
No teacher trusts him. 그를 믿는 선생님은 없어.
➡ no는 단수명사, 복수명사 다 꾸며줄 수 있습니다. 다만, 단수명사를 썼을 때 강조의 어감이 더 강하죠.

❷ 부분 부정
Not all (of) the teachers trust him.
그 선생님들 모두가 다 그를 믿는 것은 아냐. (안 믿는 선생님도 있다)
➡ '모두'가 그렇다는 것을 부정하는 것이므로 not을 all 앞에 붙여 all를 부정합니다.
Not all people like pizza. 모든 사람들이 피자를 다 좋아하는 것은 아니야.
➡ 일반적인 사람 모두를 말할 때는 the를 쓰지 않습니다.
</td>
</tr>
<tr>
<td>all이 목적어
자리에 쓰였을 때</td>
<td>
❶ 완전 부정
나 쿠키 하나도 안 먹었어.
I didn't eat all the cookies. (X) ['나 그 쿠키 다 먹지는 않았어.'란 의미]
➡ 부정문의 목적어에 all이 쓰이면 부분부정의 의미가 됩니다.
I didn't eat any of the cookies. = I ate none of the cookies. (O)
➡ '하나도 안 먹었다'는 완전 부정은 〈any of the 명사〉나 〈none of the 명사〉의 형태로 부정문을 만듭니다.

❷ 부분 부정
I didn't eat all the cookies. 나 그 쿠키 다 먹지는 않았어. (남은 것이 있어)

쿠키를 다 먹지는 않았다는 말을 어느 정도 먹었는지, 또는 구체적으로 얼마나 먹었는지로 표현할 수도 있죠.
I ate some of the cookies. 나 쿠기 좀 먹었어.
I ate most of the cookies. 나 쿠기 대부분 먹었어.
I ate three (of the) cookies. 나 쿠기 3개 먹었어.
</td>
</tr>
</table>

all people *vs.* all the people *vs.* all of the people은 도대체 무슨 차이가 있나요?

특정 대상을 콕 짚어주는 정관사 the를 사용하게 되면 그냥 일반적인 대상이 아닌, 특정 그룹으로서 그 대상을 지칭하는 것이 됩니다. all은 형용사이자 명사이기 때문에 형용사로서 직접 명사를 꾸며주어 all the people로 사용될 수 있고, 명사로서 전치사 〈of the 명사〉의 꾸밈을 받아 〈all of the 명사〉의 모양을 가질 수도 있습니다. 즉, **모양은 다르지만 특정 그룹의 사람들 모두를 지칭하는 all the people과 all of the people은 결국 같은 의미**를 나타내게 되는 거죠.

all people (일반적인) 모든 사람

형용사 all **all the people** 그 사람들 모두
(all → 명사 the people을 직접 꾸밈)

명사 all **all of the people** 그 사람들 중 모두
(all ← 전치사 of the people의 꾸밈을 받음)

[all the people = all of the people]

전치사 of는 '~중의'라는 뜻으로 뒤에 항상 정해진 특정 그룹이 나오기 때문에 대상을 정확히 짚어주는 정관사 the나 소유격 등이 같이 쓰인다는 것도 다시 한 번 기억해 주세요.

all (of) **the** members 그 회원 중 모두

most of **the** Koreans 그 한국인들 중 대부분

some of **the** fans 그 팬들 중 몇몇

two of **the** students 그 학생들 중 두 명

실제로 우리가 많이 하는 실수가 all of people 하고 of 뒤에 정관사나 소유격을 빼놓는 것이니까 특별히 주의해 주세요!

POINT 7 모두, 전부, 전체: all *vs.* whole *vs.* entire

3-L2-7.mp3

Challenge(p.123)에 대한 설명입니다.

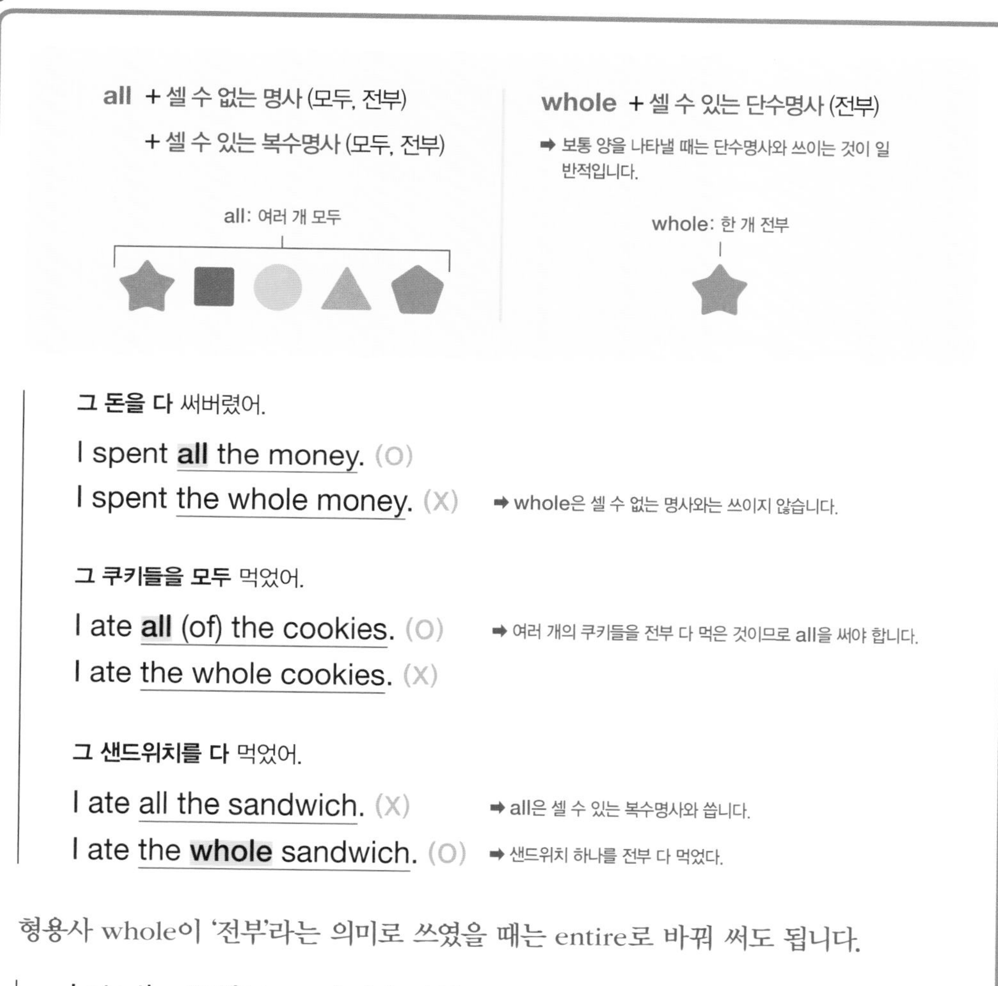

all +셀 수 없는 명사 (모두, 전부)
+셀 수 있는 복수명사 (모두, 전부)
all: 여러 개 모두
whole +셀 수 있는 단수명사 (전부)
➡ 보통 양을 나타낼 때는 단수명사와 쓰이는 것이 일반적입니다.
whole: 한 개 전부

그 돈을 다 써버렸어.

I spent **all** the money. (O)

I spent the whole money. (X) ➡ whole은 셀 수 없는 명사와는 쓰이지 않습니다.

그 쿠키들을 모두 먹었어.

I ate **all** (of) the cookies. (O) ➡ 여러 개의 쿠키들을 전부 다 먹은 것이므로 all을 써야 합니다.

I ate the whole cookies. (X)

그 샌드위치를 다 먹었어.

I ate all the sandwich. (X) ➡ all은 셀 수 있는 복수명사와 씁니다.

I ate the **whole** sandwich. (O) ➡ 샌드위치 하나를 전부 다 먹었다.

형용사 whole이 '전부'라는 의미로 쓰였을 때는 entire로 바꿔 써도 됩니다.

I ate the **entire** sandwich. (O)

관용어적인 표현으로 시간의 단위 앞에 all, a/the whole, an/the entire을 붙이면 그 시간 '내내'라는 뜻이 되고 명사뿐 아니라 부사로도 쓰입니다.

~ 내내 [**all** / **a/the whole** / **an/the entire**] **day, week, month, year**

형용사

A: What did you do yesterday? 너 어제 뭐했어?

B: 청소하면서 **하루를** 보냈어.

I spent [**all day** / **the whole day** / **the entire day**] cleaning the house.

명사

(또는)

B: **하루 종일** 집청소했어.

I cleaned the house [**all day**. / **the whole day**. / **the entire day**.]

부사

POINT 8 most *vs.* almost

3-L2-8.mp3

most도 사용빈도가 높고 워낙 다양한 품사로 문장 안에서 쓰이기 때문에 실수가 아주 많은 형용사이자 대명사이므로 잘 알아둘 필요가 있습니다.

1 most

형용사 most + 셀 수 없는 명사
셀 수 있는 복수명사

Most Koreans like seafood. **대부분의 한국 사람들**은 해산물을 좋아합니다.

셀 수 있는 명사 수식

Most tap water is drinkable. **대부분의 수돗물**은 마실 수 있어.

셀 수 없는 명사 수식

명사 most of the + 셀 수 없는 명사
셀 수 있는 복수명사

➡ 특정 그룹의 대부분을 지칭할 때는 〈most of the + 명사〉를 씁니다.

Most of the Koreans sang along, while **most of the Americans** just danced. **한국인 대부분**은 노래를 따라 불렀지만 **대부분의 미국인들**은 그냥 춤을 췄지.

He spent **most of the money**. 그가 **그 돈의 대부분**을 다 썼어.

부사 the most 최상급의 의미로도 쓰입니다.

This is **the most urgent** thing to do. 이것이 **가장 급한** 일이에요.
형용사 수식

I love you **the most**. 너를 **제일로** 사랑해. ➡ 문장 끝에서 동작의 양을 나타내기도 합니다.
문장 전체 수식

2 almost

부사 almost + 형용사
동사

This is **almost** new. 이거 **거의** 새 거야.
형용사 수식

Almost all the food was good. **거의** 모든 음식이 맛있었어요.
형용사 수식

I **almost** dropped the cup. 나 컵 떨어뜨릴 **뻔**했잖아.
동사 수식

형용사

POINT 9 each vs. every

3-L2-9.mp3

영어를 사용하다 보면 종종 대상의 각각 모두를 지칭하면서 셀 수 있는 단수명사와 쓰이는 each가 every와 헷갈릴 때가 있습니다. each와 every가 어떤 의미적, 문법적 차이를 가지고 있는지 살펴보겠습니다.

	each 각각의, 각자	every 모든
1	**셀 수 있는 단수명사와** 함께 쓰인다.	**셀 수 있는 단수명사와** 함께 쓰인다.
2	**대상을 각각의 개별적인 개체로 생각할 때** 사용한다. **Each child** got a gift. **각각의 아이들**이 선물을 받았어.	**대상을 하나의 덩어리, 집단으로 생각할 때** 사용한다. **Every child** got a gift. **모든 아이들**이 선물을 받았어.
3	**두 가지가 있을 때는 each만** 쓴다. Put these pads on **each knee**. 이 패드를 **무릎 각각**에 씌워라.	**every는 얼마나 자주 일어나는지를 나타내기도** 한다. **〈every + 숫자 + 시간의 단위〉** The bus comes **every ten minutes**. 그 버스 **10분마다** 와요.
4	**2개보다 많은 수에도 each를** 사용한다. I will speak with **each student**. **학생 한 명 한 명**과 말해볼 거예요.	**2개보다 많은 수에** 사용한다. I will speak with **every student**. **모든 학생**과 말해볼 거예요.
5	**each는 명사로서 of의 수식을 받기도 하고 혼자 쓰이기도** 한다. Look carefully at **each of these photos**. **이 각 사진들**을 주의 깊게 봐라. **Each** (**of the sentences**) has some errors. **각각** 오류가 좀 있어.	**every는 혼자서 쓰지 못하고 every one of ~라는 형태로** 사용될 수 있다. Look carefully at **every one of these photos**. **모든 사진 하나 하나**를 주의 깊게 봐 봐. **Every one of the sentences** has some errors. **모든 문장들이 다** 오류가 좀 있어.

POINT 10 another vs. other vs. the other

3-L2-10.mp3

물건이 여러 개 있을 때, 우리는 그 중 하나를 one이라 지칭하고 나머지 다른 물건은 another, other, the other를 이용해 표현할 수 있습니다.

1

하나 더, 또 다른 하나

another

+ 셀 수 있는 단수명사

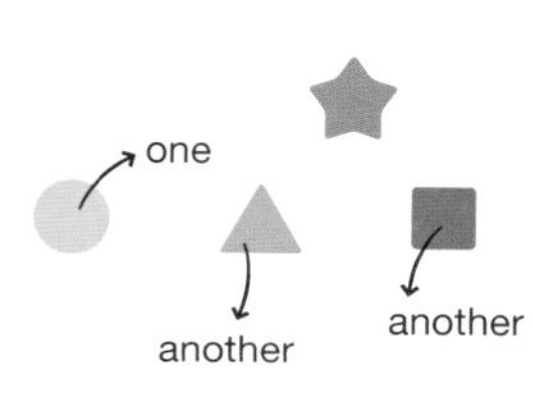

another은 이미 부정관사 an이 먹혀 있는 단어로서 **셀 수 있는 단수명사와 쓰이고 '다른 하나'뿐 아니라 '하나 더'라는 의미로도** 쓰이므로 one more로 바꿔 써도 됩니다.

I need **another book**. **또 책 한 권**이 더 필요해요.

= I need **one more book**.

➡ 문맥에 따라 다른 종류의 책 한 권을 지칭하는 것일 수도 있고 같은 책 한 권 더를 지칭하는 것일 수도 있습니다.

문맥상 명사가 뻔한 경우 another나 more를 **대명사로 쓰기도** 하죠.

Can I have **another**? = Can I have **one more**?

하나 더 가져도 돼요?

I need **another**. = I need **one more**. **하나 더** 필요해.

2

다른

other

+ 셀 수 있는 복수명사
셀 수 없는 명사

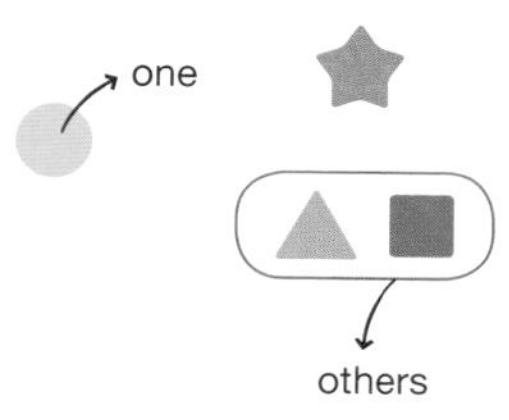

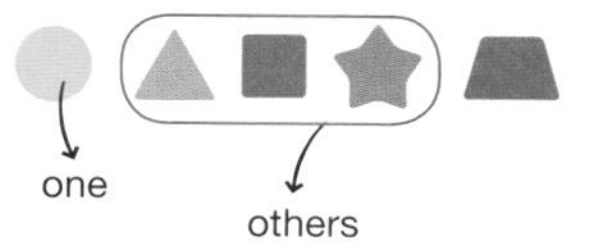

other은 **'다른'이라는 뜻의 형용사**로 뒤에 **셀 수 있는 복수명사와 함께** 쓰입니다.

Do you have **other books**? (O) **다른 책** 있어요?

Do you have other book? (X)

➡ other은 셀 수 있는 단수명사와는 사용하지 않습니다.

문맥상 어떤 명사인지 뻔한 경우 **others를 대명사로 쓰기도** 합니다.

➡ others는 대명사로 쓰이지만 other은 형용사로만 쓰입니다.

Some people like classical music, but **others** prefer rock. (= other people)

몇몇의 사람들은 클래식을 좋아하지만 **다른 이들**은 록음악을 선호해요.

또한 other은 **셀 수 없는 명사와도 함께** 쓸 수 있습니다.

Do you have any **other information**?

다른 정보 있으신가요?

다른 것을 말하는 것이 아니라 **그냥 '더'를 이야기할 때는 more를** 쓰면 됩니다.

Can I have **more books**? **책 더** 가져도 돼요?

➡ 문맥에 따라 다른 종류의 책들을 더 원한다고 지칭하는 것일 수도 있고 같은 책을 더 원한다고 지칭하는 것일수도 있습니다.

3

남은, 나머지의

the other

+ 셀 수 있는 명사

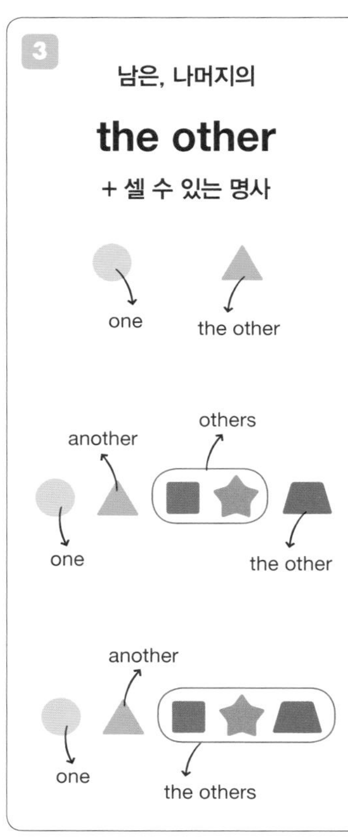

the other은 **남은 것을 지칭하는 형용사**로 **한 개가 남았으면 단수명사와, 여러 개가 남았으면 복수명사와 함께** 쓰입니다.

She was holding a cup of coffee in one hand and a notebook in **the other** (**hand**).

그녀는 한 손으로는 커피를 들고 **다른 한 손**으로는 노트북을 들고 있었어.

➡ 손은 2개밖에 없으므로 한 손을 뺀 나머지 한 손은 the other로 표현합니다.

Can I have **the other books**? **남은 책들 다** 가져도 돼요?

문맥상 명사가 뻔한 경우 the other를 **대명사로 쓰기도** 합니다.

Can I have **the other**? [한 개가 남았을 때]

남은 것 가져도 돼요?

Can I have **the others**? [여러 개가 남았을 때]

남은 것들 가져도 돼요?

이렇게 나머지라는 뜻이 있기 때문에 **rest로 바꿔 써도 되지만 rest는 나머지가 여러 개인 경우에만 사용**합니다.

I need **the rest of the books**. **나머지 책이 다** 필요해요.

= I need **the rest of them**.

= I need **the rest**.

다음 예문을 보며 one, another, other, the other의 쓰임을 좀 더 확인해 보세요.

I have two pens. **One** is red and **the other** is blue.

제가 펜이 두개 있는데요. **하나**는 빨간색이고 **다른 하나**는 파란색이에요.

I got three gifts for my birthday. **One** was perfume, **another** was a T-shirt, and **the other** was a watch.

내가 생일에 선물을 3개 받았는데, **하나**는 향수였고 **다른 하나**는 티셔츠, 그리고 **나머지 하나**는 시계였어.

I thought she was a liar, but **other people** believed her.

나는 그녀가 거짓말쟁이라고 생각했지만 **다른 사람들**은 그녀를 믿었어.

I only had one cookie. Mike took **the others/rest**.

나는 쿠키 하나밖에 안 먹었어. **나머지**는 마이크가 가져갔어.

POINT 11 명사에 -ly를 붙여서 만든 형용사들

3-L2-11.mp3

끝으로 빼놓을 수 없는 형용사류를 하나 더 정리하고 마치겠습니다. 형용사의 모양은 다양하지만 특히 〈명사 + ly〉 조합이 만들어내는 형용사 표현은 부사로 헷갈릴 수가 있으니까 따로 잘 알아두세요.

lovely	사랑스러운	She has a **lovely** smile. 그녀는 **사랑스러운** 미소를 가지고 있어요.
friendly	친절한, 다정한	His family is very **friendly**. 그의 가족은 아주 **친절**해요.
timely	시기적절한	He received **timely** treatment. 그는 **시기적절한** 치료를 받았어.
elderly	나이 드신, 연장자의	These shoes are for the **elderly**. 이 신발은 **나이 드신** 분들을 위한 거예요(연장자용이에요). **the elderly** 나이 드신 분들, 노인층 (the + 형용사 형태)
manly	남자다운	He looked **manly** in the leather jacket. 그는 가죽재킷을 입으니 **남자다워** 보였어.
womanly	여자다운	She is very **womanly**. 그녀는 굉장히 **여성스러워**.
costly	값비싼	They made a **costly** mistake. 그들은 **값비싼** 실수를 치렀어.
daily	매일	I haven't had my **daily** cup of coffee yet. 아직 **매일** 마시는 커피를 못 마셨어요.
weekly	매주의	Our **weekly** meeting is on Monday. **매주(주간)** 회의가 월요일에 있습니다.
monthly	매달의	I have a **monthly** subscription. 저는 **월** 구독을 하고 있어요.

형용사

Review

배운 문법 바로 쓰는 영어 연습

3-L2-12.mp3

A 빈칸을 채워 다음 우리말을 영어로 말해보세요.

1. **꽤 많은 사람들이** 그가 결혼한 것을 몰라.

   ________________ don't know he is married.

2. 캐나다에 친구가 **좀** 있어.

   I have _________ friends in Canada.

3. 난 연필이 없지만 릴리는 **좀** 있어.

   I don't have _________ pencils, but Lily has _________ (pencils).

4. **그** 샌드위치를 **다** 먹었어.

   I ate ______________ sandwich.

5. 여기 근처에 **괜찮은 식당** 있어?

   Do you know _________ good restaurants near here?

6. 나 컵 떨어뜨릴 **뻔**했잖아.

   I _________ dropped the cup.

7. 그 강아지들 중 암컷은 **한 마리도 없어**.

   _________ of the puppies are female.

8. **그 학생들 모두가** 시험에 붙었어요.

   ______________ passed the test.

9. **대부분의 한국 사람들은** 해산물을 좋아합니다.

   ______________ like seafood.

10 내가 생일에 선물을 3개 받았는데, **하나는** 향수였고 **다른 하나는** 티셔츠, 그리고 **나머지 하나는** 시계였어.

I got three gifts for my birthday. __________ was perfume, __________ was a T-shirt, and __________ was a watch.

B 다음 우리말의 어감을 살려 영어로 말해보세요.

1 **나는 친구가 몇 있어.**

____

2 **나는 친구가 거의 없어.**

____

3 **나는 친구가 진짜 거의 없어.**

____

4 **음식이 좀 있어.**

____

5 **음식이 조금밖에 없어.**

____

6 **음식이 진짜 조금밖에 없어.**

____

7 **학생 한 명 한 명과 말해볼 거예요.**

____

8 **모든 학생과 말해볼 거예요.**

____

9 **모든 사진 하나 하나를 주의 깊게 봐 봐.**

____

▶ 모범답안은 p.264를 확인하세요.

POINT 12 그 밖에 알아두면 좋은 형용사 형태들

3-L2-13.mp3

접미어	예
-able 가능한	acceptable 받아들일 수 있는 / reliable 믿을 수 있는 reasonable 합리적인, 적절한 / available 이용 가능한 enjoyable 즐거운 Try to get a **reasonable** amount of sleep each night. 매일 **적절한** 양의 수면을 취하려고 노력하세요.
-en ~로 만들어진	golden 금으로 된 / wooden 나무로 된 silken 실크로 된 / waxen 왁스로 만들어진 earthen 진흙으로 만들어진 A **wooden** cross hangs above the church door. **나무로 된** 십자가가 교회 문 위에 걸려 있습니다.
-ful 가득한	beautiful 아름다운 / powerful 힘센 thoughtful 사려 깊은 / colorful 다채로운 peaceful 평화로운 I am having a **peaceful** morning. 나는 지금 **평화로운** 아침시간을 보내고 있어.
-ish 대략, 비슷한	childish 어린애 같은, 유치한 / selfish 이기적인 pinkish 핑크색 같은 / boyish 남자 같은 foolish 바보 같은, 어리석은 He made a **foolish** mistake. 그는 **어리석은** 실수를 했어.
-ive 그런 성격·성향이 있는	attractive 매력적인 / creative 창의적인 competitive 경쟁력 있는, 경쟁심이 강한 / sensitive 예민한 talkative 수다스러운 David is a **competitive** employee. 데이비드는 **경쟁력 있는** 직원입니다.

접미어	예
-less **없는, 결핍된**	fearless 겁이 없는, 용감한 homeless 집이 없는 speechless 말을 할 수 없는 spotless 얼룩 없는 useless 쓸모없는 The **fearless** firefighters entered the burning building. **용감한** 소방관들이 불이 난 빌딩으로 들어갔다.
-like **비슷한, 같은**	childlike 어린아이와 같은 dreamlike 꿈 같은 featherlike 깃털 같은 ladylike 여성스러운 snake-like 뱀 같은 His **childlike** innocence makes people laugh. 그의 **어린아이와 같은** 순진함이 사람들을 웃게 만들어요.
-ous **가득한, 연관 있는**	dangerous 위험한 curious 호기심이 많은 nervous 긴장된 poisonous 독성 있는 humorous 유머러스한 She writes books of **humorous** essays. 그녀는 **유머러스한** 에세이 책을 씁니다.
-ant **그런 성향·성격을 가진**	brilliant 뛰어난, 훌륭한 radiant 빛나는 pleasant 즐거운 reluctant 망설이는 constant 지속적인 He was **reluctant** to answer my question. 그는 내 질문에 대답하기를 **망설**였어.
-y **그런 상태나 존재가 되는**	funny 웃긴 lucky 운이 좋은 dirty 더러운 messy 엉망인 spicy 매운 jumpy 쉽게 놀라는, 신경과민의 Drinking too much coffee makes me **jumpy**. 나는 커피를 너무 많이 마시면 **신경이 예민**해져.

CHAPTER 4

부사

LESSON 1 명사 빼고 다 꾸며주는 **부사 꿰뚫어보기**

LESSON 2 구동사의 **부사와 전치사 구별법**

LESSON 01

명사 빼고 다 꾸며주는

부사 꿰뚫어보기

mp3 듣기

오늘 아침에, 그가 저에게 와 달라고 했어요.
He told me to come over this morning.

오늘 아침에 오라고 했는데 왜 지금 왔지?

Challenge 위의 대화에서 남자가 혼란스러워하는 이유는?

4-L1-1.mp3

He told me to come over ~~**this morning**~~.

부사는 가까운 동사에 먼저 붙기 때문에 He told me to come over this morning.이라고 하면 '오늘 아침에 오라'는 취지의 얘기를 들었다는 뜻이 됩니다. 오늘 아침에 말한 것이면 this morning은 문장 앞으로 보내서 told를 꾸며주도록 해야 합니다.

This morning, he told me to come over.

▶ 이에 대한 더 자세한 설명은 p.151에서 확인할 수 있습니다.

왜 부사를 배워야 하나요? (그냥 부사 단어만 알면 안 되나…)

부사는 다른 품사들과 달리 문장 안에서 자리 이동이 비교적 자유롭기 때문에 부사가 문장의 앞이나 중간, 또는 뒤에 쓰이는 것을 종종 볼 수 있습니다. 하지만 부사의 위치는 아무 맥락 없이 그냥 옮겨 다니는 것이 아닙니다. **문맥상 강조가 되어야 하는 정보인지, 동사와의 의미적 연관성이 강한지, 어떤 의미의 정보인지 등에 따라 알맞은 부사를 적당한 위치에 두어야 내가 말하고자 하는 의미를 정확한 어감으로 표현할 수 있는 것이지요.** 그럼 부사의 기본 핵심개념들부터 실제로 부사를 사용하면서 그동안 궁금하고 헷갈렸던 부분들까지 하나하나 다뤄보겠습니다.

POINT 1 다양한 형태의 부사들

4-L1-1.mp3

부사는 형용사, 동사, 또다른 부사, 문장 등을 꾸며주며, 어떻게, 언제, 어디서, 왜 등의 부가적인 정보를 알려주는 녀석입니다. 영어에서는 크게 4가지 형태의 부사가 있습니다.

1 일반 부사

I **always** drive **carefully**. 난 **항상 조심해서** 운전해.

동작의 횟수 / 어떻게 동작을 하는지 알려줌

Kevin was **badly** injured. 케빈은 **심하게** 다쳤어.

형용사 수식

2 동사를 변형시켜 만든 부사: to부정사

Tony went home **to have dinner**. 토니는 **저녁 먹으러** 집에 갔어.

동작의 목적

I was happy **to see him again**. **그를 다시 만나서** 기뻤어.

형용사 happy의 이유

3 전치사구가 부사로 쓰인 경우

Peter had a good time **in Paris.** 피터는 **파리에서** 좋은 시간을 보냈어.
동작의 장소

He's been sleeping **for eleven hours.** 그는 **11시간째** 잠을 자고 있어.
동작의 기간

Jane deleted his email **without hesitation.** 제인은 **망설임 없이** 그의 이메일을 지워버렸어.
동작의 방법

4 문장이 부사로 쓰인 경우: 부사절 접속사

My son didn't go to school **because he was sick.** **아들이 아파서** 학교에 못 갔어.
이유

I have to go home **before my mom gets upset.** **엄마가 화내시기 전에** 집에 가야 해.
언제

If they offer me the job, I will take it. **그들이 그 일자리를 제안하면** 받아들일 거야.
조건

앞서 to부정사와 부사절 접속사에 대해서는 이미 자세히 살펴봤습니다. 여기서는 일반 부사에 대해 다뤄보도록 하겠습니다.

부사

POINT 2 문장 맨 앞에 오는 부사들

4-L1-2.mp3

✪ 부사의 위치에 대한 이해

부사는 다른 품사에 비해 위치가 자유롭지만 실제로 말을 하거나 글을 쓸 때, 아무 곳에나 부사를 집어넣어 쓰게 되면 표현이 어색해지거나 글의 흐름에 어긋나는 표현을 하게 되는 경우도 꽤 많습니다. 자연스러운 표현을 위한 부사 위치는 어떻게 알 수 있는지, 또 그 위치에 따라 어떤 뉘앙스가 생기는지 공부해 보도록 하겠습니다.

1 접속부사

다음은 앞의 문장과 다음 문장을 의미적으로 연결해주는 부사로, 종종 부사 뒤에 콤마를 써줍니다. 접속사가 아니므로 두 문장을 한 문장으로 연결하지는 못합니다.

however 하지만 **therefore** 그러므로 **moreover** 더욱이
meanwhile 한편, 그사이 **in addition** 게다가 **besides** 게다가
on the other hand 반면, 한편으로는

The project was expected to fail. **However,** it succeeded.
그 프로젝트는 실패가 예상됐어요. **하지만** 성공했죠.

be expected to V ~할 것으로 예상되다

접속사가 아니라 부사이기 때문에 두 문장을 한 문장으로 연결하지는 못합니다. 한 문장으로 연결하려면 접속사가 따로 필요합니다. 두 문장이 의미적으로 끈끈하게 연결되어 있을 때, 접속사 대신 세미콜론(;)으로 연결할 수 있습니다.

He worked really hard **and, therefore,** he deserves a promotion.
그는 정말 열심히 일했**으므로**(일했**고, 그러므로**) 승진할 자격이 있어요.
= He worked really hard**; therefore,** he deserves a promotion.

deserve ~할 자격이 있다 | promotion 승진

2 언제/어디서/어떻게 등의 정보

언제, 어디서, 왜, 어떻게 등의 정보는 문장 앞에 쓰이기도 합니다. 문맥에 따라 부사를 앞으로 보내는 것이 '강조'의 뉘앙스를 표현할 수도 있습니다. 특히 회화에서 문장 앞으로 보낸 부사를 강세를 넣어 말하게 되면 강조의 뉘앙스가 더욱 강해지게 되죠. 문장 앞으로 나온 부사 뒤에는 종종 콤마를 써서 진짜 주어, 동사와 구분해 주지만 부사가 짧아서 구분이 쉬운 경우 콤마를 생략하기도 합니다.

This morning(,) I ran into your sister. **아침에** 네 누나랑 마주쳤어.

For ten years(,) I've been working at this company.
10년째 나는 이 회사에서 일하고 있어요.

Yesterday(,) I took the day off. **어제** 저 일 쉬었어요.

run into ~를 (우연히) 마주치다 | take a day off 일을 하루 쉬다, 하루 휴가를 내다

3 문장의 오해를 피하기 위해

Challenge(p.147)에 대한 설명입니다.

부사가 누구를 꾸며주는지 헷갈리는 경우 정확한 의미를 위해 문장 앞으로 부사를 보내기도 합니다.

말하고자 하는 문장
오늘 아침에, 그가 나에게 와 달라고 말했다.
(오늘 아침에 그가 나에게 말했음을 의미)

위의 문장을 He told me to come over this morning.이라고 한다면 this morning이 자신과 가까운 come over와 먼저 붙어서 '오늘 아침에 와라'로 이해되기 쉽습니다. 따라서 이런 오해를 피하기 위해 this morning을 문장 앞으로 보내 동사 tell과 먼저 붙게 해줍니다.

He told me to **come over** this morning. ➡ '오늘 아침에 오라'는 의미로 말했다는 것

This morning, he **told** me to come over. (O) ➡ '오늘 아침에 그가 나에게 말한 것'으로 이해되어 오해를 피할 수 있습니다.

단어들은 가까이 있는 것끼리 먼저 뭉쳐 의미를 형성하기 때문에 부사도 가까운 동사에 먼저 붙어 꾸며주는 것으로 해석되기 쉽습니다. 따라서 이것이 의미의 오해를 불러일으키는 경우, 부사가 가까이 있는 동사와 붙지 않도록 일부러 부사를 문장 앞으로 보내는 것이지요.

다음과 같은 경우는 부사를 문장 앞으로 보내지 않습니다.

① 동사와 부사의 의미가 끈끈한 경우

My cousin has been **living in Germany** for three years.

사촌은 3년째 **독일에서 살고** 있어.
➡ live는 장소와 의미가 끈끈하기 때문에 붙여줍니다.

부사

② **간단하고 짧은 문장에서는 부사 도치를 잘 하지 않습니다.**

난 **미국에서** 공부했어.

I studied **in the United States.** (자연스러운 표현)

In the United States, I studied. (어색한 표현)

POINT 3 동사에 붙어 쓰이는 부사들

4-L1-3.mp3

한 단어로 구성된 일반 부사들이 동사에 붙어 쓰일 수 있어요. 특히 동사와 의미적으로 끈끈한 부사들이 동사에 붙어 꾸며주는 형태를 취합니다.

1 동사와 의미가 끈끈한 부사의 종류

❶ 동작의 확신이나 강도: definitely, strongly, entirely, absolutely, really, totally, probably, maybe, …

❷ 동작의 완료: almost, completely, nearly, …

❸ 동작의 빈도: sometimes, always, usually, barely, …

이런 부사들은 동사에 붙어 쓰이는 경우가 많습니다.

2 동사에 붙어 있는 부사의 위치

❶ **일반동사와 쓰일 때** S ◈ V * ◈ 부사 자리	I **definitely** look older in this dress. 이 드레스 입으면 **확실히** 나이 들어 보여. I **hardly** know him. 저는 그를 **잘 모릅**니다. **definitely** 확실히, 틀림없이 | **hardly** 거의 ~않다/아니다
❷ **be동사와 쓰일 때** S be ◈ 형용사 전치사	be동사는 형용사/전치사에 붙어 이들을 동사화시키므로 부사도 이 둘 사이에 끼어들어 끈끈하게 동사의 의미를 꾸며줍니다. We are **almost** done. 우리 **거의** 다 했어. I am **totally** on your side. 나는 **완전히** 네 편이야. **almost** 거의 | **totally** 완전히 | **on someone's side** ~의 편인

❸ 현재완료나 조동사가 들어간 동사와 쓰일 때 S have ◈ p.p. 조동사 ◈ 동사원형	I would **really** like to go. 나도 **진짜** 가고 싶어. You have **obviously** mistaken me for someone else. **확실히** 저를 다른 사람으로 착각하신 것 같네요. He has **completely** forgotten my name. 그가 나의 이름을 **완전히** 잊어버렸어. mistake A for B A를 B로 착각하다

배운 영어가 쓰는 영어가 되는 팁

빈도부사의 느낌 파악해보기

〈수치로 표현해 본 빈도부사의 느낌〉

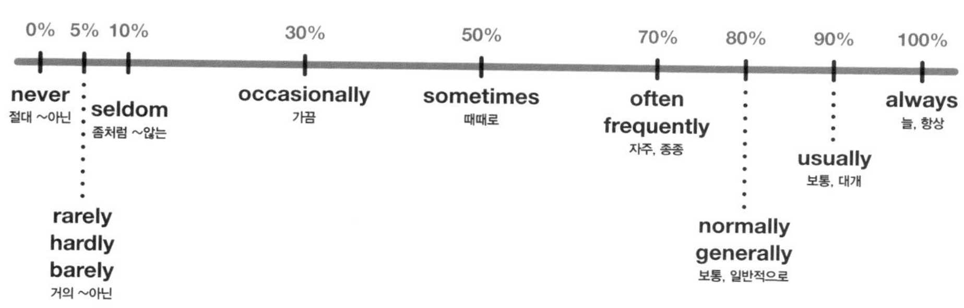

I **never** lie. 저는 **절대** 거짓말하지 **않**습니다.

I **barely** talk to her. 나 재랑 **거의** 말 **안** 해.

The kids in this town **seldom** go to college.
이 마을의 아이들은 대학을 **거의** 가지 **않**아요.

He **occasionally** reads at the library. 그는 **때때로** 도서관에서 책을 읽어요.

I **usually** leave my apartment at seven o'clock.
저는 **보통** 7시에 집에서 나와요.

He **always** carries his girlfriend's purse. 그는 **늘** 여자친구의 가방을 들어줘요.

POINT 4 문장 끝에 오는 부사들

4-L1-4.mp3

1 '언제, 어디서, 어떻게, 왜'를 나타내는 부사들

'언제, 어디서, 어떻게, 왜'를 나타내는 부사의 원래 자리는 문장 끝입니다. 다양한 모양의 부사(일반부사, to부정사, 부사절, 전치사구)들이 쓰이는데, 강조나 명확한 의미 전달, 문장구조의 변화 등을 위해 문장 앞으로 보내기도 합니다.

I met him **yesterday at my place**. 난 그를 **어제 우리 집에서** 만났어.

시간 장소

= **Yesterday** I met him **at my place**.

2 의미가 유독 동사와 끈끈한 부사 이외의 일반 부사들

의미가 동사와 유독 끈끈한 부사(동작의 강조, 완료, 빈도)가 아닌 이상, 일반 부사들은 보통 문장 앞이나, 문장 끝, 또는 동사에 붙어 나올 수 있습니다.

Angrily she tore up the letter. 그녀는 **화가 난 듯** 편지를 찢어버렸어.

= She **angrily** tore up the letter.

= She tore up the letter **angrily**.

3 early, late, fast, well, much

이 부사들은 보통 문장 끝에만 위치합니다.

early 일찍 **late** 늦게 **fast** 빨리 **well** 잘 **much** 많이

I run **fast**. 난 **빨리** 달려.

He can speak English **well**. 그는 영어로 말을 **잘**해.

I love you **so much**. 난 너를 **정말 많이** 사랑해.

POINT 5 부사의 순서

4-L1-5.mp3

여러 다른 정보를 지닌 부사어구가 같이 나오는 경우, 〈장소 + 방법 + 시간〉의 순서대로 쓰라는 말도 있지만 실제 영어에서는 종종 정해진 순서 없이 사용이 되는 경우가 많아요. 하지만 go, come, arrive, live, be born처럼 장소와 의미가 끈끈한 동사는 장소가 동사 뒤에 먼저 나오는 것이 자연스럽습니다.

> We **went** **to the exhibit** **last Monday.** 우리는 **지난 월요일에 그 전시회에** 갔어.
> 장소 시간
> ➡ '가다(go)'라는 동사는 도착지인 장소와 의미가 끈끈하므로 장소를 먼저 써줍니다.

동사와 특정 부사의 의미가 끈끈하지 않은 이상 여러 부사가 문장 끝에 같이 쓰였을 때 정해진 순서는 없습니다.

> I made a reservation **for five o'clock tomorrow** **at Outback.**
> **아웃백에 내일 5시로** 예약해놨어.
> = I made a reservation **at Outback** **for five o'clock tomorrow**.

시간이나 장소의 정보를 지닌 부사어구가 여러 개 나온다면 작은 것에서 큰 것의 순서로 나열해 줍니다.

> We returned from the U.S. **in March**, **2007**. 우리는 **2007년 3월에** 미국에서 돌아왔죠.
> 달 연도 ➡ 더 긴 시간이 뒤에 옴
> * 시간의 자세한 표기 방법은 p.222를 참고해 주세요.
>
> We got married **at a small church** **by the sea.**
> 성당 동네 ➡ 더 큰 장소가 뒤에 옴
> 저희는 **바다 근처에 있는 작은 성당에서** 결혼했어요.
> * 장소에 따른 올바른 전치사 사용법은 p.205~217을 참고해 주세요.

하지만 강조하고자 하는 정보를 앞으로 먼저 보내는 경우도 볼 수 있습니다.

> I have an appointment **on Tuesday** **at four o'clock.**
> 요일 시각 ➡ 요일을 강조하기 위해 시각 앞에 두기도 합니다.
> **화요일 4시에** 예약이 되어 있습니다.

부사

Tip 배운 영어가 쓰는 영어가 되는 팁

쉬운 듯 헷갈리는 강조 표현 too, very, really, so

형용사나 부사를 꾸며주는 부사 중에 우리가 비슷한 의미로 배워온 강조부사 really, very, so, too가 실제 회화에서는 뉘앙스의 차이가 약간 있습니다. 문맥과 말하는 이의 의도에 맞게 골라 사용되고 있기 때문에 알아둘 필요가 있어요.

---

1 too

일단 too는 구분이 비교적 쉽죠. **너무 과하고 지나친 '부정'의 의미**를 가지고 있습니다.

The tea is **too** hot. 차가 **너무** 뜨거워. ➡ 너무 뜨거워서 못 마신다는 의미 내포

따라서 **뒤에 to부정사를 붙여 '~하기에는 …하다', 즉 못한다**는 의미를 나타내기도 합니다.

The tea is **too** hot **to drink**. ➡ 마시기에는 너무 뜨겁다. (그래서 못 마신다)
차가 **너무** 뜨거워**서 못 마시겠어**.

---

2 really, very

형용사의 상태를 강조해주는 부사로서 very(매우)와 really의 의미는 비슷합니다.

The show was **very** good. 그 공연은 **매우** 좋았어.
The show was **really** good. 그 공연은 **정말** 좋았어.

실제 회화에서는 강조표현으로 really가 많이 쓰이지만 very를 사용해도 됩니다.

---

3 so

감정이 들어간 강조표현으로써 **듣는 사람이 말하는 사람의 이 감정을 공감해줄 것이라는 전제**가 깔려 있습니다. 따라서 말을 할 때도 항상 감정을 넣어 so를 강하게 발음합니다.

The show was **so** good. (O) 그 공연 **너~~~무** 좋았어.
It was ~~so good show~~. (X)
➞ It was **such** a good **show**. (O) **너~~무** 좋은 공연이었어.
➡ so의 수식을 받는 형용사는 뒤에 명사를 달고 올 수가 없습니다. 명사를 쓰려면 강조부사 so를 such로 바꿔주어야 해요.

It's **so** beautiful. 날씨가 **너무** 좋다.
= It's **such** a beautiful **day**. **너무** 좋은 날이야.
➡ such도 so와 같이 실제 회화에서 감정을 넣어 강하게 발음합니다.

POINT 6 형용사와 모양이 똑같은 부사들

4-L1-6.mp3

fast	형 빠른	The bird was so **fast** that the cat couldn't catch it. 새가 너무 **빨라서** 고양이가 잡지를 못했어요. [so 형용사 that ... 너무 ~해서 …하다]
	부 빨리	Don't walk too **fast**. 너무 **빨리** 걷지 마.
last	형 마지막의	His **last** lecture was so touching. 그의 **마지막** 강의는 너무 감동적이었어.
	부 마지막으로	She came **last** and left first. 그녀는 **마지막으로** 와서 제일 먼저 떠났어.
hard	형 열심한, 단단한	I am a **hard** worker. 저는 **성실한** 사람입니다.
	부 열심히, 단단하게	I always work **hard**. 저는 항상 **열심히** 일합니다.
early	형 이른	It's too **early** to say who is going to win. 누가 이길 거라 말하기는 너무 **일러**.
	부 일찍	I got up **early** in the morning today. 저는 오늘 아침 **일찍** 일어났어요.
late	형 늦은	I had a **late** lunch. 저 **늦은** 점심 먹었어요.
	부 늦게	He showed up **late** again. 그는 또 **늦게** 나타났어.
high	형 높은	Prices are very **high** in Korea. 한국은 물가가 아주 **높아요**.
	부 높게	The kite flew so **high**. 연이 아주 **높이** 날았어.
right	형 옳은	My mom is always **right**. 엄마 말씀이 항상 **옳아**.
	부 바로, 곧, 바르게	The restroom is **right** around the corner. 화장실은 저 모퉁이 돌면 **바로** 있어요.
most	형 가장 많은	He ate the **most** cookies. 그가 **가장 많은** 쿠키를 먹었어.
	부 가장 많이, 제일	Which one do you like (the) **most**? 넌 이 중에 뭐가 **제일** 좋아?
long	형 오랜, 긴	It's been a **long** time. **오랜**만이야.
	부 오래, 길게	I waited too **long**. 나 너무 **오래** 기다렸어.
enough	형 충분한	She has **enough** time to finish the report. 그녀는 보고서를 끝낼 **충분한** 시간이 있습니다.
	부 충분히	I've slept **enough**. 나는 **충분히** 잤어.
well	형 건강한, (상태가) 좋은	I feel **well**. 나 **건강해**. / 컨디션 **좋아**.
	부 잘	You did **well** on the presentation. 너 발표 **잘**했어.

POINT 7 형용사와 모양이 같은 부사에 -ly를 붙이면 의미가 달라지는 부사들

4-L1-7.mp3

close	가까이	Come **closer**. 더 **가까이** 와.
closely	주의 깊게, 꼼꼼하게	Read the contract **closely**. 계약서를 **꼼꼼하게** 읽어봐라.
high	높이	He threw the ball **high**. 그는 공을 **높게** 던졌어요.
highly	매우, 크게	The boss praised our team **highly**. 상사가 우리 팀을 **매우** 칭찬했어요.
near	가까이	Her performance was **near** perfect. 그녀의 공연은 완벽에 **가까웠**어요.
nearly	거의	I **nearly** fell asleep. 나 **거의** 잠들 **뻔**했어.
most	가장, 많이	I think butterflies are the **most** beautiful insect. 나는 나비가 **가장** 아름다운 곤충 같아.
mostly	대부분, 대체로	Her story was **mostly** true. 그녀의 이야기는 **대부분** 사실이었어.
late	늦게	He went to bed **late** last night. 그는 어젯밤에 **늦게** 잠자리에 들었어.
lately	요새, 근래에	I haven't seen her in the office **lately**. **근래에** 사무실에서 그녀를 못 봤어요.

Review

배운 문법 바로 쓰는 영어 연습

4-L1-8.mp3

A 부사를 활용해 다음 우리말을 영어로 말해보세요.

1. 난 **항상 조심해서** 운전해.

   I ____________ drive ____________.

2. 케빈은 **심하게** 다쳤어.

   Kevin was ____________ injured.

3. 그 프로젝트는 실패가 예상됐어요. **하지만** 성공했죠.

   The project was expected to fail. ____________, it succeeded.

4. 그는 열심히 일했**으므로** 승진할 자격이 있어요.

   He worked really hard; ____________, he deserves a promotion.

5. **10년째** 이 회사에서 일하고 있어요.

   ____________, I've been working at this company.

6. 사촌은 **3년째 독일에서** 살고 있어.

   My cousin has been living ________________________.

7. 이 드레스 입으면 **확실히** 나이 들**어 보여**.

   I ________________ older in this dress.

8. 저는 그를 **잘(거의) 모릅니다**.

   I ________________ him.

9. **나는 완전히** 네 편**이야**.

   ________________ on your side.

10. **저는 보통** 7시에 집에서 **나와요**.

    ________________ my apartment at seven o'clock.

부사

⑪ 우리는 **2007년 3월에** 미국에서 돌아왔죠.

We returned from the U.S. ______________________.

⑫ 저희는 **바다 근처에 있는 작은 성당에서** 결혼했어요.

We got married ____________________________________.

⑬ **그는** 또 **늦게 나타났어.**

_________________________ again.

⑭ 화장실은 **저 모퉁이 돌면 바로** 있어요.

The restroom is ____________________________________.

⑮ 저는 오늘 **아침 일찍** 일어났어요.

I got up ____________________________ today.

⑯ **너 발표 잘했어.**

____

B 보기에서 알맞은 부사를 찾아 다음 우리말을 영어로 말해보세요.

really so such too very

① 바지가 **너무** 커. (너무 커서 못 입는다는 의미 내포)

The pants are ___________ big.

② 그 공연 **너~~~무** 좋았어. (감정에 공감해줄 것이라는 전제가 깔림)

The show was ___________ good.

③ **너~~무** 좋은 공연이었어.

It was ___________ a good show.

④ 그 공연은 **정말** 좋았어.

The show was ___________ good.

▶ 모범답안은 p.264를 확인하세요.

LESSON 02

구동사의

부사와 전치사 구별법

mp3 듣기

Challenge 이번 레슨을 읽고 다음을 맞춰보세요.

4-L2-1.mp3

다음 중 밑줄 친 부분이 문장 끝으로 옮겨질 수 있는 것을 골라보세요.

1. He threw out the trash. 그는 쓰레기를 버렸어요.
2. He always argues with his wife. 그는 늘 아내와 언쟁을 해요.
3. I need to put on some makeup. 난 화장을 해야 해.
4. The boy kept running up and down the stairs. 남자아이는 계단을 계속 오르락내리락 달렸어.
5. I tried to cheer up my friend. 난 친구의 기운을 북돋우려고 했어.
6. Don't forget to hand in your homework. 숙제 제출하는 거 잊지 마.

throw out 내다버리다 | put on (화장을) 하다, (옷을) 입다
keep -ing 계속 ~하다 | cheer up 북돋우다, 격려하다 | hand in 제출하다

▶ 모범답안은 p.265를 확인하세요.

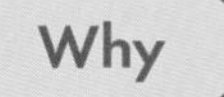

왜 구동사를 배워야 하죠? (그냥 숙어표현으로 외우기만 하면 안 되나…)

우리가 영어 공부를 하다 보면 두 단어 이상의 조합으로 구성된 동사, 즉 구동사를 종종 접하고 배우게 됩니다. 하지만 **그동안 열심히 외웠던 구동사를 막상 문장으로 만들어 사용하려다 보면 이 단어들의 위치 변동이 발생하는 경우가 있다는 것을 알게 되죠. 하지만 더욱 답답한 것은 왜 이러한 위치 변동이 생기는지 그 이유를 모르고는 또 다시 암기에 의존해서 공부를 해야 한다는 겁니다.** 이번 레슨에서는 구동사의 구성 원리부터 왜 위치 변화가 생기는지까지 그 어디에서도 들을 수 없었던 바로 그 부분을 설명해 드리겠습니다.

POINT 1 구동사란?

동사에 전치사나 부사, 또는 전치사와 부사가 같이 붙어서 새로운 의미를 만들어내는 것을 '구동사(phrasal verbs)'라고 합니다.

carry out 실행하다	take up 차지하다	put off 취소하다
carry on 계속하다	take off 이륙하다	turn on 켜다
ask out 데이트 신청하다	make up 구성하다, 지어내다	turn off 끄다
work out 운동하다	give up 포기하다	turn down 거절하다
find out 알게 되다	give in 항복하다	turn around (차 등의 방향을) 돌리다
pick up 줍다, 전화 받다	give out 나누어 주다	get in/on 타다
take over 인수하다, 넘기다	put down 내려놓다	get out/off 내리다
sit up 똑바로 앉다	stand up 서다	get along 잘 지내다
sit down 자리에 앉다	lie down 눕다	go off (알람이) 울리다
go over 검토하다	go through 겪다	go with 어울리다

POINT 2 구동사의 부사와 전치사의 구분이 필요한 이유 4-L2-1.mp3

구동사는 크게 〈동사 + 전치사〉와 〈동사 + 부사〉의 구성이 있는데 off, on, down, around 등과 같이 전치사와 부사의 모양이 같아서 전치사로 쓰인 것인지 부사로 쓰인 것인지 헷갈리는 경우가 있습니다. 영어에서 전치사의 위치는 함부로 바꿀 수 없기 때문에 이동이 불가하지만 부사는 자리의 이동이 가능하고 심지어 때에 따라 위치를 변경해줘야 하는 경우가 있습니다. 따라서 전치사로 쓰였는지 부사로 쓰였는지를 구별할 줄 알아야 하죠.
이러한 위치 변화를 그동안 암기로 외웠다면 이번 기회에 구동사에 쓰이는 부사와 전치사의 구별법과 어떤 원리로 위치가 달라지게 되는지 확실히 이해해 실제 회화에서도 자연스럽게 활용하세요. 먼저, 구동사에서 동사에 붙는 장치가 부사냐 전치사냐에 따라 문장구조가 달라질 수 있습니다.

불을 **끄다**

turn off the light [타동사 + 부사 + 목적어]

turn the light **off** [타동사 + 목적어 + 보어]

버스에서 **내리다**

get off the bus [자동사 + 전치사 + 명사]

get the bus **off** (X) ➡ 전치사는 위치 이동이 불가합니다.

마스크를 **쓰다**

put on a mask [타동사 + 부사 + 목적어]

put a mask **on** [타동사 + 목적어 + 보어]

바닥에 **눕다**

lie on the floor [자동사 + 전치사 + 명사]

lie the floor **on** (X) ➡ 전치사는 위치 이동이 불가합니다.

POINT 3 전치사와 부사의 구별법과 위치 변화의 원리 4-L2-2.mp3

1 전치사와 부사의 구별법

'부사'인지 '전치사'인지는 주체가 누구인지에 따라 결정이 됩니다.

부사

주어의 방향을 나타내는 것이 **전치사**

목적어의 방향을 나타내는 것이 **부사**

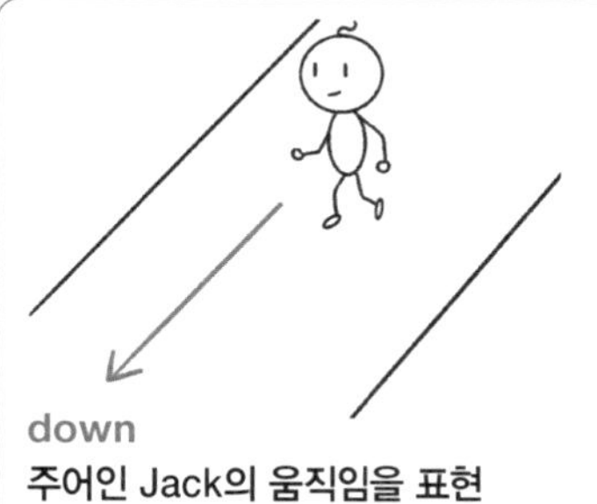 **down** 주어인 Jack의 움직임을 표현	Jack walked **down** the street. 움직이는 주체가 주어: 전치사 잭이 길을 걸어 내려갔어요.
 **down** 목적어인 the book의 움직임을 표현	Jack put **down** the book. 움직이는 주체가 목적어: 부사 잭이 책을 내려 놓았어요.

2 전치사와 부사의 위치

영어는 의미상 끈끈한 것끼리 붙어 있으려는 성질이 있습니다.

> 전치사의 위치
>
> **Jack** walked **down** the street. (O)
> **Jack** walked the street **down**. (X)

down은 주체인 Jack과 최대한 붙어 있으려고 하기 때문에 street 뒤로 넘어가지 않습니다.

> 부사의 위치
>
> Jack put **down the book**. (O)
> Jack put **the book down**. (O)

down은 주체인 the book과 최대한 붙어 있으려고 하기 때문에 the book 앞이나 뒤에 위치합니다.

즉, 전치사는 명사 뒤로 넘어가지 못하지만 부사는 목적어 앞이나 뒤에서 꾸며줄 수 있습니다.

3 구동사 뒤에 대명사가 쓰인 경우

영어는 효과적인 언어 전달을 위해서 오해의 소지가 있는 문장구조는 피해줍니다. 의미를 바로 정확하게 볼 수 있는 일반명사 대신 대명사가 쓰이게 되면 문맥상 알아서 그 대명사가 무엇인지 추측해야 하기 때문에 자칫하면 의미적 오해가 생길 수도 있죠. 따라서 오해가 없도록 모양만 봐도 주어의 정보를 이야기하는 전치사인지 목적어의 정보를 이야기하는 부사인지를 알 수 있게 해줍니다.

〈동사 + 부사〉 뒤에 대명사가 목적어로 쓰인 경우

전치사로 오해되지 않도록 전치사는 취할 수 없는 자리인 '목적어 뒤'에 부사를 두어 사용합니다.

모양만 보아도 목적어를 꾸며주는 부사임을 알 수가 있어요.

Jack put **down** it. (X)   Jack put it **down**. (O)

〈동사 + 전치사〉는 뒤에 대명사가 나와도 위치 변동이 없습니다.

She depends **on her parents**. (O) 그녀는 부모님께 의존해 살아.

She depends ~~her parents on~~. (X)

➡ 그녀가 부모님께 의존하는 것이므로 붙어 있는 것(on)은 그녀(She)입니다. 즉, on의 주체는 주어 She이며 on은 전치사입니다. 따라서 on은 her parents 뒤로 넘어갈 수 없어요.

She depends **on them**. (O)

➡ 전치사 뒤에는 대명사가 와도 위치 변동이 없어요.

depend on ~에 의존하다

〈동사 + 부사〉는 목적어를 대명사로 바꾸면 부사가 목적어 뒤에만 쓰입니다.

He turned **off the TV**. (O) 그는 TV를 껐어.

He turned **the TV off**. (O)

➡ 그녀가 TV를 끄면 꺼지는 것(off)은 TV이므로 off의 주체는 TV이며 off는 부사입니다. 따라서 off는 the TV 앞이나 뒤에 나올 수 있어요.

He turned **it off**. (O)

He turned ~~off it~~. (X)

➡ 부사 뒤에는 대명사가 올 수 없어요.

부사

Review

배운 문법 바로 쓰는 영어 연습

4-L2-3.mp3

A 구동사를 활용해 다음 우리말을 영어로 말해보세요.

1. 이 사진 좀 **봐 봐!**

   Check ________ this photo! = Check this photo ________!

2. 그 서류 좀 **검토해** 주시겠어요?

   Could you go ________ the paper, please?

3. **이름표를 달아**주세요. hint 달다 put on | 이름표 name tag

   Please ________________________.

4. **그거 떼어버려요.** hint 떼다 take off

   ________________________.

5. 저는 대부분의 사람들과 다 **잘 지내요.**

   I get ________ with most people.

B 틀린 곳을 바르게 고쳐 다음 우리말을 영어로 말해보세요. (틀린 곳이 없을 수도 있음)

1. **그녀는 그들한테 의존해 살아.**

   She depends them on. → ________________________

2. **그는 그것을 껐어.**

   He turned off it. → ________________________

3. **내가 잘 챙겨줄테니 걱정하지 마.** hint 돌보다, 챙기다 look after

   I'll look you after, so don't worry.

   → ________________________

▶ 모범답안은 p.265를 확인하세요.

CHAPTER 5

비교급

LESSON 01

상태나 정도의 비등함을 표현하는

동등비교 꿰뚫어보기

mp3 듣기

우리 동갑이네요.
Our age is same same.

same same은 뭔 말이야?
(언제적 콩글리쉬?)

Challenge 위의 대화에서 남자가 당황해하는 이유는?

5-L1-1.mp3

~~Our age is same same.~~

'동갑이다'라는 표현은 보통 정관사 the와 함께 쓰이는 형용사 same을 사용하여 We are the same age.나 I am the same age as you.라고 하던가 '내가 나이 먹은 정도가 너와 같다[비등하다]'라고 하여 I am as old as you. 정도로 표현하면 됩니다.

We are **the same age**. / I am **the same age as** you. /
I am **as old as** you.

▶ 이에 대한 더 자세한 설명은 p.178에서 확인할 수 있습니다.

비교급

Why 왜 비교급을 이렇게 정성껏 공부해야 하나요? (비교급 형태만 알면 되는 거 아냐…)

공식에 의지해 말하던 비교급, 이제부터는 이해하고 말합시다! **동등 비교급을 비롯한 대부분의 비교급 형태들은 보통 공식으로 외워서 공부를 하게 되는데 단순한 암기로는 실제 회화에서 비교급을 사용할 때 비교 대상의 모양을 정확히 어떻게 써줘야 하는 것인지, 형용사가 명사와 붙어 나올 때 비교급의 모양은 어떻게 변하게 되는지 여러 가지 헷갈리는 점들을 발견하게 됩니다.** 단순 암기를 넘어서서 동등 비교급의 핵심개념을 이해해 봄으로써 비교급의 문장구조의 원리부터 그동안 궁금했던 점들을 알아보겠습니다.

POINT 1 비교급의 핵심개념과 종류

비교라는 것은 사람이나 사물의 상태의 정도(형용사)나 동작의 정도(부사)를 비교하는 것이기 때문에 대상을 비교하는 데 있어 주인공은 형용사나 부사가 됩니다. 따라서 비교의 정도를 나타내기 위해 쓰이는 장치인 as ~ as, more/-er, most/-est도 형용사나 부사에 붙게 되는 것이지요.

영어에서 비교를 표현하는 방법에는 다음과 같이 그 의미와 역할에 따라 4가지 종류가 있습니다.

❶ 상태나 정도가 비등 비등함을 표현하는 **동등비교급** (혹은 원급비교라고도 합니다.)

❷ 상태나 정도가 '더'하거나 '덜'함을 보여주는 **열등/우등비교급** (그냥 비교급이라고도 합니다.)

❸ 몇 배가 많은지를 보여주는 **배수비교급**

❹ 최고나 최저를 나타내는 **최상급**

영어의 비교급 형태를 문장구조의 이해와 더불어 실제 원어민들이 어떻게 사용하는지까지 짚어가며 하나하나 공부해 보도록 하겠습니다. 이번 레슨에서는 먼저 동등비교에 대해 꿰뚫어 보도록 하죠.

POINT 2 동등비교 문장의 생성원리와 특징

5-L1-1.mp3

두 대상을 비교했을 때 상태의 정도나 동작의 정도가 서로 비등 비등하다 하여 동등비교라고도 하고, 형용사나 부사의 모양을 변형시키지 않고 as ~ as를 덧붙여 표현한다고 하여 원급비교라고도 합니다. 형용사와 부사를 as ~ as 사이에 넣어 비등한 정도를 표현해주는 것이 특징입니다.

1 as 형용사 as

❶ as 형용사 as 일반명사

I am tall. My sister is tall.

➞ 나와 누나의 큰 정도가 비등 비등함

⬇ 형용사를 as ~ as 사이에 넣어 강조

I am **as** tall **as my sister** ~~is tall~~.

나는 **누나만큼 키가 커**.

➡ as 뒤에 일반명사가 나오면 중복이 되는 부분은 다 생략합니다.

❷ as 형용사 as 고유명사

I am tall. Jane is tall.

➞ 나와 Jane의 큰 정도가 비등 비등함

⬇ 형용사를 as ~ as 사이에 넣어 강조

I am **as** tall **as Jane** ~~is tall~~.

나는 **제인만큼 키가 커**.

➡ as 뒤에 고유명사가 나오면 중복이 되는 부분은 다 생략합니다.

❸ as 형용사 as 대명사

I am tall.   She is tall.

→ 나와 그녀의 큰 정도가 비등 비등함

⬇ 형용사를 as ~ as 사이에 넣어 강조

I am **as** tall **as she is** ~~tall~~.
나는 **그녀만큼 키가 커.**

➡ as 뒤에 주격 대명사가 나오면 '주격 대명사'만 써주기보다 she is, he does처럼 보통 be/do동사를 같이 써줍니다.

I am **as** tall **as her.**

➡ 하지만 casual한 상황이나 실제 회화에서 원어민들은 as 뒤에 목적격 대명사를 많이 씁니다.

그녀는 **그만큼이나 화나** 보였어.

She looked **as** upset **as he** ~~looked~~. (어색)

→ She looked **as** upset **as he did.**

➡ do를 시제에 맞게 활용하여 씁니다.

= She looked **as** upset **as him.**

➡ casual한 상황이나 실제 회화에서 원어민들은 as 뒤에 목적격 대명사를 많이 씁니다.

2 as 부사 as

❶ as 부사 as 일반명사

I run fast.   My sister runs fast.

→ 나와 누나의 빠른 정도가 비등 비등함

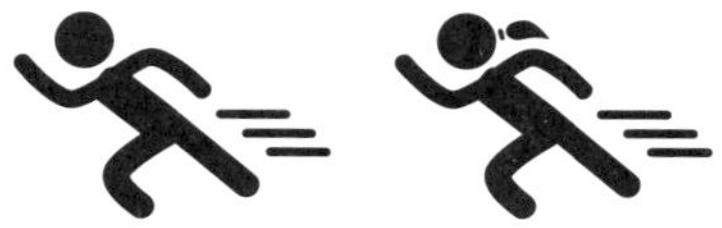

⬇ 부사를 as ~ as 사이에 넣어 강조

I run **as** fast **as my sister** ~~runs~~.
나는 **누나만큼 빨리** 달려.

➡ as 뒤에 일반명사가 나오면 중복이 되는 부분은 다 생략합니다.

❷ as 부사 as 고유명사

I run fast.   Jane runs fast.

→ 나와 Jane의 빠른 정도가 비등 비등함

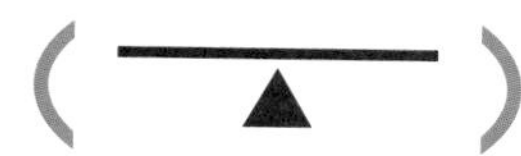

⬇ 부사를 as ~ as 사이에 넣어 강조

I run **as** fast **as Jane** ~~runs~~.
나는 **제인만큼 빨리** 달려.

➡ as 뒤에 고유명사가 나오면 중복이 되는 부분은 다 생략합니다.

❸ as 부사 as 대명사

I run fast.   She runs fast.

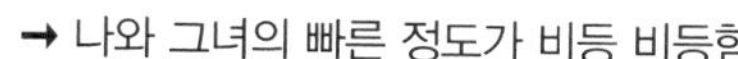

⬇ 부사를 as ~ as 사이에 넣어 강조

I run **as** fast **as she** ~~runs~~. (어색)
→ I run **as** fast **as she does.**
나는 **그녀만큼 빨리** 달려.

➡ as 뒤에 주격 대명사가 나오면 보통 do동사를 같이 써줍니다.

I run **as** fast **as her.**

➡ 하지만 casual한 상황이나 실제 회화에서 원어민들은 as 뒤에 목적격 대명사를 많이 씁니다.

3 as 형용사+명사 as

❶ as 형용사 (a) 명사 as 일반명사

I have a good house. My sister has a good house.

→ 나와 누나의 집의 좋은 정도가 비등 비등함

⬇ 〈형용사 + 명사〉를 as ~ as 사이에 넣어 강조

I have **as** good a house **as my sister**. ➡ as 뒤에 일반명사가 나오면 중복되는 부분은 다 생략합니다.

나한테는 **누나만큼 좋은 집**이 있어.

영어에서는 수식관계를 붙여주어야 하기 때문에 as ~ as 사이에 〈형용사 + 명사〉가 같이 들어갑니다.

as **a good** house as (X) → as **good a** house as (O)

➡ 비교라는 것은 '상태의 정도'를 비교하는 것이기 때문에 상태를 나타내는 형용사가 강조를 위해 맨 앞으로 나옵니다.

❷ as 형용사 (a) 명사 as 고유명사

I have a good house. Jane has a good house.

→ 나와 Jane의 집의 좋은 정도가 비등 비등함

⬇ 〈형용사 + 명사〉를 as ~ as 사이에 넣어 강조

I have **as** good a house **as Jane**. ➡ as 뒤에 고유명사가 나오면 중복되는 부분은 다 생략합니다.

나한테는 **제인만큼 좋은 집**이 있어.

③ as 형용사 (a) 명사 as 대명사

I have a good house. She has a good house.

→ 나와 그녀의 집의 좋은 정도가 비등 비등함

⬇ 〈형용사 + 명사〉를 as ~ as 사이에 넣어 강조

I have **as** good a house **as she does.**

나한테는 **그녀만큼 좋은 집**이 있어.

➡ as 뒤에 주격 대명사가 나오면 보통 be/do동사를 같이 써 줍니다.

I have **as** good a house **as her.**

= My house is **as** good **as hers.**

그녀의 것(her house)

나의 집은 **그녀의 것만큼 좋아.**

➡ 하지만 casual한 상황이나 실제 회화에서 원어민들은 as 뒤에 목적격 대명사를 많이 씁니다.

Tip 배운 영어가 쓰는 영어가 되는 팁

비교 문장에서 중복되거나 뻔한 내용은 생략해요

1 비교 대상에 중복되어 뻔한 내용은 보통 생략해 줍니다.

I still exercise as much **as I used to** ~~exercise~~. 지금도 **예전만큼** 운동해요.

You are stronger **than I thought** ~~you were~~.
넌 **내가 생각했던 것보다** 더 강하구나.

We got a better score **than we expected** ~~that we would get~~.
우리가 예상한 것보다 더 좋은 점수를 받았어.

This is stronger **than it looks** ~~strong~~. 이거 **보기보다** 더 튼튼해.

중복되더라도 비교하면서 강조하고 싶은 내용은 생략하지 않아도 됩니다.

His situation is better **than (it was) before.** 그의 상황이 **예전보다** 나아.
(is: 현재 / was: 과거)

➡ 다른 시제를 보여주기 위해서는 it was를 넣어주어도 됩니다.

It is as hot **as (it was) yesterday.** 오늘도 **어제만큼** 덥네.
(is: 현재 / was: 과거)

➡ 다른 시제를 보여주기 위해서는 it was를 넣어주어도 됩니다.

---

2 비교대상이 같은 종류이면 one으로 바꿔주거나 소유대명사를 씁니다.

This **book** is more interesting than that **one**.
그 **책**보다 이 **책**이 더 재미있어.

This **pasta** is not as good as the **one** (that) you made.
이 **파스타** 네가 해줬던 **파스타**만큼 맛있질 않네.

My bag is as heavy as ~~**your bag**~~. **내 가방**도 **네 거**만큼 무거워.
→ **yours.**

This **chair** is as comfortable as that **one.** 이 **의자**가 저**것**만큼 편해.

His grades are as good as ~~**my grades**~~. **그의 성적**이 **내 것**만큼 좋아.
→ **mine.**

정확히 어떤 뉘앙스 차이가 있나요?
He respects her as much as I do.
He respects her as much as me.

실제 회화에서는 as 뒤에 대명사가 나올 때 비교대상을 I do, I am과 같은 형태보다 그냥 목적격 대명사의 형태로 바꿔 간단하게 사용하는 경우가 많습니다.

그는 **나만큼** 키가 커.

He is as tall as **I am**.
= He is as tall as **me**.

제 아들은 **저만큼** 먹어요.

My son eats as much as **I do**.
= My son eats as much as **me**.

하지만 문장 안에 목적어가 나오게 되면 3명의 대상이 존재하게 되기 때문에 의미의 혼동이 생길 수 있습니다.

He respects **her** as much as **me**.
'그와 그녀, 나'라는 3명의 대상이 나오면서 2가지로 해석이 가능합니다.

❶ 그는 **내가 그녀를 존경하는 것만큼** 그녀를 존경한다.
= **He** respects **her** as much as **I do**.

❷ 그는 **나를 존경하는 것만큼** 그녀를 존경한다.
= **He** respects **her** as much as **me**.

이렇게 **2가지의 형태로 해석이 가능한 문장들은 주어의 비교인지(I do)인지 목적어(me)의 비교인지를 정확히 보여주어 의미에 혼동이 없게** 해주면 됩니다.

I care about **you** as much as **he does**.
나는 **그가 너를 아끼는 것만큼** 너를 아껴.

I care about **you** as much as **him**.
나는 **그를 아끼는 것만큼** 너를 아껴.

POINT 3 동등비교급을 사용할 때 주의할 점

5-L1-2.mp3

1 as ~ as의 비교급은 비교대상들의 수를 종종 일치시켜 표현합니다.

She eats **as** fast **as a man.** 그녀는 남자만큼 빨리 먹어.

➡ 주어가 단수인 She이므로 비교대상도 단수명사의 형태로 맞추어 줍니다.

2 as ~ as 사이에 〈형용사 + 명사〉가 들어가면 관사가 형용사 뒤에 옵니다.

He is **as great an artist as** Picasso. 그는 피카소만큼 **훌륭한 예술가**야.

형용사 + 관사 + 명사

Challenge(p.169)에 대한 설명입니다.

3 같은(same) 정도를 나타낼 때는 〈the same 명사 as 비교대상〉으로 표현하세요.

as same as를 쓰지 않습니다.

I am **the same age as you.** 나 너랑 동갑이야.

I have **the same t-shirt as you.** 나 너랑 똑같은 티셔츠 있어.

POINT 4 알아두면 유용한 동등비교 표현

5-L1-3.mp3

1 가능한 ~하게: as ~ as possible (결국 '최대한 ~하게'란 의미)

I'll be there **as soon as possible.** **가능한 빨리** 가도록 하겠습니다.

= I can

I'll try to make the tokbokgi **as mild as possible.** **가능한 안 맵게** 떡볶이 만들어줄게.

= I can

2 할 수 있는 한 ~하게: as ~ as 주어 can (결국 '최대한 ~하게'란 의미)

I'll help you **as much as I can.** **최대한** 도와줄게.

= possible

He explained the project **as simply as he could.**

= possible

그는 그 프로젝트에 대해 **할 수 있는 한 쉽게** 설명해줬어.

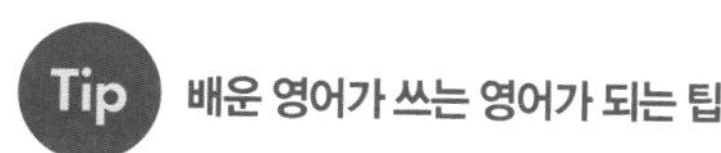

두 대상을 비교할 때 쓰이는 **like와 as의 뉘앙스 차이**

두 대상을 비교할 때 사용하는 like(~ 같은, ~처럼)와 as(~만큼, ~처럼)는 실제로 영어를 하다 보면 은근히 헷갈리는 녀석들입니다. 게다가 우리말 해석도 문맥에 따라 비슷하게 되는 경우도 있기 때문에 우리말 해석으로 구분하는 것도 한계가 있죠. 좀 더 정확한 이해를 위해서 like와 as가 어떤 문법적 차이와 의미적 차이가 있는지 알려 드릴게요.

---

1 동사 뒤에 단순히 명사를 붙일 때에는 like를 사용합니다.

It **smells like** coffee. 커피 **같은** 냄새가 나. [smell as 명사 – X]

➡ 커피와 비슷한 냄새가 난다는 뜻입니다.

He **looks like** Keanu Reeves. 그는 키아누 리브스**처럼** 생겼어. [look as 명사 – X]

➡ look like는 '비슷하게 보인다'는 뜻이기 때문에 결국 '닮았다'는 뜻입니다.

---

2 두 대상의 '상태와 정도'의 비등함을 표현할 때는 as ~ as를 사용하고 두 대상이 비슷한 특징을 가지고 있음을 이야기할 때는 like를 사용합니다.

수영장 물이 얼음**처럼** 차가워.

The pool is **as** cold **as** ice. (O)

The pool is cold like ice. (X)

➡ '수영장 물이 차갑고 얼음도 차갑다'라고 이 둘이 같은 특징을 갖고 있다는 표현이 아닙니다. '물이 차가운 정도가 얼음과 비등한 정도다'라는 의미이므로 as ~ as 표현이 자연스럽습니다.

Mexican food is **as** spicy **as** Korean food. 멕시코 음식은 한국 음식**만큼** 매워.

➡ 멕시코 음식과 한국 음식의 매운 정도가 비등비등함을 표현합니다.

Mexican food is spicy, **like** Korean food. 멕시코 음식은 한국음식**처럼** 매워.

➡ '멕시코 음식은 맵고 한국 음식도 맵다'라는 두 대상에 비슷한 점이 있음을 표현합니다.

I am **as** busy **as** you. 나도 너**만큼** 바빠.

➡ '나도 네가 바쁜 만큼 바쁘다'라는 뜻으로 바쁜 정도가 비등하다는 뜻입니다.

I am busy **like** you. 나도 너**처럼** 바빠.

➡ '너도 바쁘지만 나도 바쁘다'라는 뜻으로 둘 다 바쁜 상황임을 나타냅니다.

Review

배운 문법 바로 쓰는 영어 연습

5-L1-4.mp3

Q 동등비교를 활용해 다음 우리말을 영어로 말해보세요.

1. 그녀는 **그만큼이나 화나** 보였어.

   She looked ______________________.

2. 나는 **언니만큼 빨리** 달려.

   I run ______________________.

3. 나는 **그녀만큼 빨리** 달려.

   I run ______________________.

4. 지금도 **예전만큼** 운동해요.

   I still exercise ______________________.

5. 오늘도 **어제만큼 덥네.**

   It is ______________________.

6. 내 가방도 **네 거만큼 무거워.**

   My bag is ______________________.

7. 제 아들은 **저만큼** 먹어요.

   My son eats ______________________.

8. 그녀는 **남자만큼 빨리** 먹어.

   She eats ______________________.

9. 나 **너랑 똑같은 티셔츠** 있어.

   I have ______________________.

10. **가능한 빨리** 가도록 하겠습니다.

    I'll be there ______________________.

⑪ **커피 같은** 냄새가 나는데.

It smells ______________________.

⑫ 나 **너랑 동갑**이야.

I am ______________________.

⑬ 그는 피카소**만큼 훌륭한 예술가**야.

He is ______________________ Picasso.

⑭ 이 박스는 **저것만큼 무겁지는** 않아.

This box is not ______________________.

⑮ 그녀는 남편**만큼 좋은 직장**을 가지고 있어.

She has ______________________ her husband.

⑯ 그는 **아버지만큼 유명한 학자**야. hint 학자 scholar

He is ______________________.

⑰ 나도 **너처럼 많이** 먹을 수 있어.

I can eat ______________________ (can).

⑱ 이 차가 집**만큼 비싼** 거야.

This car is ______________________ a house.

⑲ 날씨 따뜻해지면 **최대한 자주** 산책하려구요.

When the weather turns warm, I will try to take a walk ______________________.

⑳ 여자도 **남자만큼 강할** 수 있어.

Women can be ______________________.

▶ 모범답안은 p.266을 확인하세요.

LESSON 02

상태나 정도가 '더'하거나 '덜'함을 보여주는

열등/우등비교 꿰뚫어보기

mp3 듣기

당신 그 셔츠 입으니까 나이 들어 보여요.
That shirt makes you look old.
뭐라구? 장난하나?!

Challenge 위의 대화에서 남자가 기분 나빠 하는 이유는?

5-L2-1.mp3

That shirt makes you look ~~old~~.

old는 정말로 '늙은' 상태를 나타내기 때문에 정말로 노인처럼 보인다는 뜻이 됩니다. 아무리 나이가 들어 보여도 20대에게 노인처럼 보인다고 하는 것은 말이 안 되죠. 20대 초반은 20대 중반으로, 40대는 50대로…처럼 원래 나이보다 더 나이 들어 보인다는 뜻으로는 비교급 older를 사용해야 합니다. 따라서 That shirt makes you look older.라고 해야 맞는 표현입니다.

That shirt makes you look **older**.

▶ 이에 대한 더 자세한 설명은 p.189에서 확인할 수 있습니다.

Why 왜 비교급을 이렇게 정성껏 공부해야 하나요? 열등/우등비교는 또 뭐죠?

우리가 실제 대화를 하다 보면 **제일 많이 쓰이는 비교급의 형태가 바로 비교대상의 우위를 나타내는 열등/우등비교**입니다. 하지만 **비교급의 모양이 -er과 more로 두 가지가 있고 형용사의 모양이 완전히 달라지기도 하기 때문에 실수가 정말 많은 부분**이죠. 우리가 주로 하는 실수들은 무엇인지, 많이 사용되는 비교급의 표현에는 무엇이 있는지까지 꼼꼼하게 알아보고 공부해 보도록 하겠습니다

POINT 1 열등/우등비교의 생성원리와 특징

5-L2-1.mp3

두 대상을 비교했을 때 그 상태의 정도나 동작의 정도가 한 쪽이 '더'하거나 '덜'할 때 사용하는 비교급으로 열등/우등비교라고도 하고 그냥 비교급이라고 부르기도 합니다. 불규칙 변형을 제외하고는, 보통 형용사나 부사에 -er의 형태를 붙이거나, 형용사나 부사 앞에 more을 붙여 '더/덜'함을 표현해 주는 것이 특징입니다.

1 형용사er / more 형용사

I am tall. My sister is tall. → 내가 누나보다 더 큼

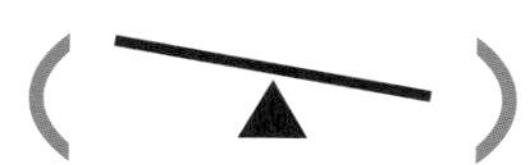

형용사-er than 일반명사 (more 형용사)	I am **taller than my sister.** 나는 **누나보다 더 키가 커.** ➡ than 뒤에 일반명사가 나오면 중복되는 부분은 다 생략합니다.
형용사-er than 고유명사 (more 형용사)	I am **taller than Jane.** 나는 **제인보다 더 키가 커.** ➡ than 뒤에 고유명사가 나오면 중복되는 부분은 다 생략합니다.
형용사-er than 대명사 (more 형용사)	I am **taller than she is.** 나는 **그녀보다 더 키가 커.** ➡ than 뒤에 주격 대명사가 나오면 보통 be/do동사를 같이 써줍니다. I am **taller than her.** ➡ casual한 상황이나 실제 회화에서 원어민들은 than 뒤에 목적격 대명사를 많이 씁니다.

2 부사er / more 부사

I can run fast. My sister can run fast. → 내가 누나보다 더 빠름

부사-er than 일반명사 (more 부사)	I run **faster than my sister.** 나는 **누나보다 더 빨리** 달려. ➡ than 뒤에 일반명사가 나오면 중복되는 부분은 다 생략합니다.
부사-er than 고유명사 (more 부사)	I run **faster than Jane.** 나는 **제인보다 더 빨리** 달려. ➡ than 뒤에 고유명사가 나오면 중복되는 부분은 다 생략합니다.
부사-er than 대명사 (more 부사)	I run **faster than she does.** 나는 **그녀보다 더 빨리** 달려. ➡ than 뒤에 주격 대명사가 나오면 보통 do동사를 같이 써줍니다. I run **faster than her.** ➡ casual한 상황이나 실제 회화에서 원어민들은 than 뒤에 목적격 대명사를 많이 씁니다.

3 형용사er + 명사 / more 형용사 + 명사

I have a good house. My sister has a good house.
→ 내 집이 누나의 집보다 더 좋음

형용사-er + 명사 than 일반명사 (more 형용사)	I have a **better house than my sister.** 내가 **누나보다 더 좋은 집**을 가졌어. (내 집이 누나 집보다 좋아.) ➡ than 뒤에 일반명사가 나오면 중복되는 부분은 다 생략합니다.
형용사-er + 명사 than 고유명사 (more 형용사)	I have a **better house than Jane.** 내가 **제인보다 더 좋은 집**을 가졌어. ➡ than 뒤에 고유명사가 나오면 중복되는 부분은 다 생략합니다.

형용사-er + 명사 than 대명사 (more 형용사)	I have a **better house than she does.** 내가 **그녀보다 더 나은 집**을 가졌어. ➡ than 뒤에 주격 대명사가 나오면 보통 be/do동사를 같이 써줍니다. I have a **better house than her.** ➡ casual한 상황이나 실제 회화에서 원어민들은 than 뒤에 목적격 대명사를 많이 씁니다. = My house is **better than hers.** 내 집이 **그녀 것보다 더 좋아.**

POINT 2 비교급과 최상급의 형용사/부사 모양 변화

5-L2-2.mp3

형용사와 부사가 열등비교급과 최상급의 문장에서 변형이 될 때는 -er과 -est를 접미사로 붙여주는 형태와 단어 앞에 more와 most를 붙여주는 형태, 그리고 불규칙 형태의 3가지 패턴이 있습니다.

1 규칙 변화

규칙	원급 - 비교급 - 최상급
일반적인 경우: -er/-est	small 작은 - smaller - smallest rich 부유한 - richer - richest quick 빠른 - quicker - quickest great 큰, 훌륭한 - greater - greatest weak 약한 - weaker - weakest
〈자음 + y〉로 끝나는 경우: y를 i로 바꾼 후 -er/-est	happy 행복한 - happier - happiest early 이른, 일찍 - earlier - earliest funny 웃기는 - funnier - funniest pretty 예쁜 - prettier - prettiest dirty 더러운 - dirtier - dirtiest
〈자음 + 모음 + 자음〉으로 구성된 단어: 마지막 자음을 한 번 더 쓰고 -er/-est	hot 뜨거운, 더운 - hotter - hottest wet 젖은 - wetter - wettest fat 뚱뚱한 - fatter - fattest thin 얇은, 비쩍 마른 - thinner - thinnest

2 -er/-est 대신에 more/most를 쓰는 경우

이미 접미사가 붙어 있는 형용사 및 부사(-cious/-ing/-ed/-ly/-ful)나 3음절 이상의 긴 단어들에는 보통 뒤에 -er를 붙여서 이해의 혼동을 가져오거나 발음을 더 불편하게 하지 않고 단어 앞에 more을 붙여 비교급을 만들어 줍니다. (최상급은 most)

규칙	원급 - 비교급 - 최상급		
비교급: more + 형용사/부사 **최상급:** most + 형용사/부사	beautiful 아름다운	- more beautiful	- most beautiful
	expensive 비싼	- more expensive	- most expensive
	boring 지루한	- more boring	- most boring
	cheerful 쾌활한	- more cheerful	- most cheerful
	famous 유명한	- more famous	- most famous
	excited 흥분된	- more excited	- most excited

3 불규칙 변화

불규칙	원급 - 비교급 - 최상급		
이름 그대로 정해진 규칙이 없어서 외워야 **합니다. 다행히 그 수가 많지는 않습니다.**	good 좋은	- better	- best
	much 많은	- more	- most
	little 덜, 적은	- less	- least
	bad 나쁜	- worse	- worst
	late 늦은(시간)	- later 더 늦은	- latest 최근
	old 늙은, 오래된	- older	- oldest
	well 건강한, 잘	- better	- best
	many 많은	- more	- most
	few 덜, 적은	- fewer	- fewest
	ill 아픈	- worse	- worst
	late 뒤의(순서)	- latter 후자의	- last 마지막의
	old 손위의	- elder	- eldest

POINT 3 열등/우등비교 문장을 사용할 때 주의할 점

5-L2-3.mp3

1 비교대상이 문맥상 뻔하거나 중요하지 않을 때 종종 생략합니다.

Yours are **bigger**. 네 것이 **더 커**.

He can speak English **better**. 그가 영어를 **더 잘**해요.

It's **hotter** outside. 밖이 **더 더워**.

2 덜한 상태를 나타낼 때는 〈less + 형용사〉를 사용합니다.

more나 -er은 형용사와 부사에 붙어 '더 함'을 나타내는 표현이죠. 따라서 '덜 함'을 표현할 때는 more 대신 less를 써서 표현해야 합니다.

이 케이크가 저것**보다 덜 탔어**.

This cake is **less** burnt **than** that one.
(= This cake is **not as** burnt **as** that one.)

내 책이 그녀 거**보다 덜 재밌어**.

My book is **less** interesting **than** hers.
(= My book is **not as** interesting **as** hers.)

3 더 적은 양을 나타낼 때는 〈less/fewer + 명사〉를 사용합니다.

더 적은 양을 나타내는 형용사로서 less는 셀 수 없는 명사를 꾸며주고, fewer는 셀 수 있는 명사를 꾸며줍니다.

I have **less** time **than** you (do). 내가 **너보다 시간이 없어**.
less + 셀 수 없는 명사

I have **fewer** things to do today **than** yesterday. 오늘은 할 **일이** 어제**보다 적어요**.
fewer + 셀 수 있는 명사

4 얼마나 더 많은지 정확하게 표현할 때는 비교급 앞에 수치를 붙여줍니다.

I am **three years older than** him. 내가 **그보다 3살이 더 많아.**

She is **seven centimeters taller than** me. 그녀가 나**보다 7cm 더 커.**

This box weighs **four kilograms more than** that one.
이 박스가 저것**보다 4kg 더** 나가.

5 비교급의 정도를 강조해주는 부사들을 알아두세요!

a little, a lot, slightly, way more, far, even, much

These pants are **a little smaller than** those. 이 바지가 저것보다 **조금** 더 작아.

The sequel is **a lot funnier than** the original (movie).
속편이 원래 영화보다 **훨씬** 더 웃겨.

She sings **even better than** most professional singers.
그녀는 대부분의 진짜 가수들보다 **심지어** 노래를 더 잘해.

POINT 4 많이 쓰이는 비교급 구문

5-L2-4.mp3

1 ~할수록 더 …하다: the 비교급 S + V, the 비교급 S + V

많이 먹을**수록 더 살이 찌**게 됐어.

As I ate more, I got fatter.

→ **The more** I ate, **the fatter** I got.

➡ 변해가는 상태를 강조하기 위해서 비교급을 문장 앞으로 보내준 문장입니다.

그녀는 **돈을 더** 벌면 벌**수록 더 오만해**져갔어.

As she made more money, she became more arrogant.

→ **The more money** she made, **the more arrogant** she became.

➡ 서로 꾸며주는 단어들은 떨어지지 않고 같이 앞으로 나가게 됩니다.

make money 돈을 벌다 | arrogant 오만한, 거만한

2 점점 더 ~하는: 비교급 and 비교급

She became **thinner and thinner**. 그녀는 **점점 더 야위어**갔어.

It's getting **colder and colder**. 날이 **점점 추워지고** 있어.

3 더 이상 ~가 아닌: no longer 명사/형용사/동사

I am **no longer a child**. 저는 **더 이상 아이가 아니**에요.

You are **no longer my friend**! 너는 **더 이상 내 친구가 아니**야!

I am **no longer tired**. 나는 **더 이상 피곤하지 않**아.

Challenge(p.182)에 대한 설명입니다.

Tip 배운 영어가 쓰는 영어가 되는 팁

"너 나이 들어 보인다."가 You look old.가 아니라고?!

너 화장 그렇게 하니까 **나이 들어 보인다.**

That makeup makes you **look old**. (X)

old는 정말로 '늙은' 상태를 나타내기 때문에 위와 같이 말하면 정말로 노인처럼 보인다는 의미가 됩니다. 아무리 나이가 들어 보여도 20대에게 노인처럼 보인다고 하는 것은 말이 안 되죠. 이런 경우, 20대 초반은 20대 중반으로, 40대는 50대로 보이는 것처럼 **원래 나이보다 더 나이 들어 보인다는 맥락으로 비교급 older를 사용해야** 합니다.

That makeup makes you **look older**. (O)

➡ '원래보다 나이가 좀 더 많아 보인다'는 뜻

You **look younger** in that dress. 너 그 원피스 입으니까 **젊어 보인다.**

It's **getting warmer**. 날씨가 **따뜻해지고** 있어.

➡ 정말 따뜻한 상태가 아니라 이전보다 따뜻해지고 있는 상태

비교급

Review

배운 문법 바로 쓰는 영어 연습

5-L2-5.mp3

Q 열등/우등비교를 활용해 다음 우리말을 영어로 말해보세요.

1. 날씨가 **따뜻해지고** 있어.

   It's getting ________________.

2. 날이 **점점 추워지고** 있어.

   It's getting ________________.

3. 너 그 원피스 입으니까 **어려** 보인다.

   You look ________________ in that dress.

4. 저는 **더 이상 아이가 아니**에요.

   I am ________________.

5. 내가 너보다 **시간이 없어.**

   I have ________________ than you.

6. 그녀는 **돈을 더** 벌면 벌**수록 더 오만해**져갔어.

   ________________ she made, ________________ she became.

7. 그녀가 나보다 **7cm 더 커.**

   She is ________________ than me.

8. 이 케이크가 저것보다 **덜 탔어.**

   This cake is ________________ than that one.

9. 속편이 원래 영화보다 **훨씬 더 웃겨.**

   The sequel is ________________ than the original.

10. 이 바지가 저것보다 **조금 더 작아.**

    These pants are ________________ than those.

11 너는 **더 이상 내 친구가 아니**야!

You are ________________!

12 오늘은 할 **일이** 어제**보다 적어요**.

I have ________________ to do today ________________ yesterday.

13 이 박스가 저것보다 **4kg 더** 나가.

This box weighs ________________ than that one.

14 그녀는 대부분의 진짜 가수들보다 **심지어** 노래를 **더 잘**해.

She sings ________________ than most professional singers.

15 그녀는 **저보다 더** 영어를 **잘**합니다.

She speaks ________________ English ________________.

16 그녀가 **저보다 더 사교적**이에요.. hint 사교적인 outgoing

She is ________________.

17 너 그 신발 신으니까 **키가 더 커** 보인다.

You look ________________ in those shoes.

18 누나가 저**보다 3살 많아요**.

My sister is ________________ me.

19 공부**하면 할수록 더 자신감이 떨어졌**어요.

________________ I studied, ________________ I became.

20 그녀는 커가면서 **점점 더 똑똑해**져갔어.

She got ________________ as she grew up.

▶ 모범답안은 p.267을 확인하세요.

LESSON 03

최고/최저와 몇 배나 더/덜한지를 보여주는

최상급과 배수비교 꿰뚫어보기

mp3 듣기

당신은 제가 아는 가장 똑똑한 사람이에요.
You are the most smartest person I've ever met.

아… 거슬려…

Challenge 위의 대화에서 똑똑한 남자가 여자에게 거슬려하는 것은?

5-L3-1.mp3

You are ~~**the most smartest**~~ person I've ever met.

최상급을 만드는 방법은 형용사나 부사에 -est를 붙이거나 단어 앞에 most를 쓰는 겁니다. 이 둘을 같이 쓰면 최상급이 두 번 들어간 어색한 표현이 되죠. 따라서 You are the smartest person I've ever met.이라고 해야 자연스러워요. 참고로 smart의 최상급은 smartest입니다.

You are **the smartest** person I've ever met.

▶ 이에 대한 더 자세한 설명은 p.193에서 확인할 수 있습니다.

Why **왜 최상급과 배수비교도 배워야 하나요?** (공식은 매번 접하는데 말은 안 나오고…)

가장 많거나 가장 적은 것을 나타내는 최상급과 몇 배 더 많고 적은지를 표현하는 배수 비교급도 실제 회화에서 많이 사용되는 표현들이죠. 따라서 **원어민들이 특히 많이 사용하는 최상급의 표현들을 익숙하게 공부해 놓으면 실제 회화 시 도움이 많이** 됩니다. 원어민들의 표현 습관을 비롯하여 우리가 그동안 헷갈리고 궁금했던 부분들을 유용한 예문과 표현을 중심으로 배워보겠습니다.

POINT 1 최상급의 핵심개념과 특징

5-L3-1.mp3

Challenge(p.192)에 대한 설명입니다.

최상급은 비교대상 중에서도 최고의 상태나 정도를 표현하는 말이기 때문에 그 비교대상을 알려주는 표현으로 in(~ 안에서)이나 of(~ 중에서)가 이끄는 전치사구와 함께 자주 쓰입니다. 물론 문맥상 그 비교대상이 뻔한 경우에는 비교대상을 생략해도 괜찮습니다. 또한 최고는 그 비교대상 중에 하나로 정확히 지목되기 때문에 정관사 the와 주로 쓰이며, 문맥에 따라 누구의 소유인지 정확히 알려주고자 할 때는 소유격과 함께 쓰기도 합니다. 불규칙 변형을 제외하고는 보통 형용사나 부사에 -est의 형태를 붙이거나 단어 앞에 most의 부사를 붙여 '최고'의 상태를 표현해 주는 것이 특징입니다.

the/소유격 + 최상급 형용사 + 명사 + (in 특정 그룹)
(of 특정 시간/그룹)
(꾸며주는 말)

어떤 특정 그룹/시간인지 비교대상이 문맥 안에서 뻔한 경우는 종종 생략됩니다.

She is **the smartest student in our class.** 그녀는 **우리 반에서 가장 똑똑한 학생**이야.

May is **the busiest month of the year.** 5월이 **일 년 중 가장 바쁜 달**이야.

This is **the best ice cream (that) I've ever had.** 이거 **내가 먹어본 최고의 아이스크림**인데.

She is **my smartest student.** 그녀는 **저의 가장 똑똑한 학생**이에요.

➡ 내 학생들 중에 가장 훌륭한 학생이라는 뜻 내포

비교급

최상급 형용사는 문맥에 따라 그 대상이 뻔한 경우 스스로 명사 역할을 하기도 합니다.

> You are **the best**. 네가 **최고**야.
>
> I am **the oldest**. 제가 **맏이**예요.

명사의 '가장 많은 양'을 나타낼 때는 most가 직접 명사를 꾸미기도 합니다.

> My mom has **the most power** in our family.
> (↑ 명사)
> 우리 집에서 엄마가 **제일 큰** 힘을 가지고 계셔(엄마 파워가 제일 세).
>
> Who makes **the most money** in the world? 세계에서 누가 돈을 **제일 많이** 벌어요?

POINT 2 최고를 나타내는 다양한 표현들

5-L3-2.mp3

There is nothing 비교급 + than ... **There is no one 비교급 + than ...** …보다 더 ~한 것은 없다	**There is nothing more** important **than** family. 가족**보다 더** 소중**한 것은 없어**.
No (other) 명사 is as 형용사 as ... …만큼 ~한 것은 없다	**No (other)** house **is as** cheap **as** this one. 이 집**만큼** 싼 집**은 없어**.
No (other) 명사 is 비교급 than ... …보다 더 ~한 것은 없다	**No (other)** house **is** cheap**er than** this one. 이 집**보다 더** 싼 집**은 없어**.
S + V + 비교급 than any other 단수명사 그(다른) 어떤 …보다 더 ~하다	He is **more** patient **than any other** soldier. 그는 **그 어떤** 군인**보다 더** 인내심이 많아.
S + V + 비교급 than all the other 복수명사 다른 모든 …보다 더 ~하다	He is **more** patient **than all the other** soldiers. 그는 **다른 모든** 군인들**보다 더** 인내심이 많아.

POINT 3 알아두면 좋은 최상급 표현

5-L3-3.mp3

1 문장 끝에 붙어서 가장 많은 양과 질을 표현하는 부사: the most / the best

I love you **the most.** [양] 너를 **제일** 사랑해.

He understands the economy **the best.** [질] 그는 경제를 **가장 잘** 이해하고 있습니다.
= He has the best understanding of the economy.

He helped me **the most.** [양] 그가 저를 **제일 많이** 도와주었어요.

2 최고의 ~ 중 하나: one of the 최상급 + 복수명사

She is **one of the best teachers.** 그녀는 **최고의 선생 중 하나**야.

The trip was **one of the worst experiences** I've ever had.
그 여행은 내가 해본 **최악의 경험 중 하나**였어.

FAQ 셀리쌤 질문 있어요!

'두 번째로 큰'은 영어로 뭐라고 하나요?

'가장 큰', '가장 작은'과 같은 최상급은 그냥 the biggest, the smallest라고 쓰면 되지만 '두 번째로 큰', '세 번째로 작은'과 같은 문장은 **〈the 서수 + 최상급 형용사〉**와 같이 쓰면 됩니다. 즉, 최상급 앞에 해당 서수만 넣어주면 되죠.

It is **the second biggest** building in the world.
그것은 세계에서 **두 번째로 높은** 빌딩이야.

She is **the second richest** woman in the world.
그녀는 세계에서 **두 번째로 부자**예요.

She got **the third highest** score on the test.
그녀는 **세 번째로** 시험을 **잘 본** 학생이야.

POINT 4 배수비교의 종류와 특징

5-L3-4.mp3

비교대상이 몇 배 많은지를 나타내는 배수비교는 동등비교를 이용한 표현과 열등/우등비교를 이용한 표현, 2가지가 있습니다.

1 동등비교를 이용한 배수 표현

~배만큼이나 00하다: 배수 as 형용사/부사 as 비교대상
half/twice/three times...

그의 아파트가 **내 아파트보다 3배 커**요.

His apartment is three times as big as ~~my apartment~~.

➡ 소유격 뒤의 명사가 중복될 때는 종종 소유대명사를 사용합니다.

→ His apartment is **three times as big as mine**.

이 책이 **그 책보다 두 배 길어**요.

This book is **twice as long as that one**.

➡ 중복이 되는 명사는 one으로 대체 가능합니다.

| 주의 | two times as long as (X)

as ~ as는 twice와 쓰이고 -er than은 two times와 쓰입니다.

내 드레스는 **네 것의 절반 값밖에** 안 해.

My dress cost **half as much as yours**.

➡ '절반'만큼이라고 해서 half는 as ~ as와 함께 쓸 수 있어요.

| 주의 | **열등비교와 함께 쓸 수 없는 half**

절반인 half는 '~보다 더 많다'는 more ~ than ...의 열등비교와는 쓸 수 없습니다. 절반이 '더 많을' 수는 없는 개념이죠.

Her hair is **half as long as** mine. (O) 그녀의 머리는 내 머리의 **절반 길이 정도** 된다.
Her hair is ~~half longer than~~ mine. (X)

2 열등/우등비교를 이용한 배수 표현

…보다 ~배 00하다: 배수 + 형용사/부사-er than 비교대상

two times/three times …

그의 아파트가 **내 아파트보다 3배 더 커**요.

His apartment is **three times bigger than mine**.

➡ 소유격 뒤의 명사가 중복될 때는 종종 소유대명사를 사용합니다.

이 책이 **그 책보다 두 배 더 길어**요.

This book is **two times longer than that one**.

➡ 중복되는 명사는 one으로 대체 가능합니다.

| 주의 | twice longer (X)

-er than은 two times하고만 쓰이고 as ~ as는 twice와 쓰입니다.

제가 **그녀보다 열 배는 더 열심히** 일했어요.

I worked **ten times harder than her**.

비교급

Review

배운 문법 바로 쓰는 영어 연습

5-L3-5.mp3

A 최고를 나타내는 표현을 활용해 다음 우리말을 영어로 말해보세요.

1. 그는 저희 팀 중에 **가장 열심히 하는** 사람이에요.

   He is ________ worker on our team.

2. 제가 **저희 반에서 제일 커**요.

   I am ________________.

3. 내 인생에서 **가장 중요한 것은** 가족이에요.

   ________________ in my life is my family.

4. 가족**보다 더** 소중한 **것은 없어요**.

   ________________ important ________ family.

5. 5월이 **일 년 중 가장 바쁜** 달이야.

   May is ________ month ________.

6. 이 프로그램이 **제일** 도움이 됐어요.

   This program helped me ________.

7. 이것이 제가 써 본 것 중 **가장 좋은 프로그램**이에요.

   This is ____________ that I've ever used.

8. **어떤 다른** 프로그램도 이거**처럼 좋은 것은 없어요**.

   ________ program is ________ as this one.
   = ________ program is ________ than this one.

9. 저희 엄마는 제가 **제일** 존경하는 분이에요.

   My mom is the person that I respect ________.

⑩ 제가 **맏이**예요.

I am ________.

⑪ 그녀는 **최고의 선생 중 하나**야.

She is ________________.

⑫ 네가 **최고**야.

You are ________.

⑬ 그는 **그 어떤(다른 모든)** 군인**보다 더** 인내심이 많아.

He is ________ patient ____________ soldier.
= He is ________ patient ____________ soldiers.

⑭ 그것은 세계에서 **두 번째로 높은 빌딩**이야.

It is ____________ building in the world.

⑮ 그녀는 **세 번째로** 시험을 **잘 본** 학생이야.

She got ____________ score on the test.

B 배수비교를 활용해 다음 우리말을 영어로 말해보세요.

① 이 가방이 그것보다 **두 배 비싸**.

This bag is ________________ as that one.
= This bag is ________________ than that one.

② 그는 평소**보다** 두 배 **더** 먹었어.

He ate twice ____________ usual.

③ **과제가** 지난 학기**의 세 배**야.

I have ________________________ last semester.

④ 내가 **너보다 반**밖에 안 먹었어.

I ate ________ as much food ________.

▶ 모범답안은 p.267을 확인하세요.

비교급

CHAPTER 6

전치사

LESSON 1 정보 전달이 풍부해지는 **전치사 꿰뚫어보기**

LESSON 2 개념과 쓰임을 정확히 알아야 잘 쓸 수 있다 **시간의 전치사**

LESSON 3 열일하는 **전치사의 다양한 활용**

LESSON 01

정보 전달이 풍부해지는

전치사 꿰뚫어보기

mp3 듣기

제가 당신 뒤에 서 있었어요.
I was after you.
아니…! 나를 왜?

Challenge 위의 대화에서 남자가 혼란스러워하는 이유는?

6-L1-1.mp3

I was **after** you.

단순히 공간상 뒤에 있는 모습은 전치사 behind를 사용해야 합니다. after는 시간과 순서상의 '뒤'를 나타낼 때 사용하죠. 특히 I was after you.라는 문장은 '당신 뒤를 쫓고 있었다'는 것으로, 잡으려고 혹은 좋아서 쫓아다녔다는 의미입니다.

I was **behind** you.

▶ 이에 대한 더 자세한 설명은 p.207에서 확인할 수 있습니다.

Why 왜 영어 전치사를 꿰뚫어봐야 한다는 건가요?

전치사, 하나를 알면 열을 써먹을 수 있기 때문입니다. 영어공부를 하다 보면 정말 헷갈리고 어렵게 느껴지는 것이 바로 이 전치사입니다. **우리말 해석 하나에 해당하는 전치사가 몇 개씩 되고(예: '~에'라는 해석에 at, in, on 등 여러 개의 전치사가 해당) 그 활용이 공간, 시간, 추상적인 개념까지 어마어마**하기 때문이죠. 따라서 영어의 전치사는 우리말 해석만으로는 절대 제대로 이해할 수 없습니다. 그 전치사가 가지고 있는 이미지를 잘 연상해서 활용하는 연습을 해야 하죠. 하지만 무수한 명사, 동사, 형용사, 부사에 비하면 전치사는 알아야 할 단어 개수가 몇 개 안 된다는 장점이 있어요. 몇 개의 쓰임에만 익숙해지면 전치사 하나로 무수한 표현이 가능하게 됩니다. 이번 레슨에서는 대표 전치사들의 이미지를 알아보고 어떻게 문장 안에서 활용이 되는지 하나하나 살펴보겠습니다.

POINT 1 전치사의 개념과 역할

6-L1-1.mp3

명사 앞에[전] 위치[치]한다고 해서 preposition이라고 부르는 전치사는 문장을 구성하는 요소인 단어나 구들 간의 '관계'를 보여줍니다. 전치사는 명사를 뒤에 달고 다니며 문장 안에서 명사를 꾸며주는 형용사 역할을 하기도 하고 부가적인 정보를 제공하는 부사의 역할을 하기도 합니다.

The man **in** the brown coat is my brother. **갈색 코트를 입은** 남자가 내 동생이야.

the man을 꾸며주는 형용사 역할

We met **at** a coffee shop **at** noon. 우리는 **커피숍에서 12시에** 만났어.

'장소'의 부사 역할 '시간'의 부사역할

원어민들은 이렇게 간단한 구조로 필요한 정보들을 쏙쏙 심어주는 전치사를 많이 사용하기 때문에 전치사의 의미를 제대로 이해하여 활용하는 것이 정말 중요합니다. 실제 영어에서 많이 쓰이는 전치사들을 이미지로 연상하여 어떻게 문장 안에서 활용이 되는지 하나하나 살펴보도록 하겠습니다.

POINT 2 대표 전치사 그림으로 알아보기

6-L1-2.mp3

1 about

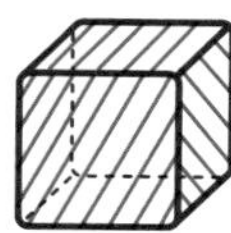

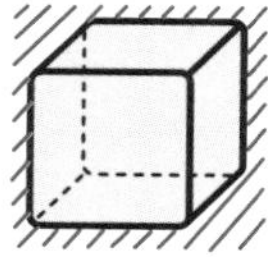

공간 안에서 혹은 주변에 퍼져 있는 이미지

❶ 공간 안에서 퍼져 있는 모습 (주로 영국영어에서)

He looked **about the room.** (영국)

= He looked **around the room.** (미국)

그는 **방 안을 둘러** 보았어.

➡ 공간 안에 퍼져 있는 의미로 about은 보통 영국영어에서 쓰이고 미국영어에서는 around를 사용합니다.

❷ 주변에 퍼져 있는 모습

I thought **about you.**

나 **네** 생각 하고 있었어.

➡ 너에 관련된 '이런저런' 생각

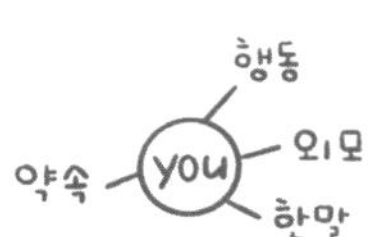

I've heard a lot **about you.**

당신에 대한 얘기 많이 들었습니다.

➡ 당신에 관련된 '이런저런' 이야기

cf. 숫자와 함께 부사로 쓰인 about

About 30 people are here.

약 30명이 여기에 있어. [30 근처의 숫자 = around 30 people]

2 around

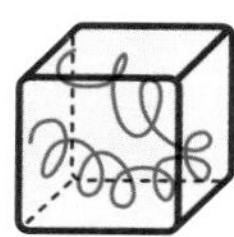

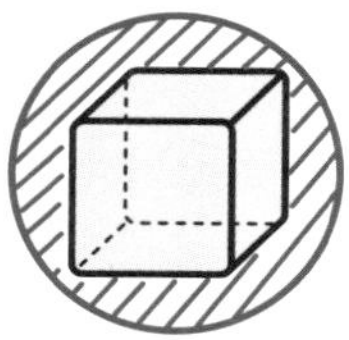

공간 안에서 혹은 주변에 원(곡선) 모양으로 퍼져 있는 이미지

❶ 공간 안에서 퍼져 있는 모습 (주로 미국영어에서)

Don't run **around the house.**

집 안에서 (여기저기) 뛰어다니지 마라.

➡ about은 보통 영국영어에서 쓰이고, 미국영어에서는 around를 사용합니다.

We traveled **around the country.**

저희는 **전국을** 여행했습니다.

❷ 주변에 원(곡선)의 형태로 퍼져 있거나 감싸고 있는 모습

They sat **around the table.**

그들은 **테이블에 둘러** 앉았어.

cf. 숫자와 함께 부사로 쓰인 around

This book has **around 200 pages.**

이 책은 **200페이지쯤** 돼요. [200 근처의 숫자 = about 200 pages]

3

across

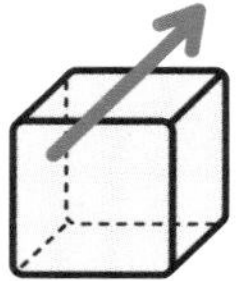

가로지르거나 건너는 이미지

Let's walk **across the street.**

길 건너가자!

Her store is **across from my work.**

그녀의 가게는 **우리 회사 맞은편에** 있어.

➡ 움직임이 아닌 정적인 상태에는 from과 같이 쓰임

4

over

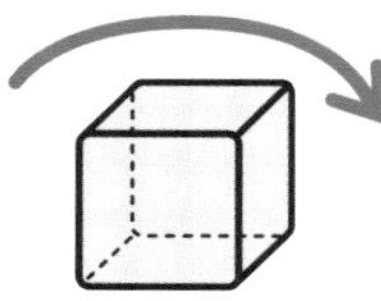

포물선 모양으로 덮거나
넘어가는 이미지

He traveled **all over Korea.**

그는 **한국 전역을** 여행했어.

➡ all over는 모든 곳을 넘어다니는 이미지로 '방방곡곡'이라는 의미

She pulled the blanket **over her face.**

그녀는 담요로 **얼굴을 덮**었어.

***cf.* 부사나 형용사로도 많이 쓰이는 over**

I've read **over** 30 books this year.

나는 올해 30권이 **넘는** 책을 읽었어. [숫자(형용사)를 꾸며주는 부사]

The meeting is **over.**

회의가 **끝났**어요. [주어의 상태를 꾸며주는 형용사]

5

beyond

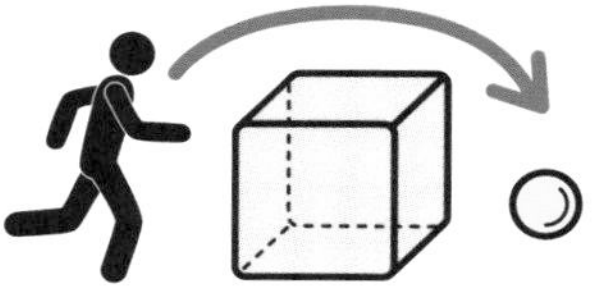

대상이나 한계를
넘어가는 이미지

The parking lot is just **beyond the trees.**

주차장은 **저 나무들** 바로 **너머에** 있어요.

➡ 나무라는 대상을 넘어가야 주차장이 나옴

Quantum physics is **beyond my understanding.**

양자물리학은 **도저히 이해할 수가 없**어.

➡ 내가 이해할 수 있는 범위를 넘어가버리는 이미지

6

along

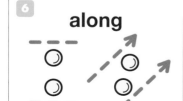

나란히 놓여있거나
나란히 따라가는 이미지

I get **along with my brother.**

저는 **동생과 잘** 지내요.

➡ 잘 따라다님 = 누군가와(with) 잘 어울리는 이미지

There are little shops all **along the street.**

작은 가게들이 쭉 **길을 따라** 놓여 있어.

in front of

앞에 있는 이미지

Let me out **in front of the coffee shop.**
(택시에서) 저기 **커피숍 앞에서** 세워주세요.

I am **in front of your house.**
나 지금 **너희 집 앞**이야.

I will wait for you ~~in front of~~ your classroom. (X)
I will wait for you **outside your classroom.** (O)
내가 **교실 앞에서** 널 기다릴게.

➡ 교실이 있는 학교 건물 앞이 아니라 교실(방) 밖에 있겠다는 뜻이므로 이 경우 영어에서는 outside로 표현합니다.

cf. 공간보다는 시간/순서의 개념으로 쓰이는 before

I will be there **before** my parents.
부모님보다 먼저 내가 가 있을 거야.

behind

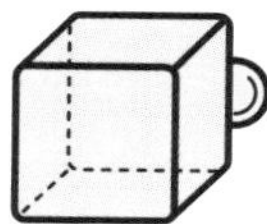

뒤에 있는 이미지

Challenge(p.203)에 대한 설명입니다.

Look **behind you.**
네 뒤를 봐라.

We are **behind schedule.**
예정보다 늦어지고 있어요.

➡ behind는 공간에서뿐 아니라 '일정이 뒤처진다'고 할 때도 사용됩니다.

cf. 공간보다는 시간/순서의 개념으로 쓰이는 after

She started watching TV **after** dinner.
저녁 먹고 그녀는 티비를 보기 시작했어.

on

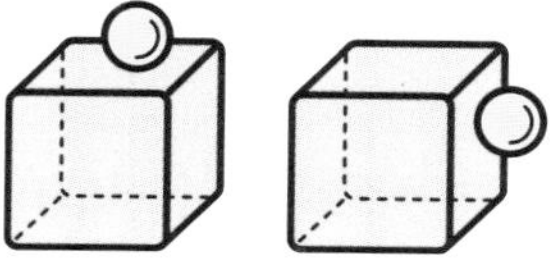

붙어 있는 이미지

You've got something **on your face.**
너 얼굴에 뭐 묻었어.

Lie **on your stomach.**
엎드려 누우세요.

➡ 배를 바닥에 붙인 상태로 눕는 것이 엎드려 눕는 것

I am talking **on the phone.**
나 지금 **통화 중**이야.

➡ 대화를 나눈 수단에 붙어 있는 이미지

at  한 점으로 콕 짚는 이미지	Look **at that baby** walking. **저기 아기** 걸어가는 것 좀 봐 봐. Don't laugh **at me**. **나 보고** 웃지 마라. My mom always nags **at me**. 엄마는 늘 **나한테** 잔소리하셔. She smiled **at me** in the store. 그녀는 마트에서 **나를 보고** 웃었어. See you **at the party at seven o'clock**! **7시에 파티에서** 보자! nag 잔소리하다
11 **in** 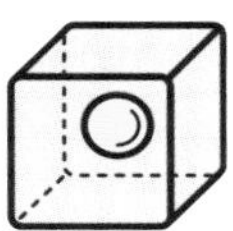 안에 있는 이미지	I am **in my office**. 저 지금 **사무실에** 있습니다. ➡ 회사에 있는 내 사무실 안에 있다는 뜻 I'm **in the parking lot**. 나 지금 **주차장**이야. *cf.* 장소 전치사 in과 at 구분 **in** my office: 회사에 있는 내 사무실 안 **at** the office: 내가 일하는 장소로서 '회사'를 지칭 I am **at the office.** 지금 **회사에** 있습니다. ➡ 사무실 전체를 짚어 이야기하는 것이므로 회사에 있다는 뜻이 됨
12 **out of**  안에서 밖으로 나가는 이미지	He got **out of the car**. 그는 **차에서** 내렸어. He took a pencil case **out of the bag**. 그는 **가방에서** 필통을 꺼냈어. He walked **out of the room**. 그는 **방에서 나가**버렸어. It's **out of control**. 통제할 수가 없어. (**통제 밖**이야.)

for

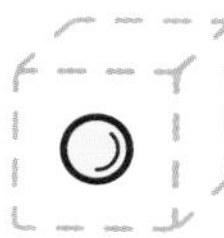

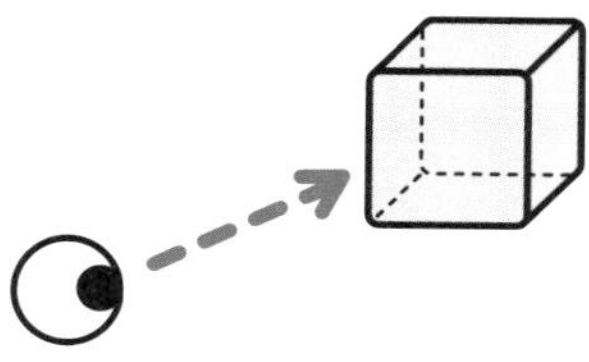

다른 것으로 대체/교환하거나
목적지를 바라보며
그곳으로 향하는 이미지

❶ 다른 것으로 대체하거나 교환하는 모습

I bought this notebook **for 1,000 won**.
저는 이 공책을 **1000원에** 샀어요.
➡ 공책의 자리를 1000으로 대체

I slept **for nine hours**. **9시간 동안** 잤어.
➡ 9시간을 잠으로 대체

Thanks **for the gift**. **선물** 고마워.
➡ 선물을 고마운 마음으로 대체

I am here **for Mr. Courtney**.
(나: 대체 교사) 코트니 선생님 대신 왔습니다.
➡ 코트니 선생님의 자리를 내가 대체

cf. instead of ~ **대신에: 둘 중 하나를 포기하고 다른 것을 선택할 때**
I'll have ice cream **instead of** coffee.
커피 **대신** 아이스크림 먹을게.
➡ **커피를 포기하고 아이스크림 선택**

❷ 목적지를 바라보며 그곳으로 향하고자 하는 모습

We are hoping **for a girl**. 저희는 **딸을** 원하고 있어요.

They left **for Canada**. 그들은 **캐나다를 향해** 떠났어.

She is mature **for her age**. 그녀는 **나이에 비해** 성숙해.
➡ '나이'만 봤을 때 또래보다 성숙하다는 뜻

❸ 여러 사람이 같은 곳을 보고 가고자 하는 이미지에서 '동의하다', '찬성하다'라는 뜻

We are all **for the plan**. 우리는 모두 **그 계획에 찬성**입니다.
➡ '그 계획'을 향해 같이 바라보는 그림: 동의, 찬성

Are you **for** or against **abortion**?
넌 **낙태에 찬성**이야? 반대야?

cf. **우리는 모두 그 계획에 반대입니다.**
We are all **against the plan**.

14

above

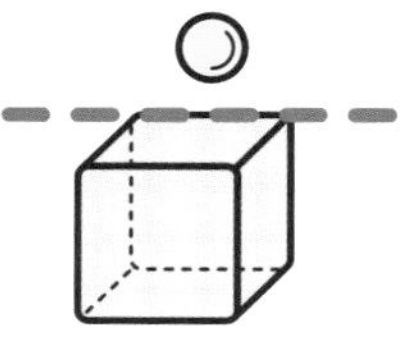

기준점보다 위에 있는 이미지

The clock is **above the TV**.
시계는 TV **위에** 있어.

Write your name **above the date**.
날짜 위에 이름을 써주세요.

It's **above zero** today.
오늘은 기온이 **영상**이에요.

15

under

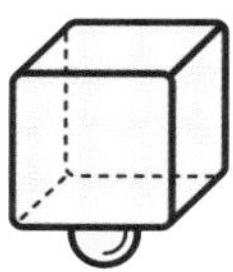

아래에 있는 이미지
(가장 일반적으로 쓰이는
'~아래'의 전치사)

The coin rolled **under the bed**.
동전이 **침대 밑으로** 굴러들어갔어.
➡ 표면 아래 공간을 지칭할 때 under을 사용합니다.

We sat **under a tree** and rested.
우리는 **나무 아래** 앉아서 쉬었어.

She hid **under the table**. 그녀는 **테이블 아래에** 숨었어.

cf. 공간뿐 아니라 영향권 아래에 있음을 표현할 때도 under를 씁니다.

I am **under lots of stress**.
저는 **스트레스를 많이 받고** 있습니다.

Everything is **under control**.
모든 것이 **순조롭게 돌아가고** 있습니다.

16

below

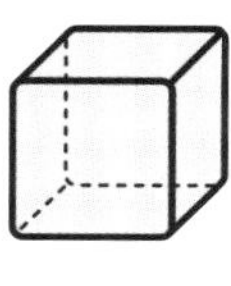

아래에 있는 이미지

Write your signature **below your name**.
이름 **밑에** 서명해 주세요.
➡ 수직 아래쪽 공간을 나타낼 때 below가 주로 쓰입니다.

He couldn't move his legs **below the knees**.
그는 **무릎 아래로** 다리를 움직일 수 없었어.
➡ 무릎 아래 쪽 전부를 표현

He got a bruise **below his right eye**.
그는 **오른쪽 눈 아래에** 멍이 들었어.

cf. 같은 수직면 아래, 기준이 되는 수치(평균, 기준점, 온도, 해수면 등)의 아래를 나타낼 때도 below를 씁니다.

It's five degrees **below zero**. 오늘 **영하** 5도래.
➡ 영상과 영하를 나누는 기준점 0도의 아래를 나타냄

17 **beneath** 아래에 있는 이미지	I'm wearing a white t-shirt **beneath this shirt.** **이 셔츠 아래** 하얀색 티셔츠를 입었어. ➡ 표면 아래를 나타내므로 under로 바꿔 써도 됨 **beneath는 바로 아래에 있어 표면에 닿는 경우에 주로 쓰이며, under보다 formal한 뉘앙스를 가집니다.** She could feel the warm sand **beneath her feet.** 그녀는 **발 아래** 따뜻한 모래를 느낄 수 있었어.
18 **down** 아래로 이동하는 이미지	He fell **down the stairs**. 그는 **계단 아래로** 떨어졌어. Sweat ran **down his face.** 땀이 **그의 얼굴을 타고** 흘렀어.
19 **up** 위로 이동하는 이미지	She walked **up the stairs.** 그녀는 **계단을** 걸어 **올라**갔어. He went **up the hill**. 그는 **언덕을 올라**갔어.
20 **to** 목적지 목적지로 가는 이미지	He drove his son **to school**. 그는 아들을 **학교까지** 태워줬어. Turn **to page 22**. **22페이지를** 펴주세요. ➡ 22페이지가 내가 펴고자 하는 목적지
21 **onto** 가서 달라붙는 이미지	The dog jumped **onto a chair**. 개가 **의자로 확** 뛰어올라갔어. ➡ 확 올라가서 앉는 이미지 Hold **onto your dreams**. 너의 **꿈을** 잡아라! ➡ 가서 잡고 놓지 않는 이미지

into

안으로 들어가는 이미지

He jumped **into the water.**

그는 **물로** 뛰어들어갔어.

She threw herself **into her father's arms.**

그녀는 **아버지 품에** 달려가 안겼어.

➡ 양팔 안쪽의 공간이 '품'입니다.

I ran **into Tony.** 나는 **토니와 (우연히)** 마주쳤어.

➡ 그 대상의 영향권 안으로 들어가는 이미지

Please speak **into the microphone.**

마이크에 대고 이야기해 주세요.

They fell **into a trap.**

그들은 **함정에** 빠졌어요.

cf. 실제 회화에서 into를 줄여서 in으로 종종 사용하기도 합니다.

Get **in(to) the car.** **차에** 타라.

He went **in(to) his room.** 그는 **방으로** 들어갔어.

from

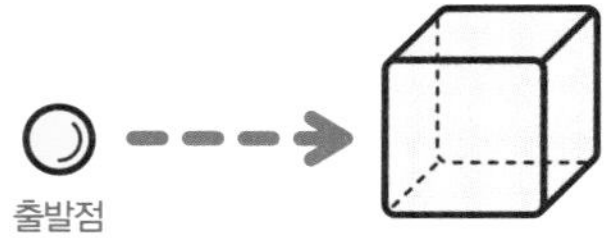

출발점을 나타내는 이미지

I am **from Korea.**

저는 **한국에서** 왔습니다.

My house is far **from here.**

저희 집은 **여기서** 멀어요.

➡ far from ~에서 먼 / close to ~에서 가까운

He died **from drinking.**

그는 **음주로** 사망하게 됐어.

➡ 과도한 음주의 행동으로부터 죽음에 이르게 됨

cf. die from *vs.* die of

❶ die from: 간접적인 원인

He **died from smoking.** 그는 **흡연으로** 사망하게 됐어요.

➡ 사망의 직접적인 원인은 흡연으로 인한 폐암이고 흡연은 간접적인 원인이 됩니다.

❷ die of: 병명, 직접적인 원인

He **died of cancer.** 그는 **암으로** 사망했어요.

➡ 직접적인 원인은 보통 of와 쓰입니다.

24 off

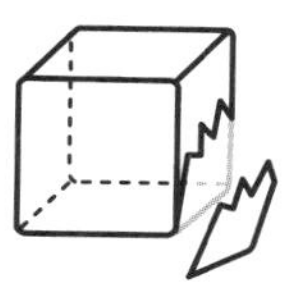

떨어져 나가는 이미지

I fell **off the bed.** **침대에서** 떨어졌어.

He is **off the team.** 그는 **팀에서 쫓겨났어.**

cf. **off는 부사로서 종종 동사에 붙어 의미를 더해주기도 합니다.**

I cut my finger. 손가락을 베었어.

I cut **off** the tag. 나는 태그를 **잘라버렸어.**

➡ 잘려나가는 이미지

25 between

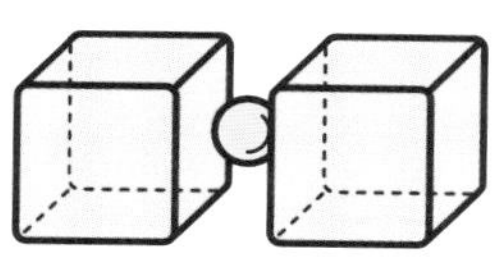

둘 사이에 있는 이미지

My bag got caught **between the doors.**
내 가방이 **문 사이에** 꼈어.

This is (a secret) **between us.**
이것은 **우리끼리의** 비밀이야.

cf. **3개 이상일 때는 among(~ 사이)**

This design is popular **among young people.**
이 디자인은 **젊은이들 사이에서** 인기예요.

26 through

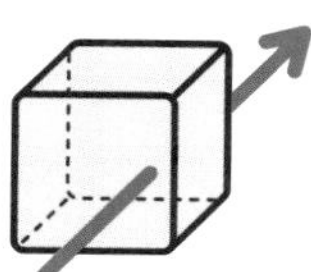

뚫고 나오는 이미지

It took me one hour to get **through traffic.**
교통체증을 빠져나오는 데 한 시간 걸렸어.

He drove **through the red light.**
그는 **빨간 불을 그냥 지나**갔어.

She is going **through a difficult time.**
그녀는 지금 **어려운 시기를** 겪고 있어요.

27 past

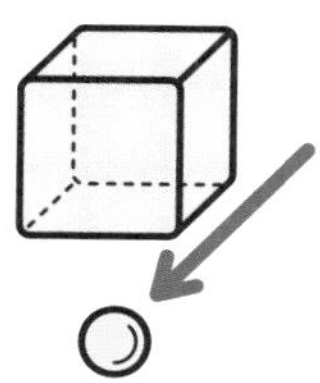

지나가는 이미지

She walked **past me.**
그녀는 **나를 지나쳐**갔어.

I drove **past your house** today.
나 오늘 **너희 집 지나**갔는데.

cf. **past는 형용사로 '지난'이라는 의미로도 많이 사용됩니다.**

I've been living with my friend for the **past** two years.
지난 2년동안 친구와 함께 살고 있어요.

with

동반, 수반의 (함께 있는) 이미지

I live **with my parents.** 나 **부모님이랑 같이** 살아.

I am **with you.** 나도 **너랑 같은 입장**이야.

I didn't bring my phone **with me.**
나 핸드폰 안 가지고 왔어.
➡ '소지'의 의미

cf. 반대 개념인 '부재'의 without도 함께 알아두세요!

You can't buy alcohol **without an ID.**
신분증 없이는 술을 살 수 없습니다.

within

특정 범위 안쪽에 있는 이미지

Delivery **within Korea** is free.
(한국 입장에서) **국내**배송은 무료입니다.

I try to live **within my means.**
내 수입 안에서 생활하려고 노력해.

What you seek is **within you.**
네가 찾고 있는 것은 **네 안에** 있어.

Pay it back **within one week.** **일주일 이내로** 돈 갚아라.
일주일 안쪽의 시간

cf. within + 기간: 기간 안쪽의 시간을 뜻함
in + 기간: 그 기간만큼 지난 시간을 뜻함

Pay it back **in** one week. **일주일 후에** 돈을 갚아라.
➡ 지금으로부터 일주일 후의 시간을 표현

against

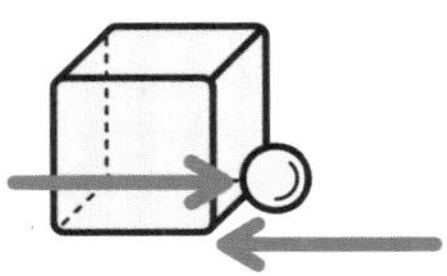

역방향(반대 방향)의 이미지

He swam **against the current.**
그는 **물살을 거슬러** 헤엄쳤어.

Please do not lean **against the door.**
문에 기대지 마세요.

I have nothing **against him.** 나는 **그에게** 악감정이 없어.

It's **against the law.** 그거 **법에 어긋나는** 행동이야.

current 물살 | lean against ~에 기대다

31 next to/beside

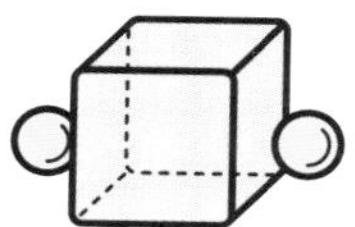

바로 양 옆에 있는 이미지

We work right **next to each other.**
저희는 바로 **옆에서** 일해요.

Your seat is **beside the window.**
당신의 좌석은 **창 옆**입니다.

Come sit **next to me!** 와서 **내 옆에** 앉아!

Walk **beside me!** **내 옆에서** 같이 걸어!

cf. next to와 beside는 거의 비슷한 의미로 교환하여 사용할 수 있지만 next to가 좀 더 casual한 어감을 띱니다. 그래서 회화에서는 보통 next to가 더 일반적으로 쓰이죠.

each other 서로

32 by/near

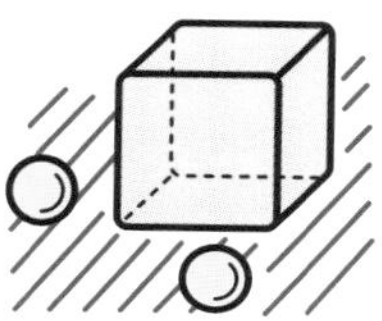

가까이 있는 이미지

Our hotel is **by the sea.**
저희 호텔은 **바다 옆(근처)에** 있어요.

My apartment is **near my work.**
우리 집은 **회사 근처**예요.
➡ 영어에서는 집이라고 해서 house를 쓰게 되면 정말 단독주택을 이야기하게 됩니다. 만약 내가 사는 곳이 단독주택이 아니라 아파트라면 apartment로 집을 표기해 주세요.

Is there a pharmacy **near here**?
여기 근처에 약국이 있나요?

✓ **by는 근거리에서는 '바로 옆'을 나타내는 next to와 비슷한 뜻으로도 쓰입니다.**

Sit **by me.** = Sit **next to me.**
내 옆에 앉아.

✓ **하지만 원거리에서는 '가까운, 근처' 등의 의미로도 쓰입니다.**

My apartment is **by the subway station.**
우리 집은 **지하철역 옆**이야.
➡ 보통 걸어갈 수 있을 정도로 가까운 거리임이 내포

My apartment is **near the subway station.**
우리 집은 **지하철역 근처**야.
➡ 걸어갈 수 있을 정도로 가까운 거리일 수도 있고 마을버스를 타고 갈 정도의 가까움일 수도 있습니다. (말하는 이의 '근처'의 기준에 따라 다름)

Tip 배운 영어가 쓰는 영어가 되는 팁

우리말로는 모두 '~에'로 해석되는
장소 전치사 at/on/in 구분하는 법

at, on, in은 장소와 함께 쓰이는 전치사로 우리말 해석은 '~에'로 다 똑같아요. 하지만 전치사의 그림이 서로 다르기 때문에 문맥에 따라 그 의미에 맞게 사용해야 합니다. 한국인이 가장 헷갈려 하는 전치사 at/on/in의 차이를 지금부터 속시원~하게 밝혀 드리겠습니다.

---

1 at 한 점으로 콕 짚는 이미지

실내와 실외를 다 함께 짚어 표현할 때 사용합니다.

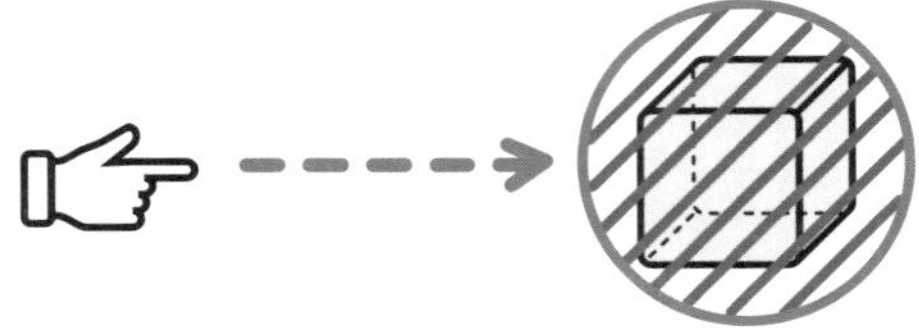

I am **at my place**.

나 **집에** 있어.

I am **at the hair salon**.

나 지금 **미용실**이야.

➡ 실내에 있건 밖에 있건 중요하지 않고 그저 그 장소에 있는 의미를 나타냅니다.

I'm **at the library**.

나 **도서관**이야.

---

2 on 붙어 있는 이미지

표면에 붙어 있는 이미지로 '운동장, 놀이터, 잔디밭, 바닥, 층, 길' 등과 같이 땅/바닥의 표현들과 함께 사용합니다.

I found this wallet **on the playground**.

나 **놀이터에서** 이 지갑 발견했어.

I live **on the fifth floor**.

저는 **5층에서** 살아요.

They threw an empty bottle **on the street**.

그들이 **길에** 빈 병을 던졌어.

3 in 안에 있는 이미지

'안'의 공간에 들어가 있음을 나타낼 때 사용합니다.

I am **in the coffee shop.** 나 **커피숍 안**이야.

➡ 커피숍 실내에 들어와 있다는 뜻이 됩니다.

I am **in the restroom.** 나 **화장실**이야.

➡ 실내와 실외의 구분이 없고 그냥 그 공간 안에 들어가 있어야만 그 장소에 있는 것이 되는 경우는 at을 쓸 수 없고 in하고만 사용합니다.

I played **in the water** with my kids.
저는 아이들과 **물에서** 놀았어요.

in과 at의 그림을 비교해 보세요!

They arrived **at the airport.** 그들은 **공항에** 도착했어.

➡ 한 점으로 콕 짚을 수 있는 일반 장소(실내 + 실외)들은 at을 사용합니다.

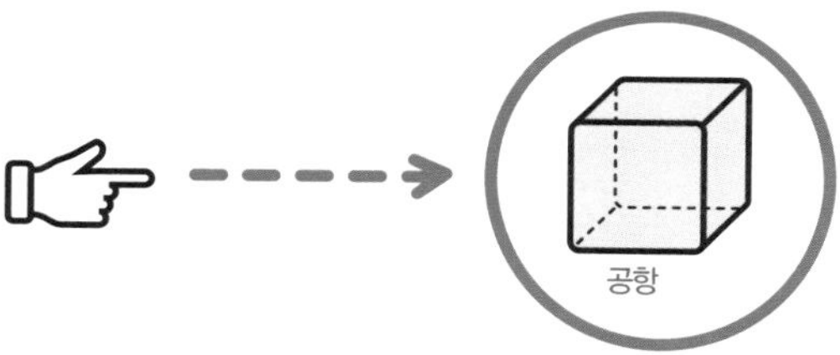

They arrived **in Korea.** 그들은 **한국에** 도착했어.

➡ '동네, 도시, 나라'처럼 여러 장소들을 품고 있는 큰 지역은 그 안에 들어가 도착하는 것으로 봐서 in과 함께 씁니다.

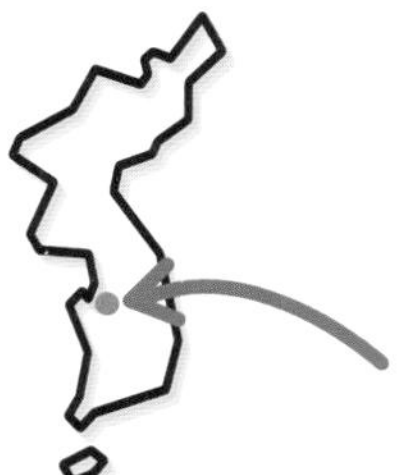

전치사

Review

배운 문법 바로 쓰는 영어 연습

6-L1-3.mp3

Q 전치사를 활용해 다음 우리말을 영어로 말해보세요.

1. 주머니**에서** 차 키를 찾았지 뭐야.

   I found my car keys ________ my pocket.

2. 캐시는 부모님**과** 작은 집**에** 살고 있어.

   Cathy lives ________ her parents ________ a small house.

3. **욕실에** 깨끗한 타월들을 뒀어.

   I put some clean towels ____________.

4. 스티븐은 여자친구**와 통화 중**이야.

   Steven is ________ his girlfriend ________ the phone.

5. 우린 책장을 내 방**에서** 거실**로** 옮겼어.

   We moved the bookshelf ________ my room ________ the living room.

6. 집 안**에서 (여기저기)** 뛰어다니지 마라.

   Don't run ________ the house.

7. 그녀의 가게는 우리 회사 **맞은편에** 있어.

   Her store is ________ my work.

8. (택시에서) 저기 은행 **앞에서** 세워주세요.

   Let me out ________ the bank.

9. **예정보다 늦어지고** 있어요.

   We are ____________.

⑩ 그녀는 나이**에 비해** 성숙해.

She is mature __________ her age.

⑪ 날짜 **위에** 이름을 써주세요.

Write your name __________ the date.

⑫ 이름 **밑에** 서명해 주세요.

Write your signature __________ your name.

⑬ 우리는 나무 **아래** 앉아서 쉬었어.

We sat __________ a tree and rested.

⑭ **227페이지를** 펴주세요.

Turn ________________.

⑮ 저희 집은 **여기서 멀어**요.

My house is ________________.

⑯ 그는 흡연**으로 사망하게 됐어요.**

He ________________ smoking.

⑰ 그는 암**으로 사망했어요.**

He ________________ cancer.

⑱ **일주일 이내로** 갚아.

Pay it back ________________.

⑲ **한 달 후에** 돈을 갚아.

Pay it back ________________.

⑳ 그거 법에 **어긋나는** 행동이야.

It's __________ the law.

▶ 모범답안은 p.268을 확인하세요.

전치사

LESSON 02

개념과 쓰임을 정확히 알아야 잘 쓸 수 있다

시간의 전치사

mp3 듣기

3시로 약속 잡아요.
Let's set a meeting at three o'clock.
아니, 그냥 3시에 만나는 걸로
약속 잡으면 안 되나?

Challenge 위의 대화에서 남자가 혼란스러워하는 이유는?

6-L2-1.mp3

✕ Let's set a meeting **at** three o'clock.

at은 그 행동을 하는 시각을 표현해주는 전치사이고, 무언가 하려고 시간을 미리 정해 놓을 때는 전치사 for를 써야 합니다.

I set an alarm **for** 7:00. 7시에 알람 맞춰놨어.

따라서 Let's set a meeting at three o'clock.은 3시에 회의를 하자는 뜻이 아니라 기다렸다가 3시에 만나서 약속을 잡자는 뜻입니다. 3시로 약속을 잡자고 하려면 at이 아니라 for를 쓰세요.

Let's set a meeting **for** three o'clock.

▶ 이에 대한 더 자세한 설명은 p.228에서 확인할 수 있습니다.

Why 왜 시간의 전치사를 정확히 알아야 하나요?

영어에서는 시간 개념이 굉장히 중요합니다. 전치사로 네이티브처럼 시간을 정확히 표현하세요. **시간의 전치사는 사용빈도가 굉장히 높은 표현이지만, 우리말의 시간표현과 달라서 그만큼 어렵게 느껴질 수 있습니다. 전치사의 이미지 연상을 통해 유연성 있는 이해가 바탕이 되지 않으면 사용할 때마다 매번 헷갈리게 될 거예요.** 이번 레슨에서는 일반적인 영어의 시간 표현법을 알아보고, 언어적 표현 차이로 한국어가 모국어인 우리가 많이 틀릴 수밖에 없는 시간의 전치사에 집중하여 그동안 궁금했던 부분들을 해소하고 실수를 줄일 수 있는 공부를 해보도록 하겠습니다!

POINT 1 시간의 전치사: at/on/in

6-L2-1.mp3

'~에'라고 해석이 되며 시간과 함께 쓰이는 전치사에는 at/on/in이 있습니다.

1 **at + 시각** 한 점으로 콕 짚는 이미지	정확한 시각을 짚어주므로 '시각'과 함께 쓰입니다. **at** 2:30 A.M. 새벽 2시 반에 **at** noon 낮12시에 **at** dawn 동틀 때에
2 **on + 요일/날(짜)** 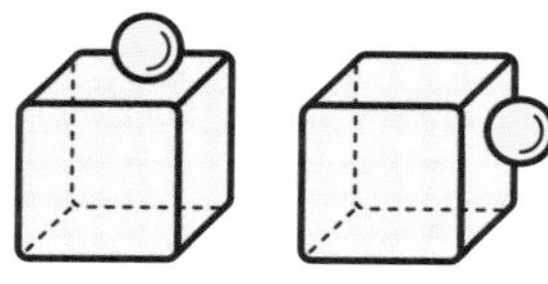 붙어 있는 이미지	하루에 붙어 있는 일과들을 표현해 주므로 '요일', '날(짜)'와 함께 쓰입니다. **on** Tuesday 화요일에 **on** my birthday 내 생일에 **on** New Year's day 새해에 **on** November 11 11월 11일에
3 **in + 달/년/계절/시절** 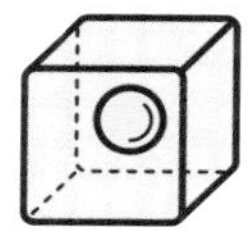 기간 안에 있는 이미지	나날들이 들어가 있는 '긴 시간'을 나타냅니다. **in** 2023 2023년에 **in** August 8월에 **in** summer 여름에 **in** the future 미래에

✪ 의미에 따라 달라지는 in과 at의 쓰임을 비교해 보세요!

미래, 현재, 과거의 시간대를 나타낼 때는 in the future(미래에), in the present(현재에), in the past(과거에)를 씁니다. 하지만 '현재'의 경우 일반적인 시간대가 아닌 '지금 이 순간으로서' 지칭을 할 때는 '한 점으로 콕 짚는 전치사' at을 이용해 at present를 사용합니다.

> Most science fiction movies don't take place **in the present**.
> '현재'라는 시간대를 표현
> 대부분의 공상과학 영화들은 **현재에서** 일어나는 일이 아니지.
>
> We don't have any plans **at present**.
> '지금 현재 시점에는'이라는 의미
> **지금 현재로서는** 아무 계획도 없습니다.

POINT 2 영어의 시간 표기법

6-L2-2.mp3

영어에서 시간을 표기하는 데는 여러 방법과 스타일이 있지만 그 중에서 가장 보편적으로 사용되는 방법을 하나 소개해 드리겠습니다. 실제로 영어를 하다 보면 날짜와 시간을 같이 이야기해야 하는 경우가 많기 때문에 잘 알아둘 필요가 있습니다.

✪ 날짜를 표기하는 순서는 <at 시간 on (요일), 달 날, 년도>입니다.

"요~ 달날년아!" 하고 외우면 머리에 확 들어올 거예요.

❶ 2023년 4월 3일에	**on April 3**, 2023 [on 달 날, 년도] ➡ 날짜의 경우 말을 할 때는 서수(3rd)를 사용하지만 글의 표기법으로는 기수로 그냥 숫자를 씁니다. *cf.* 날짜를 강조해줄 때는 4월 3일을 '4월의 세 번째 날'로 표현합니다. **on the 3rd of April** 4월 3일에 이 형태는 날짜만 이야기하고 '달'은 표기하지 않을 때 많이 사용됩니다. **on the 3rd** 3일에
❷ 2023년 4월 3일 일요일에	**on** Sunday, April 3, 2023 [on 요일, 달 날, 년도]
❸ 2023년도 4월 3일 아침에	**on** the morning of April 3, 2023 [on 시간대 of 달 날, 년도]

❹ 일요일 아침에	**on** Monday morning [on 요일 시간대]
❺ 2023년 4월에	**in** April, 2023 [in 달, 년도] ➡ 날짜가 없이 달이나 년도가 나오면 in을 써줍니다.
❻ 4월 3일 아침 10시에	**at 10:00 A.M. on** April 3 [at 시각 on 달 날] ➡ 시각을 숫자로 표기할 때는 A.M., P.M.로 오전, 오후 정보를 넣어 전자시계의 시간 형태를 사용합니다. **at ten o'clock in the morning on** April 3 [at 시각 on 달 날] ➡ 시각을 알파벳으로 풀어서 표기할 때는 in the morning(아침에), in the afternoon(오후에)과 자주 같이 쓰입니다.

✪ '~에 on/in' 전치사가 생략되는 경우

시간을 나타내는 단위인 요일, 달, day, month, year 등 앞에 this, that, last, every, next 등이 나오면, 시간이 스스로 부사로 쓰이게 되어 '~에'를 나타내는 전치사가 필요 없습니다.

~~on~~ this Tuesday 이번주 화요일에	I am meeting my parents **this Tuesday**. 난 **이번주 화요일에** 부모님을 뵐 거야.
~~in~~ last year 작년에	He bought a house **last year**. 그는 **작년에** 집을 샀어.

✪ today, tonight, tomorrow 등도 스스로 부사 역할을 할 수 있으므로 전치사 on과 쓰지 않습니다.

See you ~~on~~ **tomorrow**. **내일** 보자.

I'm going out with my friends **tonight**. 나 **오늘밤** 친구들이랑 나가 놀 거야.

I have to finish the report **today**. **오늘** 그 보고서 끝내야 해요.

Tip 배운 영어가 쓰는 영어가 되는 팁

시간대를 나타내는 표현의 다양한 활용 [in the morning에서 the를 a로 바꾸면 생기는 변화들]

1 in the morning/afternoon/evening, at night

하루 중 특정 시간대를 나타내는 **'아침에, 점심에, 저녁에'**는 그 시간대 안에 발생하는 일을 나타낼 때 쓰는 표현으로 in the morning, in the afternoon, in the evening이라는 고정된 형태로 사용됩니다. 다만 주로 잠을 자느라 많은 활동이 일어나지 않는 **'밤에'**는 at night이라는 형태를 사용하죠.

I usually exercise **in the morning**.
저는 보통 **오전에** 운동을 합니다.

I don't like people to call me **at night**.
사람들이 제게 **밤에** 전화하는 것을 좋아하지 않아요.

---

2 on a 형용사 + 시간대

하지만 이 시간대를 나타내는 표현에서 **정관사 the를 a로 바꾸게 되면 형용사와 함께 쓰이면서 그런 상태의 오전, 오후, 저녁, 밤을 가진 '날'**을 나타내게 되며 **전치사는 on**을 씁니다.

On a cold morning in December, the power in his house went out.
12월 어느 추운 아침에, 그의 집 전기가 나갔지.
➡ 추운 아침을 가진 '한 날'로 보기 때문에 전치사도 '날'의 전치사 on을 사용합니다.

On a rainy night, she got a phone call from the hospital.
비 내리는 어느 밤에, 그녀는 병원으로부터 전화 한 통을 받았어요.

---

3 on the 형용사 + 시간대

문맥 안에서 **정확하게 그 날이 어떤 날인지 나와 있다면 〈on the 형용사 + 시간대〉도 가능**합니다.

On the rainy afternoon that his dog ran away, he met his future wife. 그의 개가 도망친 그 **비 오는 오후에,** 그는 장차 아내가 될 여자를 만났지요.
➡ 정확하게 어떤 비 오는 날인지 나와 있기 때문에 정관사 the가 쓰입니다.

On the sunny morning that she went for a walk, she got a phone call from her sister.
그녀가 산책을 나간 **그 화창한 아침에,** 그녀는 동생으로부터 전화 한 통을 받았어.

POINT 3 '~동안'으로 해석되는 시간의 전치사: for/during/in/over

6-L2-3.mp3

1 **for + 숫자** 지속된 시간의 길이 행동이나 상황이 지속되는 시간의 길이를 표현	I've been watching TV **for three hours.** 나 **3시간째** TV 보고 있어. ➡ 3시간 동안 계속 TV를 봄 We lived in London **for four years.** 우리 **4년 동안** 런던에서 살았었어. ➡ 4년 동안 계속 런던에서 살았음 I stayed at the party only **for thirty minutes.** 저는 파티에 **30분**밖에 안 있었어요. ➡ 고작 30분이지만 30분 동안 계속 파티에 있었음
2 **during + 일반명사** X X event 보통 특정 event 동안 발생한 일을 표현	She snored **during the movie.** **영화보는 동안** 그녀는 코를 골았어. ➡ 영화를 보는 동안 생긴 일 He texted his girlfriend **during the meeting.** 그는 **회의시간 동안** 여자친구에게 문자했어. ➡ 회의라는 event 동안 발생한 사건 Do not talk **during the test.** **시험보는 동안** 말하지 마세요. ➡ 시험이라는 event 동안 말하지 말 것 We had lots of seafood **during the trip.** 우리는 **여행하는 동안** 해산물을 많이 먹었어요. ➡ 여행을 하는 동안 했던 일 *cf.* **during/over + 기간 정보** 보통 during은 특정 event와 함께 쓰이지만 **'seasons, holidays, the weekend, vacation,** 식사명' 등의 기간 정보들은 during, over 둘 다와 쓰일 수 있습니다. I visited my grandmother **during** the summer. I visited my grandmother **over** the summer. 이번 **여름 동안** 할머니 댁에 다녀왔어.

전치사

3 over + 일반명사/숫자

특정 기간

특정 기간이나 시간에 걸쳐 발생한 일을 표현

What did you do **over the weekend**?
주말(동안)에 뭐 했어?

The economy has improved **over the past three years.** **지난 3년간** 경제가 좋아졌어.

➡ the past나 the last가 없이 그냥 over three years라고 하면 마치 3년이 넘는 시간 같기 때문에 숫자 앞에 보통 the last/the past를 붙여줍니다.

We will learn about tense **over the next few days.** **앞으로 며칠 동안** '시제'에 대해 배워볼 거예요.

cf. over 식사 *vs.* during 식사
〈over + 식사〉는 '식사를 하면서'라는 뜻으로 쓰입니다.

Let's discuss it **over** dinner. **저녁 먹으면서** 의논해 봅시다.

➡ 보통 〈over + 식사〉 형태는 상대를 식사에 초대하면서 '식사를 하면서 이야기를 나누어 보자'할 때 씁니다.

〈during + 식사〉와는 의미 차이가 있어요.

Let's discuss it **during** dinner. **저녁 먹는 동안** 의논해 봅시다.

➡ 보통 늘 같이 식사하는 사람에게 하는 말로써 '식사하는 동안 이야기를 나눠 보자'는 뜻으로 쓰입니다.

4 in + 숫자

특정 기간

특정 기간이나 시간 안에 발생한 일을 표현

She moved three times **in the last two years.**
그녀는 **지난 2년 동안** 세 번 이사했어.

➡ 지난 2년이라는 기간 동안 발생한 일

He finished a whole hamburger **in two minutes.**
그는 **2분만에** 햄버거 하나를 다 먹었어.

➡ 2분 동안 다 끝낸 일, 해낸 일을 표현

cf. in: (기간) 안에 동작을 끝내고 해낸 일
for: (기간) 동안 동작을 지속한 일

I talked on the phone **for** ten minutes.
나는 **10분동안** 통화했어.

➡ 통화를 지속한 시간을 표현

★ in은 문맥에 따라 미래시간과 같이 쓰여 '지금으로부터 ~ 후에'라는 뜻으로도 쓰입니다. (p.229 참고)

I'll call you back **in** five minutes.
5분 있다가 내가 다시 전화할게.

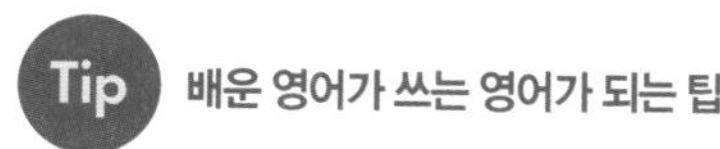

시간의 길이를 나타내는 전치사 for와 in의 차이

❶ I made this cake **in three hours.**
❷ I have been making this cake **for three hours.**

왜 ❶에는 in, ❷에는 for가 쓰였을까요?

우선, **전치사 for는 동작을 계속하고 지속한 기간**을 나타냅니다.

I slept **for ten hours.** 난 **10시간** 잤어. ➡ 자는 행동을 10시간 동안 계속한 것
I exercised **for one hour.** 난 **한 시간** 운동했어. ➡ 운동을 한 시간동안 계속 한 것

따라서 '3시간째 케이크를 만들고 있는 중이다'라는 의미의 ❷번 문장은 케이크 만드는 행동을 3시간째 계속하고 있는 것이기 때문에 for를 사용한 것입니다. 하지만 **in 뒤에 시간의 길이를 나타내는 숫자가 나올 때는 그 기간 안에 동작이 완성되고 다 완료되었음**을 나타내죠.

He wrote this book **in two months.** ➡ 2개월만에 책을 완성
그는 이 책을 **2개월만에** 썼어요.

He finished college **in three years.** ➡ 3년만에 대학과정 끝냄
그는 대학과정을 **3년만에** 마쳤어요.

따라서 '3시간만에 케이크를 다 만들었다'라는 뜻의 ❶번 문장에서는 for를 사용할 수 없고 in을 사용한 것입니다.

그림으로 확실히 비교해보기

I made this cake **in three hours.**
3시간만에 이 케이크를 만들었어.

I have been making this cake **for three hours.** **3시간째** 이 케이크를 만들고 있는 중이야.

특히 in은 문맥에 따라 '~만에/안에'뿐만 아니라 '~동안'라고도 해석이 될 수 있기 때문에 오로지 우리말 해석에 의존해서만 for와 in을 구분하지 말고 그 기간 동안 동작을 계속 지속한다는 것인지 그 기간 안에 완성해낸 행동을 이야기하는 것인지를 잘 따져서 알맞은 것을 골라 써야 합니다.

POINT 4 '~에'로 해석되는 시간의 전치사: at/for

6-L2-4.mp3

1 **at + 시각**

한 점으로 콕 짚어주는 이미지

사건이 발생한 시각을 정확히 짚어줄 때 사용합니다.

The class starts **at 10:30**.
수업이 **10시 반** 시작이야.
➡ 10시 반에 수업이 시작함

The flight takes off **at 7:00**.
비행기가 **7시에** 이륙합니다.
➡ 7시에 비행기가 이륙함

2 **for + 시각**

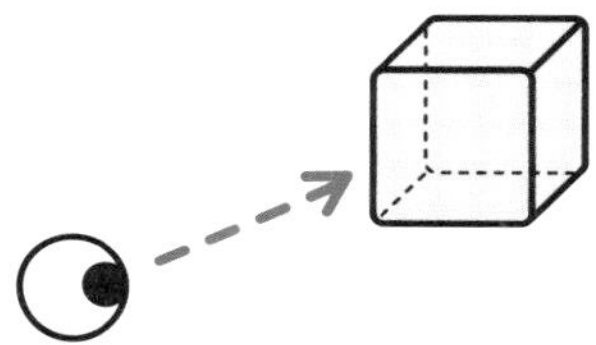

목적지를 바라보는 이미지

Challenge(p.220)에 대한 설명입니다.

그 행동을 하려고 하는 시간을 바라보면서 미리 정해 놓을 때 사용합니다. 우리말로는 '~에, ~로'로 해석됩니다.

I set the alarm **for 6:00**.
내가 알람을 **6시에** 맞춰 놓았어.
➡ 6시에 울리는 걸로 이미 맞춰 놓음

Why don't we set the meeting **for Tuesday**?
화요일로 회의를 잡는 건 어떨까요?
➡ 화요일에 회의를 하는 것으로 지금 약속을 정함

cf. '~에'로 해석되는 at과 for의 차이
❶ at: 동작이 발생한 그 시간
❷ for: 동작이 일어날 시간을 미리 정할 때 사용

I set the meeting **for** 7:00. 난 회의를 **7시로** 잡았어.
➡ '7시에 회의를 하자'고 약속을 정했다.

I set the meeting **at** 7:00. 난 **7시에** 회의를 잡았어.
➡ '약속을 잡는 행동'을 7시에 했다.

| 주의 | 7시로 예약하고 싶습니다.

I would like to make a reservation **for seven o'clock**.
➡ 7시에 식사를 할 것으로 지금 예약을 하는 것이므로 for가 맞는 표현이지만 실제 회화에서 원어민들이 make a reservation을 〈at + 시각〉 하고도 많이 씁니다.

하지만 원어민들이 이 외의 다른 동사들은 의미에 맞게 for인지 at인지 선별하여 쓰기 때문에 at과 for의 올바른 의미 차이를 알아두는 것이 필요합니다.

POINT 5

'~ 후에'로 해석되는 시간의 전치사: in/since/after

6-L2-5.mp3

1 in

[미래시간과 쓰일 때]

말하는 시점인 **현재가 시간의 기준점**이 되어서 **지금으로부터 얼마 뒤**인지를 언급할 때 사용합니다. 문맥에 따라 '~ 있다가'로 의역되기도 해요.

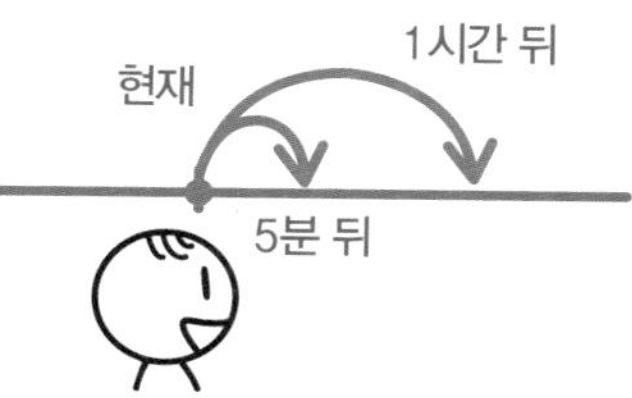

Let me call you **in one hour.**
지금으로부터 1시간 후에
한 시간 뒤에[있다가] 전화할게.

I'll be back **in five minutes.**
지금으로부터 5분 후
5분 뒤에[있다] 올게.

cf. **in one hour** *vs.* **within one hour**

I'll text you **in** one hour.
지금으로부터 **1시간 후에** 문자할게.

I'll text you **within** one hour.
1시간 내로 문자할게.
➡ 30분 후가 될 수도 있고 40분 후가 될 수도 있음

★ '~만에/~동안'으로 해석되는 in과는 문맥상 헷갈리지 않기 때문에 걱정하지 않아도 됩니다.

I answered all the questions **in** 15 minutes.
나는 모든 질문에 **15분만에** 답했어.

2 since

[두 시점이 서로 연결될 때]

두 시점을 연결하기 때문에 **보통 완료형과 함께** 사용됩니다.

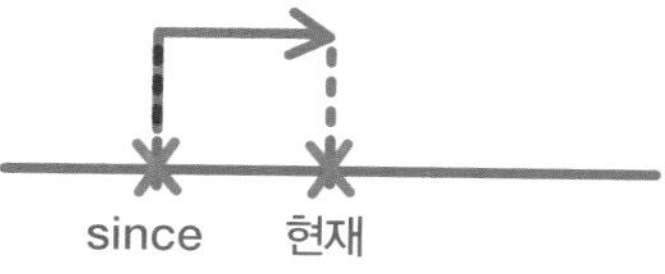

I **haven't seen** my grandfather **since 2012.**
2012년 이후로 저는 할아버지를 뵌 적이 없어요.

Since the accident, he **has been** in a wheelchair.
그 사고 이후로 그는 휠체어를 타요.

cf. 접속사로도 쓰이는 **since**

since는 전치사뿐 아니라 접속사로도 쓰이기 때문에 다음과 같이 뒤에 문장도 쓸 수 있습니다.

Since I had my son, **I've been** trying to lose weight.
아들을 낳고 난 후로, 저는 살을 빼려고 노력하고 있어요.

One year **has** already **passed since** I saw you.
내가 널 본 후로 벌써 일 년이 지났어.

3

after

[특정 시점과 함께 쓰일 때]

after는 **언제 이후인지 그 특정 시점**을 알려줄 때 쓰고, **이미 그 특정 시점이 문맥 안에 나온 경우에는 얼마만큼 후인지**를 보여줄 때 씁니다.

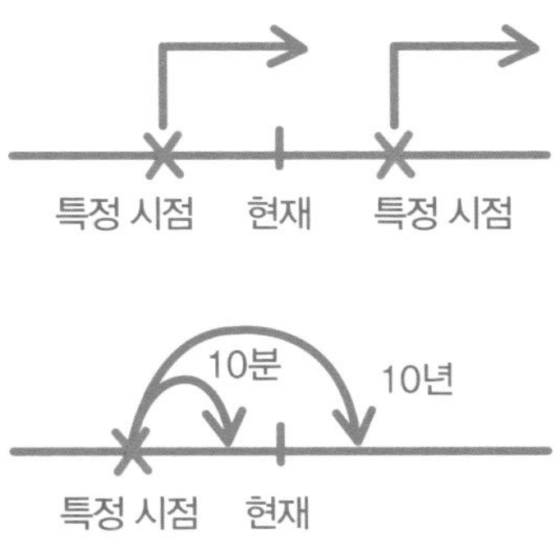

❶ after + 특정 시점

Let me call you **after dinner**. **저녁 먹고** 전화할게.

저녁식사라는 특정 시점 이후

❷ after + 경과된 시간

이미 특정 시점이 문맥 안에 나온 경우 그로부터 얼마만큼 후인지 after 뒤에 씁니다. 이때의 after는 부사 later로 바꿔 써도 되죠.

I ordered pizza, and **after 15 minutes**, it came.

피자를 주문한 시점으로부터 15분 후에

= I ordered pizza, and **15 minutes later** it came.

피자를 주문했고 **15분 뒤에** 피자가 왔어.

❸ 경과된 시간 + after 특정 시점

특정 시점으로부터 '얼마만큼 후'인지는 특정 시점을 after 뒤에 쓰고 경과된 시간은 after 앞에 써주면 됩니다.

I brush my teeth **30 minutes after lunch**.

경과된 시간 + after 특정 시점

나는 **점심을 먹고 30분 후에** 이를 닦는다.

다시 한번 확인해보는 in과 after의 의미 차이

(피클을 만드는 중) **한 달 뒤에** 드시면 돼요.

You can eat the pickles **in one month**.

➡ 말하는 시점으로부터 한 달 뒤이므로 in을 씁니다.

피클을 만들었어요. 그리고 **한 달 뒤에** 먹었어요.

I made pickles and **after one month**, I ate them.

= I made pickles. **One month later**, I ate them.

➡ 피클을 만든 시점으로부터 한 달 후에

피클을 만들고 한 달 뒤에 드시면 돼요.

One month after making pickles, you can eat them.

➡ 피클을 만든 '특정 시점'으로부터 '한 달 후' 〈경과된 시간 + after + 특정 시점〉

Tip 배운 영어가 쓰는 영어가 되는 팁

~ 전에: ago *vs.* before

1 숫자 + ago

ago는 '~후에'의 전치사 in과 마찬가지로 **말하는 시점인 '현재'가 시간의 기준점이 되어 '현재로부터 얼마만큼 전'**인지를 표현할 때 씁니다. ago**는 숫자 뒤에 위치**합니다.

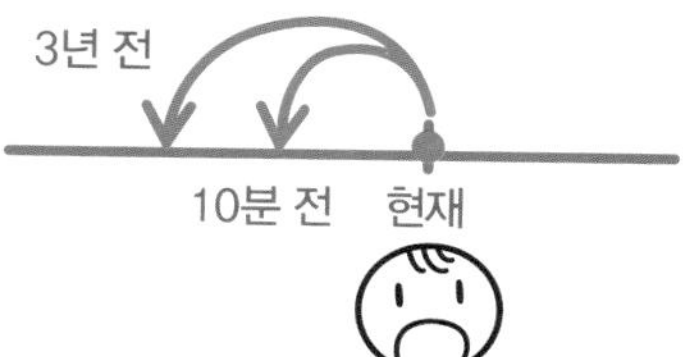

I got here **20 minutes ago.**
말하는 시점인 '현재'로부터 20분 전
전 **20분 전에** 도착했어요.

She graduated from college **three years ago.**
말하는 시점인 '현재'로부터 3년 전
그녀는 **3년 전에** 대학을 졸업했어요.

---

2 before + 특정 시점

before는 **언제 이전인지** 그 특정 시점을 알려 줄 때 쓰거나 **그 특정 시점으로부터 얼마만큼 전**인지를 보여줄 때 씁니다.

❶ before + 특정 시점

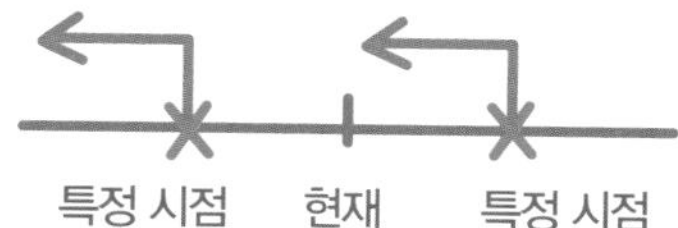

Don't eat anything **before lunch.**
점심식사라는 특정 시점 이전
점심 먹기 전에 아무것도 먹지 마라.

❷ 시간 before + 특정 시점

I brushed my teeth
30 minutes before lunch.
특정 시점으로부터 얼마만큼 전인지를 보여줌
나는 **점심 먹기 30분 전에** 이를 닦았어.

| 주의 | **before 뒤에는 시간의 길이가 나오지 않고 특정 시점만 나옵니다.** 기준점이 현재인지, 아니면 따로 정해진 시점이 있는 것인지에 따라 ago와 before를 골라 써야 한다는 것을 잊지 마세요!

POINT 6 '~까지'로 해석되는 시간의 전치사: until/by

6-L2-6.mp3

1 **until** **+ 기한**(명사/문장) **기한까지 행동을 멈추지 않고 지속, 계속할 때** 사용합니다.	I slept **until ten o'clock** this morning. 오늘 아침에 **10시까지** 잤어. ➡ 10시까지 계속 잠 Could you watch my son **until 3:00**? **3시까지** 아이 좀 봐줄 수 있어요? ➡ 3시까지 아이보는 행동을 계속 함 I can't quit my job **until I find a new one**. **새로운 직장을 찾을 때까지** 직장을 그만둘 수 없어. ➡ 새 직장을 찾을 때까지 계속 일해야 함 [접속사로 쓰임] ★ until은 전치사이자 접속사이기 때문에 뒤에 명사도 올 수 있고 문장도 올 수 있습니다.
2 **by + 기한**(명사) **기한까지 행동을 완성하고 완료해야** 한다는 의미를 전달합니다.	I have to finish the report **by the end of the month**. **이번 달 말까지** 보고서 다 써야 해. ➡ 이번 달 말까지 보고서를 완성해야 함 It will be done **by noon**. **12시까지는** 끝내 놓겠습니다. ➡ 12시까지 완료해야 함 Please return this book **by Friday**. 이 책을 **금요일까지** 반납해 주세요. ➡ 금요일까지 반납을 완료해야 함 *cf.* by 뒤에는 문장이 올 수 없으므로 문장을 써야 할 경우 before를 쓰면 됩니다. Clean the whole house **before** I come home. (문장: before I come home) **내가 올 때까지** 집 청소 다 해놔라. ★ by는 전치사이기 때문에 뒤에 문장이 나올 수 없습니다.

POINT 7 '~부터'로 해석되는 시간의 전치사들

6-L2-7.mp3

1 from + 특정 시점 **보통 전치사 to와 함께 쓰여 '~부터 ~까지'**의 의미를 나타냅니다. **from A to B** A에서 B까지	Our store is open (**from**) **9:00 A.M. to 8:00 P.M.** 저희 가게는 **오전 9시부터 저녁 8시까지** 합니다. ➡ 종종 from은 생략되기도 합니다. I am not available **from one to three**. 제가 **1시부터 3시까지는** 시간이 안 돼요.
2 starting + 특정 시점 **'~까지'가 없이 특정 시작점을 나타낼 때** 사용합니다. staring 대신 starting from을 써도 돼요.	I'll study hard **starting today**. 나는 **오늘부터** 공부 열심히 할 거야. I'm working with my sister **starting next Wednesday**. **다음주 수요일부터** 동생이랑 같이 일해. *cf.* 지금부터 해서 앞으로도 쭉~ 계속할 행동은 from now on을 씁니다. **From now on**, I won't tease you. **이제부터** 나 너 안 놀릴게.
3 as of + 특정 시점 **어떤 일이 시작되는 시작점**과 쓰이며 formal한 뉘앙스를 지닙니다. starting으로 바꿔 써도 되죠.	The project will be handled by our Canadian office **as of June 1**. = starting **6월 1일부터** 이 프로젝트는 저희 캐나다 지사가 맡게 될 것입니다. **As of today**, masks are not mandatory. = starting **오늘부로** 마스크는 의무가 아닙니다. ★ 우리말로는 '~부로'라고도 종종 해석됩니다. mandatory 의무적인

4 **at/on/in + 특정 시점** **동사 start와 함께 시작점이 나오게 될 때**는 '~에'로 해석이 되는 at/on/in을 사용합니다.	I start swim lessons **in October**. 저 **10월부터** 수영수업 시작해요. ➡ 시작하는 동작은 10월에 한 번만 하기 때문에 in을 사용 Our meeting starts **at 9:00.** 회의가 **9시부터** 시작이에요. ➡ 회의는 9시에 (한 번만) 시작함
5 **since + 특정 시점** **두 시점을 연결**해주는 since는 문맥에 따라 '~ 후에'라고도 해석이 되고 '~부터'라고도 의역이 됩니다.	**Since 2010**, I've lived in Chung-ju. **2010년부터** 저는 청주에서 살고 있습니다. **Since I was seven**, I've been playing the violin. **7살때부터** 저는 바이올린을 연주해오고 있어요. [접속사로 쓰임] ★ **since는 전치사이자 접속사이기 때문에 뒤에 명사도 올 수 있고 문장도 올 수 있습니다.**

다시 한번 확인해보는 '~부터'의 전치사

저 **월요일부터** 출근해요.

I will start working ~~from~~ **on Monday**.

➡ '출근 시작'은 월요일에 한 번만 하는 것입니다. '시작'을 월요일, 화요일, 수요일… 계속 하지 않습니다.

오늘부터, 시에서 쓰레기를 일주일에 두 번씩 수거해 갈 거예요.

Starting today, the city will pick up trash twice a week.

➡ from은 언제까지인지 to와 함께 사용합니다. 그냥 시작점은 starting을 쓰면 됩니다.

이제부터는 다시는 거짓말 안 할게.

From now on, I will never lie to you.

➡ 지금부터 앞으로 쭉~ 하는 행동은 from now on을 씁니다.

가게 영업시간을 물어볼 때 전치사가 헷갈려요

가게 영업시간을 나타낼 때 헷갈리는 이유는 문을 열거나 닫는 동작(action)을 이야기하는 것인지 문을 열거나 닫는 상태(state)를 이야기하는 것인지에 따라 전치사가 달라지기 때문이에요.

---

1 문을 여는/닫는 시간을 콕 짚어 말할 때는 at

일단 **'언제 문 열어요?**(When do you open?)' **'언제 문 닫아요?**(When do you close?)'라는 질문은 **문을 열고 닫는 동작의 시간을 물어보는 뜻**이기 때문에 **정확히 그 동작이 이루어지는 시각을 짚어** 이야기를 해줍니다.

Q When do you open?

A We open **at 9:00 A.M.**
저희는 **오전 9시에** 열어요.

The library opens **at 9:00 A.M.**
도서관은 **오전 9시에** 열어요.

Q When do you close?

A We close **at 11:00 P.M.**
저희는 **오후 11시에** 닫아요.

The library closes **at 6:00 P.M.**
도서관은 **오후 6시에** 닫아요.

---

2 언제까지 문 열어둔다고 할 때는 until

하지만 **'저희 11시까지 합니다.'**라고 할 때는 **문 여는 상태가 11시까지 지속되는 것**이므로 상태가 지속되는 **전치사 until을 써야** 합니다.

We are open **until 11:00 P.M.** 저희는 **오후 11시까지** 열어요.
➡ 문을 열고 있는 상태이므로 open은 형용사로 쓰세요.

---

3 '~부터 …까지' 영업시간은 from ~ to ...

또한 **'~부터 …까지' 영업하는지** 알려줄 때는 **from과 to를 써서** 영업 중임을 알려줍니다.

Q What are your business hours? 영업시간이 어떻게 되나요?

A We are open **from 9:00 A.M. to 11:00 P.M.**
저희는 **오전 9시부터 오후 11시까지** 열어요.

The library is open **from 9:00 A.M. to 6:00 P.M.**
도서관은 **오전 9시부터 오후 6시까지** 열어요.
➡ 문을 열고 있는 상태이므로 open은 형용사로 쓰세요.

Review

배운 문법 바로 쓰는 영어 연습

6-L2-8.mp3

Q 전치사를 활용해 다음 우리말을 영어로 말해보세요. (접속사로 활용해야 하는 경우도 있음)

1. 저희는 2017년 11월18일**에** 결혼했어요.

   We got married __________ November 18, 2017.

2. 화요일 7시**에** 친구랑 저녁 먹기로 했어요.

   I am having dinner with my friend __________ seven o'clock __________ Tuesday.

3. **다음주 목요일** 저녁 7시쯤**에** 한국 도착할 예정이에요.

   I am going to arrive in Korea __________ around 7:00 P.M. ________________.

4. 저 **20일에** 생일 파티해요.

   I am having a birthday party ________________.

5. 나 오늘 아침에 3시간 **동안** 게임했어.

   I played games __________ three hours this morning.

6. 걔는 숙제를 30분**만에** 끝냈어.

   She finished her homework __________ 30 minutes.

7. **저녁 먹으면서** 의논해 봅시다.

   Let's discuss it ________________.

8. **7시로** 예약하고 싶습니다.

   I would like to make a reservation ________________.

9. **한 시간 뒤에** 전화할게.

   Let me call you ________________.

10. **저녁 먹고** 전화할게.

Let me call you ______________.

11. 피자를 주문했고 **15분 뒤에** 피자가 왔어.

I ordered pizza, and ______________________, it came.

12. 나는 **점심 먹기 30분 전에** 이를 닦았어.

I brushed my teeth ______________________.

13. **새로운 직장을 찾을 때까지** 직장을 그만둘 수 없어.

I can't quit my job ______________________.

14. **3시까지** 아이 좀 봐줄 수 있어요?

Could you watch my son ______________?

15. **이번 달 말까지** 보고서 다 써야 해.

I have to finish the report ______________________.

16. **내가 올 때까지** 집 청소 다 해놔라.

Clean the whole house ______________________.

17. 나는 **오늘부터** 공부 열심히 할 거야.

I'll study hard ______________.

18. **오늘부로** 마스크는 의무가 아닙니다.

______________, masks are not mandatory.

19. 저 **10월부터** 수영수업 시작해요.

I start swim lessons ______________.

20. **이제부터는** 다시는 거짓말 안 할게.

______________, I will never lie to you.

▶ 모범답안은 p.269를 확인하세요.

LESSON 03

열일하는

전치사의 다양한 활용

mp3 듣기

에어컨을 켠 채로 잤어요.
While the air conditioner was on, I slept.
그럼 잠을 잘 못 잤단 말입니까?

Challenge 위의 대화에서 남자가 저렇게 생각하는 이유는?

6-L3-1.mp3

~~While~~ the air conditioner was on, I slept.

while은 두 가지 동작이나 상황이 같이 일어나는 것을 뜻하는 접속사로 여자의 표현에 따르면 마치 에어컨이 켜져 있을 때만 잔 것 같습니다. (켜지면 자고, 꺼지면 깨고…) 이 경우 수반의 의미를 가진 with을 써서 '그런 상황을 가진 상태로 잤다'라고 해야 자연스럽게 들립니다.

With the air conditioner on, I slept.

▶ 이에 대한 더 자세한 설명은 p.240에서 확인할 수 있습니다.

Why 왜 전치사의 활용까지 배워야 하는 걸까요?

다양하게 활용되는 사용빈도 200% 전치사를 알면 여러분도 네이티브처럼 풍부한 영어표현을 구사할 수 있어요. 전치사는 정말 많은 상황에서 다양하게 활용되기 때문에 전치사 하나에 우리말 해석도 그때그때 상황과 문맥에 따라 다양하게 이루어지죠. 그래서 우리에겐 도무지 알 수 없는 녀석처럼 느껴지는 것이 전치사이기도 합니다. 이번 레슨에서는 사용빈도가 굉장히 높으면서 다양하게 활용이 되는 전치사들의 쓰임과 우리말 해석만으로는 구분하기 힘든 전치사의 숨은 의미를 배워보고 문장 안에서 어떻게 활용되는지를 살펴보겠습니다!

POINT 1 전치사 with

6-L3-1.mp3

동반, 수반의 의미를 가진 with는 문장 안에서 단순히 '~와'라는 의미로만 사용되는 것을 넘어서서 이유, 조건, 동시상황 등까지 다양한 의미로 활용됩니다. 어떻게 그런 의미를 가지게 되고 어떻게 활용이 되는지 알아보겠습니다.

1 '동반/수반'의 with	This bag comes **with a wallet.** 이 가방은 **지갑이랑 같이** 나왔어요. ➡ 같이 세트로 나온 물건을 이야기할 때 사용 I visited Japan **with my family.** **가족이랑** 일본 다녀왔어. I don't have my cell phone **with me.** 나 지금 핸드폰 안 **가지고** 왔어. ➡ 현재 소지 여부를 표현
2 '조건'의 with **조건을 '수반'하게 되면** 일어나게 되는 상황을 표현합니다.	**With self-confidence,** you will succeed. **자신감을 가지면** 넌 성공할 거야. **With you,** there's nothing I can't do. **당신만 있으면** 내가 못할 것은 없어.

3 '이유/원인'의 with

특정 상황의 '수반'에 따른 결과를 표현할 때 사용합니다.

❶ with + 형용사 + 명사

❷ with + 명사 + 형용사/전치사구

★ 명사 뒤에 형용사나 전치사구로 명사의 상태를 설명해줄 수 있습니다.

With her broken finger, she couldn't write.
그녀의 부러진 손가락으로는

= **With her finger broken**, she couldn't write.
그녀의 손가락이 부러진 상태라

부러진 손가락으로 글을 쓸 수가 없었어요.

| 주의 | with는 **문맥에 따라서 수반에 따른 결과로 해석이 되기도 하고 동시상황으로 해석이 될 수도** 있습니다. 우리말 해석보다는 '수반'이라는 의미에 초점을 맞춰주세요.

[가능한 의역] **부러진 손가락 때문에** 그녀는 글을 쓸 수가 없었어요.
손가락이 부러진 채로 그녀는 글을 쓸 수가 없었어요.

With my finger in a splint, I can't drive (anywhere).
손가락에 깁스를 하고는 운전을 할 수가 없어요.
➡ 전치사구를 명사 뒤에 붙여 명사의 상태를 설명해줄 수 있습니다.

With her son (being) at home, she doesn't have much free time.
아들이 집에 있는 관계로 그녀는 자유시간이 별로 없어요.

in a splint 깁스를 한

4 '동시상황'의 with

특정 상황을 '수반'한 상태로 어떤 행동을 할 때 사용합니다.

with + 명사 + 형용사/전치사구

★ 명사 뒤에 형용사나 전치사구로 명사의 상태를 설명해줄 수 있습니다.

Challenge(p.238)에 대한 설명입니다.

He went into the house **with his shoes on**.
그는 **신발을 신은 채로** 집 안으로 들어갔어.
➡ '신발을 신고 있는 상태'를 가지고 집 안으로 들어감

She tried to get out of the car **with the seatbelt on**. 그녀는 **안전벨트를 맨 채로** 차에서 내리려 했어.
➡ '안전벨트를 매고 있는 상태'를 가지고 내리려 함

With her baby on her back, she couldn't run fast. **아이를 등에 업은 채로** 그녀는 빨리 달릴 수가 없었어.
➡ '아이를 등에 있는 상태'를 가지고는 빨리 못 달림

He smoked **with the window closed**.
그는 **창문을 닫은 채로** 담배를 폈어.

cf. 창문을 닫은 채로 담배를 폈다고 하려면 창문이 '닫힌' 상태를 나타내야 하기 때문에 위와 같이 with와 함께 형용사 closed를 써야 합니다. **while은 '동작을 행하고 있는 동안'이란 의미**이므로 아래와 같이 쓰면 창문을 닫는 동작을 하면서 담배를 피우는 것이 되어 어색합니다.

He smoked **while** closing the window. (X)

POINT 2 '이유'를 나타내는 전치사: because of/due to/for

6-L3-2.mp3

1 because of **가장 일반적인 이유**를 나타내는 전치사입니다. ★ 접속사 because는 뒤에 문장이 나옵니다.	We canceled the hike **because of bad weather**. because of + 명사 = We canceled the hike **because the weather was bad**. because + 문장 **험한 날씨 때문에** 우리는 산행을 취소했어. I don't want to go to the party **because of him**. **걔 때문에** 나는 파티에 가고 싶지 않아. ➡ 주관적인 이유에도 because를 쓸 수 있습니다.
2 due to **직접적인 원인에 따른 결과**를 나타냅니다. ★ formal한 형태로는 owing to 가 있습니다.	The business failed **due to its poor location**. = because of its poor location **안 좋은 위치 때문에(입지가 안 좋아서)** 사업이 실패했어. We canceled the hike **due to bad weather**. = because of bad weather **험한 날씨 때문에** 우리는 산행을 취소했어. *cf.* **긍정적인 결과에 대한 원인은 thanks to** **due to는 보통 부정적인 결과와 함께 쓰입니다. 긍정적인 결과에 대한 원인은 보통 '덕분에'라는 뜻의 전치사 thanks to를 사용합니다.** **Thanks to** his years of experience, he was able to succeed. **다년간의 경험 덕분에** 그는 성공할 수 있었어.
3 for **감사, 사과, 벌, 상 등의 원인**에 사용하거나 **보통 '~ 위해서'라고 해석해도 자연스러운 경우**에 사용합니다.	I am sorry **for being late**. **늦어서** 죄송합니다. [사과의 원인] He went to prison **for stealing**. 그는 **절도로** 감옥 갔어. [처벌의 원인] She had to leave early **for the appointment**. = because of the appointment 그녀는 **예약 때문에** 일찍 가야 했어. [예약을 위해서 일찍 가야 했음]

POINT 3 재료를 나타내는 전치사

6-L3-3.mp3

1 **be made of** **재료가 무엇인지 육안으로 구분이 되는 기본적인 재료들에** 보통 사용됩니다.	This table **is made of wood**. 이 테이블은 **원목으로** 만들어졌어. This bag **is made of paper**, so it's weak. 이 가방은 **종이로** 만들어져서 약해.
2 **be made from** **제조의 과정을 거쳐 육안으로 재료가 구분이 되지 않는 경우**에 사용됩니다.	Many kinds of plastics **are made from oil**. 많은 종류의 플라스틱들이 **기름으로** 만들어지지. Paper **is made from wood pulp**. 종이는 **목재펄프로** 만들어져. Makgeolli **is made from rice**. 막걸리는 **쌀로** 만들어져.
3 **be made with** 보통 **먹을 것에 사용이 되고 여러 재료들이 사용되었을 때** 쓰입니다.	This smoothie **is made with strawberries**. 이 스무디는 **딸기로** 만들어졌어. This sushi **is made with salmon and cucumber**. 이 스시는 **연어랑 오이로** 만들어졌어요.
4 **be made out of** **기존에 있는 물건들을 이용해 새로운 용도의 물건을 만들었을 때** 사용합니다.	The bed **is made out of pillows**. **베개로** 침대를 만들었어. The doll **is made out of socks**. **양말로** 인형을 만들었어.
5 **in** **쓰거나 그린 것의 재료에** 사용합니다.	This portrait is **painted in oil**. 이 초상화는 **유화**예요. He **wrote** a letter **in pencil**. 그는 **연필로** 편지를 **썼어요**.

POINT 4 agree와 함께 쓰이는 전치사 with/on/to

6-L3-4.mp3

1 **agree with A** 같은 생각이어서 A에 동의하다	'동반, 수반'의 의미를 가진 전치사 with를 agree와 함께 써서 같은 입장이거나 생각이 같아서 동의한다는 의미를 나타내 줍니다. I **agree with** you. 나도 **너와 같은 생각이야.** I **agree with** what you said. 나도 네 말**에 동의해.** what you said 네가 말한 것
2 **agree on A** 합의하여 A에 동의하다	'붙어 있는 그림'의 전치사 on을 agree와 함께 써서 어떤 사항에 달라붙어서 조율하고 합의하여 동의한다는 의미를 나타내 줍니다. They finally **agreed on** a date for their wedding. 그들은 마침내 결혼식 날짜**에 합의했어.** We had to **agree on** where to go for vacation. 우린 어디로 휴가를 가야 할지 **합의를 봐**야 했어. where to go 어디로 가야 할지
3 **agree to A** 받아들여서 A에 동의하다	'목적지'로 향하는 방향성의 전치사 to를 agree와 함께 써서 특정 사항에 다가가 받아들여서 동의한다는 의미를 나타내 줍니다. I **agreed to** the terms of the contract. 나는 그 계약조건**을 받아들였어.** I **agreed to** their offer. 나는 그들의 제안**을 받아들였어.** term 조건 | contract 계약

POINT 5 어떤 전치사를 쓰느냐에 따라 그림이 바뀌는 예들 6-L3-5.mp3

전치사가 가지고 있는 고유의 이미지를 떠올려보면, 전치사 하나로 문장의 그림이 어떻게 바뀌는지 알 수가 있어요.

I am **at the mall.**

나는 **쇼핑몰에** 있어.

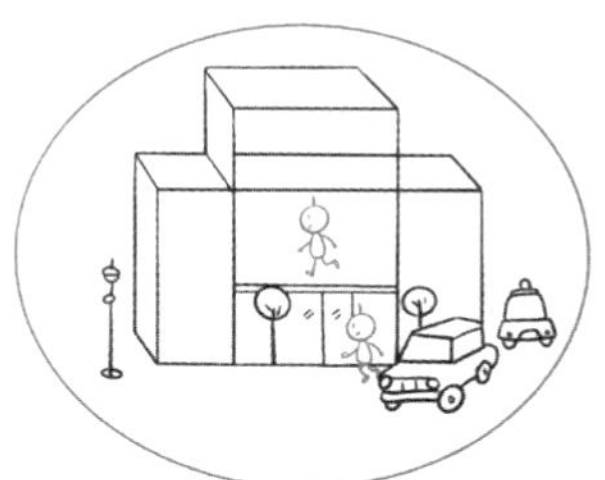

실내인지 실외인지 중요하지 않고, 쇼핑몰이라는 장소에 있음을 지칭하는 의미가 됩니다.

I am **in the mall.**

나 **쇼핑몰 안에** 있어.

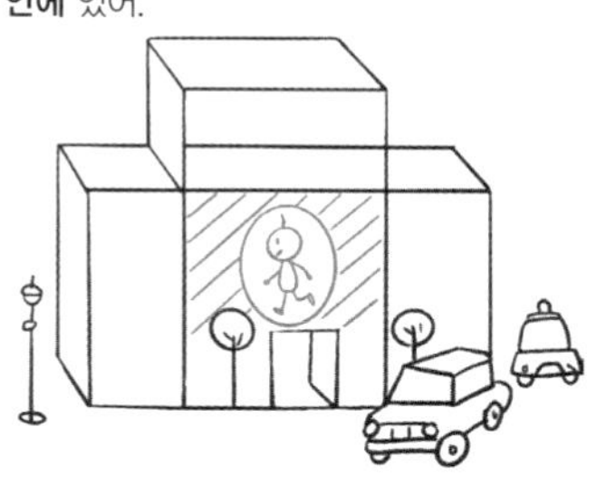

쇼핑몰 밖에 있지 않고 **안에 들어와 있음**을 알려주는 표현입니다.

She threw a book **to me.**

그녀는 **나에게** 책을 던져줬어.

목적지를 나타내는 to로 받는 사람을 나타내면 **받으라고 던져주는 의미**입니다.

She threw a book **at me.**

그녀는 **나에게(나를 겨냥해)** 책을 던졌어.

한 점으로 콕 짚는 그림의 전치사 at을 쓰면 **그 대상을 짚어(겨냥해) 맞으라고 던지는 의미**가 됩니다.

She looked **in the mirror.**

그녀는 **거울을 (들여다)**봤어.

범위 안을 나타내는 in이 쓰이면 **거울에 비춘 모습을 들여다봤다**는 뜻이 됩니다.

She looked **at the mirror.**

그녀는 **거울을 쳐다**봤어.

한 점으로 콕 짚는 at을 쓰면 거울 자체가 대상이 되어 **거울이라는 물건을 쳐다봤다**는 뜻이 됩니다.

✪ 그 밖에 더 알아두어야 할 전치사 비교

1 **'~에서'** **out of** *vs.* **from**	He took the money **out of his pocket.** 그는 **주머니에서** 그 돈을 꺼냈어. ➡ 주머니라는 공간 안에서 밖으로 나온 것이므로 out of가 자연스럽습니다. He took the money **from his mother.** 그는 **어머니에게** 그 돈을 받았어. ➡ 단순히 출처, 시작점을 보여줄 때는 from을 사용합니다. Get away **from the building.** **건물에서** 떨어지세요! ➡ 구경꾼들에게 건물에서 멀어지라는 뜻으로는 하는 말에는 from을 씁니다. Get **out of the building!** **건물에서** 나가세요! ➡ 건물 안에 있는 사람들에게 밖으로 나가라고 할 때에는 out of를 씁니다.
2 **'~ 안에'** **within** *vs.* **in**	I'll let you know **within 24 hours.** **24시간 내로** 알려드릴게요. ➡ '24시간 이내'라는 뜻으로 24시간이 못되어서 알려주겠다, 즉 3시간 후, 10시간 후에도 알려줄 수 있음이 내포되어 있습니다. I'll let you know **in 24 hours.** **24시간 후에** 알려드릴게요. ➡ 미래시간과 같이 쓰이는 in은 '~ 있다가, 후에'라는 뜻이 있습니다. 즉, '24시간 후에' 알려주겠다는 뜻을 나타냅니다.
3 **'우연히'** **by accident** *vs.* **'사고로'** **in the accident**	I am sorry. I called you **by accident.** = I am sorry, I called you **by mistake.** 미안해. **실수로** 전화했어. ➡ by accident는 '우연히'라는 뜻으로 뜻하지 않게 우발적으로 일어난 일에 사용합니다. 종종 '실수로'라고 의역이 되기도 하며 이런 경우 by mistake로 바꿔써도 됩니다. She broke her arm **in the accident.** 그녀는 **사고로** 팔이 부러졌어. ➡ in the accident는 '사고로'라는 뜻으로 사고에 일어난 일을 이야기할 때 씁니다.

FAQ 셀리쌤 질문 있어요!

'~에(서) 타다/내리다' 할 때 get in/out (of)인지 get on/off인지 헷갈려요

get in/out (of), get on/off는 우리말로는 모두 '어디에 타다/어디에서 내리다'라고 해석되지만 영어에서는 상황에 맞게 골라 써야 합니다. 3가지 핵심을 명심하면 절대 틀릴 일이 없을 거예요.

---

1 get on/off와 get in/out (of)은 탈것에 올라타고 내리는 실제 '동작'을 나타내는 말입니다.

I just **got on** the subway. 나 방금 지하철 **탔어.**
지하철에 타는 동작

I am **getting off** the bus. 나 지금 버스**에서 내리고 있어.**
버스에서 내리는 동작

---

2 get on/off는 보통 '큰 탈것(버스, 기차, 지하철 등)'에
get in/out (of)은 몸을 숙이고 안으로 들어가야 하는 '작은 탈 것(승용차나 택시)'에 씁니다.

You have to show your ticket when you **get on the train**.
기차에 탑승하실 때 표를 보여주셔야 합니다.

When you **get off the bus**, watch your step.
하차하실 때(**버스에서 내릴** 때) 조심하세요.

Get in the car right now. **차에** 빨리 **타.**

I just **got out of the taxi**. **택시에서** 방금 **내렸어.**

---

3 탈 것에 올라타고 내리는 직접적인 동작이 아니라
'어떤 교통편을 취했는지(이용했는지)'를 이야기할 때는 보통 동사 take를 씁니다.

I **took** the subway. 나 지하철 **타고 왔어.**

I'll **take** the bus. 나 버스 **타고 갈 거야.**

---

get on/off와 get in/out (of)의 차이는 **탈 것의 크기가 결정**한다는 것 다시 한 번 기억해 주세요!

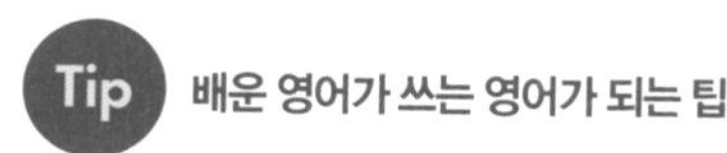

교통수단을 나타내는 방법
(무조건 by를 쓰지는 않습니다)

어떤 교통수단을 타고 가는지를 표현할 때 '~에 의한'이라는 전치사 by를 써서 표현할 수 있습니다. 다만 이때 조심해야 하는 점은 **by 뒤에 쓰인 교통수단을 나타내는 명사에는 일부러 관사를 사용하지 않는다**는 거예요. 즉 실제로 탄 그 탈 것을 콕 집어 말하는 것이 아니라 **이용한 '(교통)수단'이 뭔지를 총칭해서 말하는 것**입니다.

그들은 **택시를 타고** 역에 도착했어.

They arrived at the station **by taxi**.

➡ 진짜 택시 한 대를 이야기하는 것이라 이동수단으로서 택시를 언급한 것임을 표시

원어민들은 문장의 동사가 단순히 go와 come인 경우 **go/come과 ⟨by + 교통수단⟩을 붙여 쓰기보다는 간단하게 동사만 봐도 이동수단이 무엇인지 알 수 있는 표현을 선호**합니다.

나는 **자차로 출근해.**

I **go to work by car**.

→ I **drive to work**. (더 자연스러움)
동사만 봐도 차로 가는 줄 알 수 있음

나는 **걸어서 등교해.**

I **go to school on foot**.

→ I **walk to school**. (더 자연스러움)
동사만 봐도 걸어가는 줄 알 수 있음

on foot 걸어서

대중교통을 말할 때도 ⟨by + 교통수단⟩보다 take를 이용한 표현이 좀 더 일반적입니다.

나는 **버스로 출근해.**

I **go to work by bus**.

= I **take the bus to work**. (더 자연스러움)

나는 **지하철로 등교해.**

I **go to school by subway**.

= I **take the subway to school**. (더 자연스러움)

POINT 6 형용사와 함께 쓰이는 전치사

6-L3-6.mp3

특정 형용사와 함께 다니면서 활용이 되는 전치사들입니다. 사용빈도가 높은 단어들이니 통째로 외워두면 실제 회화에서 사용하시기 편하실 거예요.

accused of ~로 비난받는	**pleased with** ~에 기쁜
ashamed of ~이 부끄러운	**happy with** ~에 기쁜, 만족한
aware of ~을 잘 알고 있는, 인지하고 있는	**satisfied with** ~에 만족한
fond of ~을 좋아하는	**busy with** ~로 바쁜
capable of ~을 할 수 있는	**bored with** ~가 따분한, 지겨운
guilty of ~에 잘못한	**confronted with** ~에 직면한
tired of ~에 지친, 싫증난	**disappointed with** ~에 실망한
full of ~로 가득 찬	**fed up with** ~에 진저리 나는
innocent of ~을 모르는	**familiar with** ~에 친숙한
proud of ~을 자랑스러워하는	**crowded with** ~로 붐비는
jealous of ~를 질투하는	**attracted to** ~에 끌리는
scared/frightened of ~겁내는, 두려워하는	**accustomed to** ~에 익숙한
eager for ~을 열망하는, 간절히 원하는	**allergic to** ~에 알러지가 있는
famous for ~로 유명한	**addicted to** ~에 중독된
grateful for ~에 감사하는	**married to** ~와 결혼한 상태인
ready for ~할 준비가 된	**related to** ~와 관계된
responsible for ~에 책임이 있는	**similar to** ~와 비슷한
suitable for ~에 적합한	**different from** ~와 다른
thankful for ~에 감사하는	**safe from** ~에서 안전한
sorry for ~에 미안한	**based on** ~를 기준/바탕으로 한
crazy about ~에 미친, 푹 빠진	**interested in** ~에 관심 있는
excited about ~에 설레는, 들뜬	

Two students were **accused of** cheating on the exam.
두 학생이 시험에서 부정행위를 한 혐의로 기소되었습니다. [accused of ~로 비난받는]

I'm **ashamed of** how I scolded my son in front of everyone.
사람들 앞에서 아들을 꾸짖다니 부끄럽네요. [ashamed of ~이 부끄러운]

We weren't **aware of** the time and missed our flight.
우리는 시간을 몰라서 비행기를 놓쳤어요. [aware of ~을 잘 알고 있는, 인지하고 있는]

My mother is especially **fond of** small flowers.
어머니는 특히 작은 꽃을 좋아하시죠. [fond of ~을 좋아하는]

Sander is **capable of** holding his breath for five minutes.
샌더는 5분 동안 숨을 참을 수 있어요. [capable of ~을 할 수 있는]

The mayor is **guilty of** accepting bribes.
시장은 뇌물 수수 혐의에 대해 유죄이다. [guilty of ~에 잘못한]

Aren't you **tired of** eating pizza every day?
매일 피자 먹는 게 지겹지 않니? [tired of ~에 지친, 싫증난]

Her research was **full of** errors.
그녀의 연구는 오류투성이었어. [full of ~로 가득 찬]

The cab driver was **innocent of** the charges.
택시 운전기사는 그 혐의에 대해 무죄였다. [innocent of ~을 모르는]

We're **proud of** our children for being so brave.
그렇게 용감하다니 우리 아이들이 자랑스럽네요. [proud of ~을 자랑스러워하는]

I'm **jealous of** anyone who can play the piano.
피아노를 칠 줄 아는 사람이 부러워요. [jealous of ~를 질투하는]

Why are so many kids **scared/frightened of** clowns?
왜 그렇게 많은 아이들이 어릿광대들을 무서워할까? [scared/frightened of ~겁내는, 두려워하는]

Jesse is **eager for** more pictures of her grandson.
제시는 손자 사진을 더 많이 봤으면/가졌으면 하고 간절히 원해요. [eager for ~를 열망하는]

Nebraska is **famous for** its endless cornfields.
네브래스카는 끝없는 옥수수 밭으로 유명합니다. [famous for ~로 유명한]

We're **grateful for** your help.
도와주셔서 감사합니다. [grateful for ~에 감사하는]

Are you **ready for** the wedding?
결혼식 준비는 다 됐어요? [ready for ~할 준비가 된]

Students are **responsible for** their own belongings.
학생들은 자신의 소지품에 대한 책임이 있습니다. [responsible for ~에 책임이 있는]

The movie *Deadpool* is not **suitable for** children.
〈데드풀〉이라는 영화는 아이들이 보기에 적합하지 않아요. [suitable for ~에 적합한]

Cameron is **thankful for** living in a safe country.
카메론은 안전한 나라에 살고 있는 것에 감사해요. [thankful for ~에 감사하는]

I'm **sorry for** calling you so late.
너무 늦게 전화해서 미안해요. [sorry for ~에 미안한]

I am **crazy about** K-pop.
나는 K팝에 푹 빠져 있어. [crazy about ~에 미친, 푹 빠진]

My son is **excited about** his birthday party.
아들이 생일파티에 들떠 있어요. [excited about ~에 설레는, 들뜬]

Karen is **pleased with** the book so far.
카렌은 지금까지 그 책에 만족하고 있어요. (재미있게 읽고 있다는 의미) [pleased with ~에 기쁜]

The students weren't **happy with** the new dress code.
학생들은 새로운 복장 규정이 마음에 들지 않았어. [happy with ~에 기쁜, 만족한]

The police were **satisfied with** his explanation.
경찰은 그의 설명에 만족했어. [satisfied with ~에 만족한]

I'm **busy with** the new house.
새 집 때문에 바빠. [busy with ~로 바쁜]

I'm **bored with** this game.
이 게임이 지겨워. [bored with ~가 따분한, 지겨운]

He was **confronted with** the truth.
그는 진실에 직면했어요. [confronted with ~에 직면한]

He was **disappointed with** the TV show.
그는 그 드라마에 실망했죠. [disappointed with ~에 실망한]

I am **fed up with** her nagging.
그녀의 잔소리에 진절머리가 나. [fed up with ~에 진저리 나는]

Few people are **familiar with** his work.
그의 작품이 친숙한 사람은 거의 없어. [familiar with ~에 친숙한]

This park is always **crowded with** tourists.
이 공원은 항상 관광객들로 붐벼요. [crowded with ~로 붐비는]

Did you know that bees are **attracted to** yellow?
벌들이 노란색에 끌린다는 것을 알고 있었니? [attracted to ~에 끌리는]

Sailors are **accustomed to** waves.
선원들은 파도에 익숙하지. [accustomed to ~에 익숙한]

My brother is **allergic to** dogs and cats.
내 남동생은 개와 고양이 알러지가 있어. [allergic to ~에 알러지가 있는]

She is **addicted to** plastic surgery.
그녀는 성형 중독이야. [addicted to ~에 중독된]

He flies for free because he's **married to** a pilot.
그는 비행기 조종사와 결혼했기 때문에 비행기 공짜로 타. [married to ~와 결혼한 상태인]

Are mice **related to** squirrels?
쥐는 청설모와 관련이 있나요? [related to ~와 관계된]

Percy Jackson is **similar to** Harry Potter.
퍼시 잭슨은 해리포터와 비슷해. [similar to ~와 비슷한]

How is Korean hip-hop **different from** American hip-hop?
한국 힙합은 미국 힙합과 어떻게 다를까? [different from ~와 다른]

They were **safe from** the flood.
그들은 홍수로부터 안전했어요. [safe from ~에서 안전한]

This movie was **based on** a true story.
이 영화는 실화를 바탕으로 만들어졌어요. [based on ~를 기준/바탕으로 한]

Would you be **interested in** joining our book club?
저희 독서 클럽에 가입하실 생각이 있으십니까? [interested in ~에 관심 있는]

POINT 7 동사와 함께 쓰이는 전치사

6-L3-7.mp3

특정 동사와 함께 쓰이는 전치사들입니다. 일상에서 사용빈도가 높은 표현들이니 예문과 함께 확실히 익혀서 활용하세요.

add to ~에 더하다	**concentrate on** ~에 집중하다
belong to ~에 속하다	**congratulate on** ~를 축하하다
react to ~에 반응하다	**focus on** ~에 초점을 맞추다
apply for ~에 지원하다	**depend on** ~에 달리다, 좌지우지되다
apologize for ~에 대해 사과하다	**count on** ~에 의지하다, 기대다
prepare for ~를 준비하다	**insist on** ~을 (강력히) 주장하다
care for ~를 돌보다, ~를 무척 좋아하다	**rely on** ~에 의존하다
search for ~를 (구석구석) 찾다, 수색하다	**believe in** ~의 존재를 믿다
wait for ~를 기다리다	**participate in** ~에 참석하다
escape from ~에서 탈출하다, 도망치다	**succeed in** ~에 성공하다
graduate from ~를 졸업하다	**consist of** ~로 구성되다
suffer from ~고통을 겪다	**die of/from** ~로 죽다
aim at ~를 겨냥하다, 목표로 하다	**collide with** ~와 충돌하다
laugh at ~을 보고 웃다/비웃다	**deal with** ~를 다루다
smile at ~를 보고[에게] 미소 짓다	**confuse with** ~와 헷갈리다

Just **add** some sugar **to** the tea.
그냥 차에 설탕을 좀 넣으세요. [add to ~에 더하다]

These earrings **belong to** my mother.
이 귀걸이는 우리 엄마 거야. [belong to ~에 속하다]

How did he **react to** the news?
그가 그 소식에 어떤 반응을 보였어? [react to ~에 반응하다]

I'm **applying for** an internship this summer.
저는 이번 여름에 인턴십에 지원할 거예요. [apply for ~에 지원하다]

I **apologize for** not calling in advance.
미리 전화하지 못한 점 사과드립니다. [apologize for ~에 대해 사과하다]

I am **preparing for** my wedding.
결혼 준비를 하고 있어. [prepare for ~를 준비하다]

He has been **caring for** his sick mother since December.
그는 12월부터 병든 어머니를 돌보고 있어. [care for ~를 돌보다]

Rescuers **searched for** survivors after the earthquake.
구조대원들은 지진 후에 생존자들을 수색했다. [search for ~를 (구석구석) 찾다, 수색하다]

Could you **wait for** me outside?
밖에서 기다려 주시겠어요? [wait for ~를 기다리다]

An orangutan **escaped from** the zoo this afternoon!
오늘 오후에 오랑우탄 한 마리가 동물원에서 탈출했지 뭐예요! [escape from ~에서 탈출하다, 도망치다]

My sister **graduated from** Northwestern University.
여동생은 노스웨스턴 대학을 졸업했어요. [graduate from ~를 졸업하다]

Many victims of Covid **suffer from** a high fever.
코로나 확진자들 중에는 고열에 시달리는 사람이 많다. [suffer from ~고통을 겪다]
victim 희생자, 피해자 (여기서는 코로나에 걸린 사람을 의미)

I'll **aim at** having dinner ready by six o'clock.
6시까지 저녁식사가 준비되도록 맞추겠습니다. [aim at ~를 겨냥하다, 목표로 하다]

The baby **laughed at** the puppy in the window.
아기가 창문에 있는 강아지를 보고 웃었어. [laugh at ~을 보고 웃다/비웃다]

The actress **smiled at** her fans.
그 여배우는 팬들에게 미소를 지었어. [smile at ~를 보고 미소 짓다]

It's hard to **concentrate on** homework in the morning.
아침에는 숙제에 집중하기가 힘들죠. [concentrate on ~에 집중하다]

His coworkers **congratulated** him **on** his new baby.
동료들이 그의 아이가 태어난 것을 축하했어요. [congratulate on ~를 축하하다]

전치사

Focus on small, achievable goals first.
먼저 작고 달성 가능한 목표에 집중하세요. [focus on ~에 초점을 맞추다]

Children **depend on** role models to become good adults.
아이들이 좋은 어른이 되는 것은 역할 모델에 달려 있죠. [depend on ~에 달리다, 좌지우지되다]

Can we **count on** him to finish the project by Friday?
그가 금요일까지 그 프로젝트를 끝낼 수 있을 거라고 우리가 믿어도 될까요? [count on ~에 의지하다, 기대다]

They **insisted on** everyone wearing a costume to the party.
그들은 사람들이 모두 파티에 걸맞는 의상을 입고 와야 한다고 강하게 주장했어요. [insist on ~을 (강력히) 주장하다]

costume 핼로윈 파티 같은 데에서 입는 특별한 의상을 말함

Don't **rely on** anyone.
누구에게도 의존하지 마세요. [rely on ~에 의존하다]

Do you **believe in** ghosts?
유령이 있다고 믿으세요? [believe in ~의 존재를 믿다]

Over twenty students **participated in** the show.
스무 명이 넘는 학생들이 그 쇼에 참가했어요. [participate in ~에 참석하다]

We **succeeded in** raising enough money to build a new park.
우리는 새 공원을 짓기에 충분한 돈을 모으는 데 성공했습니다. [succeed in ~에 성공하다]

Most cakes **consist of** only four ingredients.
케이크는 대부분 네 가지 재료만으로 구성되어 있어요. [consist of ~로 구성되다]

He **died of** a heart attack during his sleep.
그는 잠자는 동안 심장마비로 죽었어요. [die of + 직접원인 ~로 죽다]

He **died from** drinking.
그는 술 때문에 죽었어요. [die from + 간접원인 ~로 죽다]

If a meteor **collides with** Earth, will anyone survive?
만약 유성이 지구와 충돌한다면, 살아남는 사람이 있을까요? [collide with ~와 충돌하다]

Celebrities have to learn to **deal with** the paparazzi.
연예인들은 파파라치를 다루는 법을 배워야 해요. [deal with ~를 다루다]

I always **confuse** her **with** her sister.
난 항상 그녀와 그녀의 여동생이 헷갈려. [confuse with ~와 헷갈리다]

Review

배운 문법 바로 쓰는 영어 연습

6-L3-8.mp3

Q 전치사를 활용해 다음 우리말을 영어로 말해보세요.

1. 나 방금 지하철 **탔어.**

   I just ________________ the subway.

2. 택시에서 방금 **내렸어.**

   I just ________________ the taxi.

3. 나 지금 핸드폰 안 **가지고** 왔어.

   I don't have my cell phone ________________.

4. 다년간의 경험 **덕분에** 그는 성공할 수 있었어.

   ________________ his years of experience, he was able to succeed.

5. 그는 절도**로** 감옥 갔어.

   He went to prison ________________ stealing.

6. **아들이** 집에 **있어서** 난 자유시간이 별로 없어.

   ________________ at home, I don't have much free time.

7. 미안해. **실수로** 전화했어.

   I am sorry. I called you ________________.

8. 그녀는 **사고로** 팔이 부러졌어.

   She broke her arm ________________.

9. 그는 **신발을 신은 채로** 집 안으로 들어갔어.

   He went into the house ________________.

10 **양말로** 인형을 **만들었어.**

The doll ______________________.

11 이 스무디는 **딸기로 만들어졌어.**

This smoothie ______________________.

12 나는 그들의 제안**을 받아들였어.**

I ______________ their offer.

13 나도 네 말**에 동의해.**

I ______________ what you said.

14 우린 어디로 휴가를 가야 할지 **합의를 봐**야 했어.

We had to ______________ where to go for vacation.

15 우리 언니는 노스웨스턴 대학**을 졸업했어요.**

My sister ______________ Northwestern University.

16 그의 작품**에 친숙한** 사람이 별로 없어.

Few people are ______________ his work.

17 이 공원은 항상 관광객들**로 붐벼**요.

This park is always ______________ tourists.

18 이 영화는 실화**를 바탕으로 한** 거예요.

This movie was ______________ a true story.

19 너는 귀신**을 믿니**?

Do you ______________ ghosts?

20 스무 명이 넘는 학생이 그 쇼**에 참가했어.**

Over twenty students ______________ the show.

▶ 모범답안은 p.270을 확인하세요.

ANSWER

모범 답안

| Chapter 1 | 접속사

Lesson 1 | 접속사 종류 한눈에 정리해보기

Review p.028

A ① 그녀는 똑똑**하지만** 무례해.
She is smart but rude.

② 비가 와**서** 집에 있었어.
It was raining, so I stayed home.

③ 그는 담배**도 안** 피우**고** 술**도 안** 마셔.
He neither smokes nor drinks.

④ 그는 잘 생겼을 **뿐만 아니라** 키**도** 커.
He is not only handsome but (also) tall.

⑤ 회의에 와**도 되고** 영상으로 참석해**도** 돼요.
You can either come to the meeting or attend by video.

B ① 우리 아버지는 낚시하고 꽃 **사진 찍는 걸** 좋아하셔.
My father likes going fishing and taking pictures of flowers.

② 이리로 **오시거나** 밖에서 **기다리시면** 됩니다.
You can come here or wait outside.

③ 너나 누나 둘 중 한 명은 집에 있**어야 해**.
Either you or your sister has to stay home.

④ 너랑 누나는 둘 다 집에 있**어야 해**.
Both you and your sister have to stay home.

Lesson 2 | 명사절 접속사

Review p.037

A ① 그가 **누구인지는** 중요하지 않아.
Who he is isn't important.

② **어떻게** 그 돈을 구했는지가 중요해.
It is important how you got the money.

③ 네가 옳은**지** 그른**지**에 대해 말싸움하고 싶지 않아.
I don't want to argue about whether you are right or wrong.

④ 요점은 **어디서** 그 돈을 구했냐는 거야.
The point is where you got the money.

⑤ **누가** 파티에 올 건지 알려줘.
Tell me who is coming to the party.

⑥ **무슨** 색을 선택했는지 알려줘.
Tell me what color you chose.

⑦ 네가 **누구의** 의견을 받아들일 건지 알고 싶어.
I would like to know whose opinion you will accept.

⑧ 사실은 그녀가 이 일을 원하지 않는다**는 거**야.
The truth is that she doesn't want this job.

⑨ 네가 **어느** 것을 원하는지 알고 있어.
I know which one you want.

⑩ 그가 파티에 올**지** 잘 모르겠어.
I don't know if/whether he will come to the party.

B ① **무슨 음식** 좋아하세요?
What (b) kind of food do you like?

② 네 아기 눈이 **어떤 색**일지 궁금하다.
I wonder what (a) color your baby's eyes will be.

③ 내가 아기 **이름을 뭘**로 할지 그가 내게 물었어.
He asked me what (a) name I chose for the baby.

④ 내가 **어떤 음악**을 좋아하는지 그가 내게 물었어.
He asked me what (b) kind of music I like.

C ① **네가 이기든 지든 중요하지 않아.**
(a) Whether you win or lose is not important.

(b) It is not important whether you win or lose.

(c) If you win or lose is not important. [어색한 문장]

(d) It is not important if you win or lose.

② **그녀가 와인을 좋아하는지 (아닌지) 궁금해.**

(a) I wonder whether she likes wine.

(b) I wonder whether she likes wine or not.

(c) I wonder whether or not she likes wine.

(d) I wonder if she likes wine.

(e) I wonder if she likes wine or not.

(f) I wonder if or not she likes wine. [어색한 문장]

Lesson 3 | 형용사절 접속사

Review p.056

A ① 여기가 내가 자란 집이야.
This is the house where I grew up.

② 네가 **어디를** 가고 싶**든지** 난 좋아.
Wherever you want to go is fine with me.

③ 그때 네가 날 떠난 이유를 알려줘.
Tell me the reason why you left me then. **(관계부사 why 생략 가능)**
→ Tell me the reason you left me then.

④ 그는 저녁식사가 시작될 **때** 도착했어.
He arrived when dinner started.

⑤ 얘가 강아지가 없어진 그 아이야.
This is the boy whose puppy is missing.

⑥ 네가 원하**는 것 뭐든** 해.
Do whatever you want.

⑦ 얼마나 어렵**든지 간에** 저는 무조건 해낼 거예요.
However hard it is, I will make it work.

⑧ 여기가 내가 부모님이랑 있었던 호텔이야.
This is the hotel that I stayed at with my parents. **(관계대명사 that 생략 가능)**
→ This is the hotel I stayed at with my parents.

⑨ 가난이 아이들이 학교에서 뒤떨어지는 이유입니다.
Poverty is the reason why kids are not doing well in school. **(관계부사 why 생략 가능)**
→ Poverty is the reason kids are not doing well in school.

⑩ 우리 엄마, **요리하는 걸 좋아하시는데**, 널 위해 이걸 만드셨어.
My mom, who loves cooking, made this for you.

⑪ (여자형제가 여럿인 경우) **런던에 사는** 우리 누나가 날 보러 올 거야.
My sister who lives in London will visit me.

⑫ 어제 우리 집에 오셨던 아줌마가 우리 이모야.
The woman who visited me yesterday is my aunt.

B ① 네가 그린 거 좀 보여줘봐.
Show me ~~the thing~~ what you drew.
(the thing 삭제)

② 이 사람이 제가 말했던 학생이에요.
This is the student I was talking about.
(문장 끝에 전치사 about 삽입)

③ 여기가 내가 자란 동네야.
This is the neighborhood I grew up in.
(문장 끝에 전치사 in 삽입)

④ 그가 자기 엄마를 대하는 태도가 싫어.
I don't like the way how he treats his mother.
→ I don't like how he treats his mother. / I don't like the way he treats his mother. **(how 또는 the way 하나만 사용)**

⑤ 이거 우리 할머니가 사 주신 피아노야.
This is the piano (that) my grandmother bought for me. **(틀린 곳 없음. 관계대명사 that은 생략 가능하므로 넣어도 되고 안 넣어도 됨)**

Lesson 4 | 부사절 접속사

Review p.073

A ① 퇴근**하자마자** 전화 드릴게요.
I will give you a call as soon as I get off work.

② 내가 방을 꾸미는 **동안** 그녀는 테이블을 **세팅했어**.
While I decorated the room, she set the table.

③ 나는 방에 들어오**면서** 불을 켰어.
As I came into the room, I turned on the light.

④ 내가 돌아올 **때까지**(돌아오기 **전에**) 숙제 다 끝내놔라.
Finish your homework before I come back.

⑤ 결혼식에 참석할 수는 **없지만** 좋은 선물을 보낼게.
Although/Though I can't attend the wedding, I will send a nice gift.

⑥ 집에 올 **때마다** 창문에 고양이가 보여요.
Every time I come home, I see the cat in the window.

⑦ **일단** 맛보**면** 넌 좋아할 거야.
Once you taste it, you will like it.

⑧ 네가 좋아하**든** 말**든** 난 걔랑 놀 거야.
Whether you like it or not, I will hang out with her.

⑨ **혹시라도** 비 올**까 봐** 우산 챙겨 갈래.
I'll take an umbrella just in case it rains.

⑩ 네가 온 **김에** 그 문제에 대해 이야기해보자.
Since you are here, let's talk about the problem.

B ① 그 사람 살 **안 빼면** 요통이 더 심해질 거야.
If he doesn't lose weight, his back problem will get worse.
→ Unless he loses weight, his back problem will get worse.

② 나는 **너무** 피곤**해서 나갈 수가 없었어**.
I was so tired that I couldn't go out.
→ I was too tired to go out.

C

I ran into my ex-girlfriend at the amusement park last weekend.
지난 주말에 놀이공원에서 전 여친과 마주쳤어.

① **지난 주말에 놀이공원에서 마주친 사람은 바로 전 여친이었어.**
→ It was my ex-girlfriend that I ran into at the amusement park last weekend./ It was my ex-girlfriend who I ran into at the amusement park last weekend.

② **놀이공원에서 전 여친과 마주친 건 바로 지난 주말이었어.**
→ It was last weekend that I ran into my ex-girlfriend at the amusement park. / It was last weekend when I ran into my ex-girlfriend at the amusement park.

③ **지난 주말에 전 여친과 마주친 곳은 바로 놀이공원이었어.**
→ It was at the amusement park that I ran into my ex-girlfriend last weekend./ It was at the amusement park where I ran into my ex-girlfriend last weekend.

| Chapter 2 | 관사와 명사

Lesson 1 | 관사와 명사의 관계 이해하기

Review p.087

A ① 나 **물고기** 잡았어!
I caught a fish!

② 나 언덕에 있는 **양 한 마리** 봤어.
I saw a sheep on the hill.

③ 너 **차 키** 찾았어?
Have you found the car key yet?

④ 우리 가족은 널 봐서 정말 기**뻤어**.
My family was very happy to see you.

⑤ **10달러는** 저녁 사 먹기엔 부족**해**.
Ten dollars is not enough to buy dinner.

⑥ **경찰**이 은행**강도** 3명을 체포했습니다.
The police have arrested three bank robbers.

⑦ **5년은** 나한테 너무 길**어**.
Five years is a long time for me.

⑧ **양들은** 우리에게 울을 **제공해주죠**.
Sheep provide us with wool.

⑨ 연못에 많은 **물고기들이** 헤엄치고 다니**네**.
There are lots of fish swimming in the pond.

⑩ **30센치** 줄은 이 박스 묶기에 너무 짧**아**.
Thirty centimeters of string is too short to tie this box.

B ① 물 **한 컵** — a cup of water
② 물 **한 병** — a bottle of water
③ 와인 **한 잔** — a glass of wine
④ 우유 **한 팩** — a carton of milk
⑤ 소금 **한 숟가락** — a teaspoon of salt
⑥ 설탕 **한 봉지** — a bag of sugar
⑦ 고기 **1킬로** — a kilogram of meat
⑧ 바지 **한 벌** — a pair of jeans
⑨ 비누 **하나** — a bar of soap
⑩ 종이 **한 장** — a sheet of paper
⑪ 조언 **하나** — a piece of advice
⑫ 가구 **한 점** — a piece of furniture

C ① mirror — mirrors
② foot — feet
③ video — videos
④ box — boxes
⑤ piano — pianos
⑥ family — families
⑦ guy — guys
⑧ quiz — quizzes
⑨ mouse — mice
⑩ tooth — teeth
⑪ leaf — leaves
⑫ life — lives

D ① 내 **친구의** 가족 — my friend's family
② **내** 친구 한 명 — a friend of mine
③ **상사의** 제안들 — my boss's suggestions
④ 그의 **부모님의** 집 — his parents' house
⑤ **내 셔츠** 단추 — a button on my shirt
⑥ **그 책** 표지 — the cover of the book

Lesson 2 | 부정관사 꿰뚫어보기

Review p.096

A ① 이 상자를 옮길 **남자아이가 한 명** 필요해.
I need a boy to carry this box.

② **달러 하나** 있어?
Do you have a dollar?

③ **한 시간** 동안 낮잠 잤어.
I took a nap for an hour.

④ **어떤 남자**가 길을 걸어가고 있었지.
A man was walking down the street.

⑤ 그 사람은 **소방관**이야.
He is a firefighter.

⑥ **개를** 키우는 일은 인내를 요구해.
Raising a dog requires patience.

7 로마는 **하루**에 지어지지 않았어요.
Rome wasn't built in a day.

8 그녀는 그의 생일을 맞아 **책 한 권**과 CD 두 장을 사 줬어.
She bought him a book and two CDs for his birthday.

9 나 **차 한 대** 뽑았어.
I bought a car.

10 **하루에 세 번** 한 알씩 복용하세요.
Take one pill three times a day.

11 난 **한 달에 한 번** 부모님 댁에 가.
I visit my parents once a month.

12 그녀는 **시속 100킬로**로 달렸어.
She drove (at) 100 kilometers an hour.

13 **플라스키(Ms. Pulaski)라는 분**이 당신과 말씀 나누고 싶어 하십니다.
A Ms. Pulaski wants to talk to you.

14 그는 **피카소의 작품**을 소장하고 있어요.
He owns a Picasso.

15 **볼보**를 사고 싶었지만 돈이 충분치 않았어요.
I wanted to get a Volvo, but I didn't have enough money.

B 1 **내 생일까지 5일 남았어.**
There are five days until my birthday.

2 **저기 골목 지나면 코엑스가 있어요.**
Coex is right around the corner.

3 **테이블 위에 책이 있어.**
There is a book on the table.

4 **네 핸드폰 책상 위에 있어.**
Your phone is on the desk.

Lesson 3 | 정관사 꿰뚫어보기

Review p.107

Q 1 TV 꺼라.
Turn off the TV.

2 **같은 걸**로 할게요.
I will have the same.

3 저는 **바이올린**을 칠 줄 알아요.
I can play the violin.

4 나 **지하철** 타고 갈게.
I will take the subway.

5 **바람**이 너무 시원하다.
The wind feels so good.

6 **뇌**는 우리 몸의 컴퓨터이죠.
The brain is the body's computer.

7 내가 사준 **목걸이** 어디 있어?
Where is the necklace (that) I bought for you?

8 난 우리집 **둘째**야.
I am the second child in my family.

9 내가 우리 반에서 **제일 큰 남자애**야.
I am the tallest boy in my class.

10 차에 있는 **모래**를 다 쓸어낼 수는 없었어요.
We couldn't sweep all the sand out of the car.

11 그가 우리를 위해 만들어 준 **쿠키**가 너무 맛있었어.
The cookies that he made for us were so good.

12 네가 어젯밤에 만난 **폴**은 내가 이야기했던 **그 폴**이 아냐.
The Paul you met last night is not the Paul I told you about.

13 **호랑이**는 고양이과에 속합니다.
The tiger belongs to the cat family.

14 우리는 **노인층**과 **빈곤층**을 위한 사회 안전망이 필요합니다.
We need a social safety net for the elderly and the poor.

15 이 근처에 **대학교**가 있어.
There is a college near here.

16 나 지금 **근무** 중이야.
I am at work.

17 나 TV 보고 있어.
I am watching TV.

18 나 **버스 타고** 왔어.
I came here by bus.

19 바지가 찢어졌어. **새 거**가 필요해.
My pants got torn. I need new ones.

20 **닉은 땅콩 알레르기가 있어.**
Nick is allergic to peanuts.

| Chapter 3 | 형용사

Lesson 1 | 형용사 꿰뚫어보기

Review p.121

A 1 형은 **술 취했네.**
My brother is drunk.

2 너랑 네 누나는 **닮았어.**
You and your sister look alike.

3 난 파티에 **연노랑** 드레스를 입고 갔어.
I wore a bright yellow dress to the party.

4 나는 **작고, 네모난** 베개가 있어요.
I have a small, square pillow.

5 전 **똑똑한 사람**이 필요해요.
I need someone smart.

6 저 **술 취한** 사람은 우리 형이야.
That drunken man is my brother.

7 나는 그가 **재미있는 사람이라는** 것을 알게 됐어.
I found him interesting.

8 넌 내가 함께하고 싶은 **유일한 사람**이야.
You are the only person that I want to be with.

9 왜 **창문을 열어** 두셨어요?
Why did you leave the window open?

10 **안 주무시고** 계셨어요?
Were you awake?

11 이거 뭔가 **잘못됐어(이상 있어).**
There's something wrong with it.

12 **그는 친절해요.**
He is kind. / He is a kind person.

B 1 **그녀는 아름다운 초록눈을 가지고 있어요.**
She has beautiful, green eyes.

2 **저한테 동그란 작은 베개 두 개가 더 있어요.**
I have two more small, round pillows.

C 1 **어떤 사람들에게는 변화가 아주 힘든 일이예요.**
Change is very hard for certain people.

2 **변호사가 회의에 참석했어.**
The lawyer was present at the meeting.

3 **고인 이씨는 그의 재산을 도서관에 기부했어요.**
The late Mr. Lee donated his fortune to the library.

4 **그는 현 서울 시장이야.**
He is the present mayor of Seoul.

5 **나는 그가 죄가 있다고 확신해요.**
I am certain that he is guilty.

Lesson 2 | 양과 수의 개념을 나타내는 형용사

Review p.140

A ① **꽤 많은 사람들이** 그가 결혼한 것을 몰라.
Quite a few people don't know he is married. / Several people don't know he is married.

② 캐나다에 친구가 **좀** 있어.
I have some friends in Canada.

③ 난 연필이 없지만 릴리는 **좀** 있어.
I don't have any pencils, but Lily has some (pencils).

④ **그** 샌드위치를 **다** 먹었어.
I ate the whole/entire sandwich.

⑤ 여기 근처에 **괜찮은 식당** 있어?
Do you know any good restaurants near here?

⑥ 나 컵 떨어뜨릴 **뻔**했잖아.
I almost dropped the cup.

⑦ 그 강아지들 중 암컷은 **한 마리도 없어**.
None of the puppies are female.

⑧ **그 학생들 모두가** 시험에 붙었어요.
All (of) the students passed the test.

⑨ **대부분의 한국 사람들은** 해산물을 좋아합니다.
Most (of the) Koreans like seafood.

⑩ 내가 생일에 선물을 3개 받았는데, **하나는** 향수였고 **다른 하나는** 티셔츠, 그리고 **나머지 하나는** 시계였어.
I got three gifts for my birthday. One was perfume, another was a T-shirt, and the other was a watch.

B ① **나는 친구가 몇 있어.**
I have a few friends.

② **나는 친구가 거의 없어.**
I have few friends. / I only have a few friends.

③ **나는 친구가 진짜 거의 없어.**
I have very few friends.

④ **음식이 좀 있어.**
I have a little food.

⑤ **음식이 조금밖에 없어.**
I have little food. / I only have a little food.

⑥ **음식이 진짜 조금밖에 없어.**
I have very little food.

⑦ **학생 한 명 한 명과 말해볼 거예요.**
I will speak with each student.

⑧ **모든 학생과 말해볼 거예요.**
I will speak with every student.

⑨ **모든 사진 하나 하나를 주의 깊게 봐 봐.**
Look carefully at every one of these photos.

| Chapter 4 | 부사

Lesson 1 | 부사 꿰뚫어보기

Review p.159

A ① 난 **항상 조심해서** 운전해.
I always drive carefully.

② 케빈은 **심하게** 다쳤어.
Kevin was badly injured.

③ 그 프로젝트는 실패가 예상됐어요. **하지만** 성공했죠.
The project was expected to fail. However, it succeeded.

④ 그는 열심히 일했**으므로** 승진할 자격이 있어요.
He worked really hard; therefore, he deserves a promotion.

⑤ **10년째** 이 회사에서 일하고 있어요.
For ten years, I've been working at this company.

⑥ 사촌은 **3년째 독일에서** 살고 있어.
My cousin has been living in Germany for three years.

⑦ 이 드레스 입으면 **확실히** 나이 들**어 보여**.
I definitely look older in this dress.

⑧ 저는 그를 **잘(거의) 모릅니다**.
I hardly know him.

⑨ **나는 완전히** 네 편**이야**.
I am totally on your side.

⑩ **저는 보통** 7시에 집에서 **나와요**.
I usually leave my apartment at seven o'clock.

⑪ 우리는 **2007년 3월에** 미국에서 돌아왔죠.
We returned from the U.S. in March, 2007.

⑫ 저희는 **바다 근처에 있는 작은 성당에서** 결혼했어요.
We got married at a small church by the sea.

⑬ **그는** 또 **늦게 나타났어**.
He showed up late again.

⑭ 화장실은 **저 모퉁이 돌면 바로** 있어요.
The restroom is right around the corner.

⑮ 저는 오늘 **아침 일찍** 일어났어요.
I got up early in the morning today.

⑯ **너 발표 잘했어.**
You did well on the presentation.

B ① 바지가 **너무** 커. (너무 커서 못 입는다는 의미 내포)
The pants are too big.

② 그 공연 **너~~~무** 좋았어. (감정에 공감해줄 것이라는 전제가 깔림)
The show was so good.

③ **너~~무** 좋은 공연이었어.
It was such a good show.

④ 그 공연은 **정말** 좋았어.
The show was very/really good.

Lesson 2 | 부사와 전치사 구별법

Challenge p.161

① **쓰레기를 버리면 밖으로 나가는 것은 쓰레기이므로 out의 주체는 쓰레기. out은 부사**
He threw out the trash.
= He threw the trash out.
그는 쓰레기를 버렸어요.

② He always argues with his wife.
그는 늘 아내와 언쟁을 해요.

③ **화장을 하면 화장이 내 얼굴에 붙어 있으므로 on의 주체는 makeup. on은 부사**
I need to put on some makeup.
= I need to put some makeup on.
난 화장을 해야 해.

④ The boy kept running up and down the stairs.
남자아이는 계단을 계속 오르락내리락 달렸어.

⑤ **친구를 위로해주면 up되는 것은 친구이므로 up의 주체는 friend. up은 부사**
I tried to cheer up my friend.
= I tried to cheer my friend up.
난 친구의 기운을 북돋우려고 했어.

⑥ **숙제를 제출하면 안으로 들어가는 것은 숙제이므로 in의 주체는 homework. in은 부사**
Don't forget to hand in your homework.
= Don't forget to hand your homework in.
숙제 제출하는 거 잊지 마.

Review p.166

A ① 이 사진 좀 **봐 봐**!
Check out this photo!
= Check this photo out!

② 그 서류 좀 **검토해** 주시겠어요?
Could you go over the paper, please?

3 이름표를 달아주세요.
Please put on a name tag. /
Please put a name tag on.

4 그거 떼어버려요.
Take it off.

5 저는 대부분의 사람들과 다 잘 지내요.
I get along with most people.

B 1 그녀는 그들한테 의존해 살아.
She depends on them. ★ on은 전치사

2 그는 그것을 껐어.
He turned it off. ★ off는 부사

3 내가 잘 챙겨줄테니 걱정하지 마.
I'll look after you, so don't worry.
★ after는 전치사

| Chapter 5 | 비교급

Lesson 1 | 동등비교 꿰뚫어보기

Review p.180

Q 1 그녀는 그만큼이나 화나 보였어.
She looked as upset as he did. /
She looked as upset as him.

2 나는 언니만큼 빨리 달려.
I run as fast as my sister.

3 나는 그녀만큼 빨리 달려.
I run as fast as she does. /
I run as fast as her.

4 지금도 예전만큼 운동해요.
I still exercise as much as I used to.

5 오늘도 어제만큼 덥네.
It is as hot as yesterday. /
It is as hot as it was yesterday.

6 내 가방도 네 거만큼 무거워.
My bag is as heavy as yours.

7 제 아들은 저만큼 먹어요.
My son eats as much as I do. /
My son eats as much as me.

8 그녀는 남자만큼 빨리 먹어.
She eats as fast as a man.

9 나 너랑 똑같은 티셔츠 있어.
I have the same t-shirt as you.

10 가능한 빨리 가도록 하겠습니다.
I'll be there as soon as possible. /
I'll be there as soon as I can.

11 커피 같은 냄새가 나는데.
It smells like coffee.

12 나 너랑 동갑이야.
I am the same age as you.

13 그는 피카소만큼 훌륭한 예술가야.
He is as great an artist as Picasso.

14 이 박스는 저것만큼 무겁지는 않아.
This box is not as heavy as that one.

15 그녀는 남편만큼 좋은 직장을 가지고 있어.
She has as good a job as her husband.

16 그는 아버지만큼 유명한 학자야.
He is as famous a scholar as his father.

17 나도 너처럼 많이 먹을 수 있어.
I can eat as much as you (can).

18 이 차가 집만큼 비싼 거야.
This car is as expensive as a house.

19 날씨 따뜻해지면 최대한 자주 산책하려구요.
When the weather turns warm, I will try
to take a walk as often as possible/I can.

20 여자도 남자만큼 강할 수 있어.
Women can be as strong as men.

Lesson 2 | 열등/우등비교 꿰뚫어보기

Review p.190

Q ① 날씨가 **따뜻해지고** 있어.
It's getting warmer.

② 날이 **점점 추워지고** 있어.
It's getting colder and colder.

③ 너 그 원피스 입으니까 **어려** 보인다.
You look younger in that dress.

④ 저는 **더 이상 아이가 아니**에요.
I am no longer a child.

⑤ 내가 너보다 **시간이 없어**.
I have less time than you.

⑥ 그녀는 **돈을 더** 벌면 벌**수록 더 오만해**져갔어.
The more money she made, the more arrogant she became.

⑦ 그녀가 나보다 **7cm 더 커**.
She is seven centimeters taller than me.

⑧ 이 케이크가 저것보다 **덜 탔어**.
This cake is less burnt than that one.

⑨ 속편이 원래 영화보다 **훨씬 더 웃겨**.
The sequel is a lot funnier than the original.

⑩ 이 바지가 저것보다 **조금 더 작아**.
These pants are a little smaller than those.

⑪ 너는 **더 이상 내 친구가 아니**야!
You are no longer my friend!

⑫ 오늘은 할 **일이** 어제**보다 적어**요.
I have fewer things to do today than yesterday.

⑬ 이 박스가 저것보다 **4kg 더** 나가.
This box weighs four kilograms more than that one.

⑭ 그녀는 대부분의 진짜 가수들보다 **심지어** 노래를 **더 잘**해.
She sings even better than most professional singers.

⑮ 그녀는 **저보다** 더 영어를 **잘**합니다.
She speaks better English than I do. / She speaks better English than me.

⑯ 그녀가 **저보다 더 사교적**이에요.
She is more outgoing than I am. / She is more outgoing than me.

⑰ 너 그 신발 신으니까 **키가 더 커** 보인다.
You look taller in those shoes.

⑱ 누나가 저**보다 3살 많아**요.
My sister is three years older than me.

⑲ 공부**하면 할수록 더 자신감이 떨어졌**어요.
The more I studied, the less confident I became.

⑳ 그녀는 커가면서 **점점 더 똑똑해**져갔어.
She got smarter and smarter as she grew up.

Lesson 3 | 최상급과 배수비교 꿰뚫어보기

Review p.198

A ① 그는 저희 팀 중에 **가장 열심히 하는** 사람이에요.
He is the hardest worker on our team.

② 제가 **저희 반에서 제일 커**요.
I am the tallest (one) in my class.

③ 내 인생에서 **가장 중요한 것은** 가족이에요.
The most important thing in my life is my family.

④ 가족**보다 더** 소중한 **것은 없어요**.
There is nothing more important than family.

⑤ 5월이 **일 년 중 가장 바쁜** 달이야.
May is the busiest month of the year.

⑥ 이 프로그램이 **제일** 도움이 됐어요.
This program helped me the most.

⑦ 이것이 제가 써 본 것 중 **가장 좋은 프로그램**이에요.
This is the best program that I've ever used.

⑧ **어떤 다른** 프로그램도 이거**처럼 좋은 것은 없어요.**
No other program is as good as this one.
= No other program is better than this one.

⑨ 저희 엄마는 제가 **제일** 존경하는 분이에요.
My mom is the person that I respect the most.

⑩ 제가 **맏이**예요.
I am the oldest.

⑪ 그녀는 **최고의 선생 중 하나**야.
She is one of the best teachers.

⑫ 네가 **최고**야.
You are the best.

⑬ 그는 **그 어떤(다른 모든)** 군인**보다 더** 인내심이 많아.
He is more patient than any other soldier.
= He is more patient than all the other soldiers.

⑭ 그것은 세계에서 **두 번째로 높은** 빌딩이야.
It is the second biggest building in the world.

⑮ 그녀는 **세 번째로** 시험을 **잘 본** 학생이야.
She got the third highest score on the test.

B ① 이 가방이 그것보다 **두 배 비싸.**
This bag is twice as expensive as that one.
= This bag is two times more expensive than that one.

② 그는 평소**보다** 두 배 **더** 먹었어.
He ate twice as much as usual.

③ **과제가** 지난 학기**의 세 배**야.
I have three times as many assignments as last semester. / I have three times more assignments than last semester.

④ 내가 **너보다 반**밖에 안 먹었어.
I ate half as much food as you.
★ half는 more와 함께 쓰이지 않습니다.

| Chapter 6 | 전치사

Lesson 1 | 전치사 꿰뚫어보기

Review p.218

Q ① 주머니**에서** 차 키를 찾았지 뭐야.
I found my car keys in my pocket.

② 캐시는 부모님**과** 작은 집**에** 살고 있어.
Cathy lives with her parents in a small house.

③ **욕실에** 깨끗한 타월들을 뒀어.
I put some clean towels in the bathroom.

④ 스티븐은 여자친구**와 통화 중**이야.
Steven is talking to/with his girlfriend on the phone.

⑤ 우리 책장을 내 방**에서** 거실**로** 옮겼어.
We moved the bookshelf from my room to the living room.

⑥ 집 안**에서 (여기저기)** 뛰어다니지 마라.
Don't run around the house.

⑦ 그녀의 가게는 우리 회사 **맞은편에** 있어.
Her store is across from my work.

⑧ (택시에서) 저기 은행 **앞에서** 세워주세요.
Let me out in front of the bank.

⑨ **예정보다 늦어지고** 있어요.
We are behind schedule.

⑩ 그녀는 나이**에 비해** 성숙해.
She is mature for her age.

⑪ 날짜 **위에** 이름을 써주세요.
Write your name above the date.

⑫ 이름 **밑에** 서명해 주세요.
Write your signature below your name.

⑬ 우리는 나무 **아래** 앉아서 쉬었어.
We sat under a tree and rested.

⑭ **227페이지를** 펴주세요.
Turn to page 227.

⑮ 저희 집은 **여기서 멀어**요.
My house is far from here.

⑯ 그는 흡연**으로 사망하게 됐어요.**
He died from smoking.

⑰ 그는 암**으로 사망했어요.**
He died of cancer.

⑱ **일주일 이내로** 갚아.
Pay it back within one week.

⑲ **한 달 후에** 돈을 갚아.
Pay it back in one month.

⑳ 그거 법에 **어긋나는** 행동이야.
It's against the law.

Lesson 2 | 시간의 전치사

Review p.236

Q ① 저희는 2017년 11월18일**에** 결혼했어요.
We got married on November 18, 2017.

② 화요일 7시**에** 친구랑 저녁 먹기로 했어요.
I am having dinner with my friend at seven o'clock on Tuesday.

③ **다음주 목요일** 저녁 7시쯤**에** 한국 도착할 예정이에요.
I am going to arrive in Korea at around 7:00 P.M. next Thursday.

④ 저 **20일에** 생일 파티해요.
I am having a birthday party on the 20th.

⑤ 나 오늘 아침에 3시간 **동안** 게임했어.
I played games for three hours this morning. ★ 게임하는 행동을 3시간 동안 쭉 지속했다는 뜻

⑥ 걔는 숙제를 30분**만에** 끝냈어.
She finished her homework in 30 minutes.
★ finish라는 동사에 이미 완성, 완료가 내포

⑦ **저녁 먹으면서** 의논해 봅시다.
Let's discuss it over dinner.

⑧ **7시로** 예약하고 싶습니다.
I would like to make a reservation for seven o'clock.

⑨ **한 시간 뒤에** 전화할게.
Let me call you in one hour.

⑩ **저녁 먹고** 전화할게.
Let me call you after dinner.

⑪ 피자를 주문했고 **15분 뒤에** 피자가 왔어.
I ordered pizza, and after 15 minutes, it came. /
I ordered pizza, and 15 minutes later it came.

⑫ 나는 **점심 먹기 30분 전에** 이를 닦았어.
I brushed my teeth 30 minutes before lunch.

⑬ **새로운 직장을 찾을 때까지** 직장을 그만둘 수 없어.
I can't quit my job until I find a new one.

⑭ **3시까지** 아이 좀 봐줄 수 있어요?
Could you watch my son until 3:00?

⑮ **이번 달 말까지** 보고서 다 써야 해.
I have to finish the report by the end of the month.

⑯ **내가 올 때까지** 집 청소 다 해놔라.
Clean the whole house before I come home.

⑰ 나는 **오늘부터** 공부 열심히 할 거야.
I'll study hard starting today.

⑱ **오늘부로** 마스크는 의무가 아닙니다.
As of today, masks are not mandatory.

⑲ 저 **10월부터** 수영수업 시작해요.
I start swim lessons in October.

⑳ **이제부터는** 다시는 거짓말 안 할게.
From now on, I will never lie to you.

Lesson 3 | 전치사의 다양한 활용

Review p.255

Q ① 나 방금 지하철 **탔어**.
I just got on the subway.

② 택시에서 방금 **내렸어**.
I just got out of the taxi.

③ 나 지금 핸드폰 안 **가지고** 왔어.
I don't have my cell phone with me.

④ 다년간의 경험 **덕분에** 그는 성공할 수 있었어.
Thanks to his years of experience, he was able to succeed.

⑤ 그는 절도**로** 감옥 갔어.
He went to prison for stealing.

⑥ **아들이** 집에 **있어서** 난 자유시간이 별로 없어.
With my son at home, I don't have much free time.

⑦ 미안해. **실수로** 전화했어.
I am sorry. I called you by accident.

⑧ 그녀는 **사고로** 팔이 부러졌어.
She broke her arm in the accident.

⑨ 그는 **신발을 신은 채로** 집 안으로 들어갔어.
He went into the house with his shoes on.

⑩ **양말로** 인형을 **만들었어**.
The doll is made out of socks.

⑪ 이 스무디는 **딸기로 만들어졌어**.
This smoothie is made with strawberries.

⑫ 나는 그들의 제안**을 받아들였어**.
I agreed to their offer.

⑬ 나도 네 말**에 동의해**.
I agree with what you said.

⑭ 우린 어디로 휴가를 가야 할지 **합의를 봐**야 했어.
We had to agree on where to go for vacation.

⑮ 우리 언니는 노스웨스턴 대학**을 졸업했어요**.
My sister graduated from Northwestern University.

⑯ 그의 작품**에 친숙한** 사람이 별로 없어.
Few people are familiar with his work.

⑰ 이 공원은 항상 관광객들**로 붐벼**요.
This park is always crowded with tourists.

⑱ 이 영화는 실화**를 바탕으로 한** 거예요.
This movie was based on a true story.

⑲ 너는 귀신**을 믿니**?
Do you believe in ghosts?

⑳ 스무 명이 넘는 학생이 그 쇼**에 참가했어**.
Over twenty students participated in the show.

네이티브는 쉬운 영어로 말한다

200대화 편

부록

· mp3 파일 무료 제공

구슬 지음 | 596쪽 | 21,000원

48만 구독자 유튜버 구슬쌤의 실전 영어회화 바이블

네이티브가 매일 같이 쓰는 **일상대화 200개,**
쉬운 영어로 센스 있고 **자신 있게** 말한다!

난이도	첫걸음 **초급 | 중급 | 고급**	기간	하루 15분, 대화문 1개
대상	네이티브처럼 자연스럽고 센스있는 영어대화를 구사하고픈 분 누구나	목표	외국인과 영어로 자연스럽게 대화하기